新时代
出版印刷高等职业教育
教学研究与实践

滕跃民◎主 编

汪 军 孟仁振 吴 娟◎副主编

上海三联书店

序　言

这是一个弘扬劳动光荣、技能宝贵、创造伟大的时代,这是一个大有可为、大有作为的社会环境,中国职业教育承担着培养数以亿计的高素质劳动者和技术技能人才的重要使命。

伴随着"一带一路"倡议、长三角一体化、"中国制造 2025"以及"互联网十"等一系列重大战略布局的实施,新产业、新业态、新商业模式不断涌现,互联网十、大众创业、万众创新,给经济社会发展带来前所未有的冲击和机遇,也对职业教育发展提出新的任务和挑战。职业教育是国民教育体系的重要组成部分,也是人力资源开发的重要组成部分。2014 年,全国职业教育工作会议召开,《国务院关于加快发展现代职业教育的决定》《现代职业教育体系建设规划(2014—2020 年)》颁布,明确提出"到 2020 年,形成适应发展需求、产教深度融合、中职高职衔接、职业教育与普通教育相互沟通,体现终身教育理念,具有中国特色、世界水平的现代职业教育体系",内涵更加丰富,目标更加明确。近日,国务院发布了《国家职业教育改革实施方案》(简称"职教 20 条"),提出了 7 个方面 20 项政策举措。国务院总理李克强在十三届全国人大二次会议上所作政府工作报告中,多次提及职业教育,明确要求加大对职业教育的财政投入,鼓励社会力量参与职业教育的大改革、大发展,并明确表示 2019 年全国高职院校扩招 100 万人。2019 年 3 月 22 日,上海市教育大会胜利召开,大会提出将推动实现职业教育的贯通融合,优化职业教育布局结构。这是我国政府面对新时期全面建成小康社会、国家战略行动对技术技能人才需求做出的重大决策。职业教育一系列重大利好消息的出台表明职业院校的发展迎来了一个新的春天,需要广大职教工作者努力探索、大胆实践,把奋力办好新时代职业教育的决策部署细化为若干具体行动。

上海出版印刷高等专科学校高等教育研究所,历经高教研究室(1988 年成立)、高等职业教育研究所(2008 年成立)等阶段,于 2016 年调整组建而成。正值教育部高等职业教育创新发展行动计划(2015—2018)之契机,学校申报了相关项目并组织了校内课题,鼓励教师对本校的教学改革与创新进行研究。为了搭建成果发布和信息交流的平台,学校高等教育研究所于 2017 年创建了"版专教研"公众号,发布了大量关于新闻出版高等职业教育教学改革和建设的原创文章,并有不少文章被相关媒体转载,受到了同行的关注和肯定。

本书汇集了我校广大教师的教学研究与实践成果,设置了"课程思政与快乐教学""理论研究""课程与专业""校企合作""教学管理""他山之石""版专教研"公众号等模块,以期为出版印刷类技术技能人才培养的理论研究与实践作出一份"版专"贡献。同时,本论文集的出版恰逢学校首次党代会胜利召开,是这一代"版专人"对学校党代会的献礼。当然,受水平和精力所限,本论文集尚有较多值得完善之处,衷心希望能得到业界专家们的指导与帮助。

滕跃民

上海出版印刷高等专科学校常务副校长、高等教育研究所所长

孟仁振

上海出版印刷高等专科学校高等教育研究所副所长、教务处副处长

目录 | Contents

序言

课程思政与快乐教学

理论研究

课程与专业

教学管理

校企合作

他山之石

版专教研公众号

媒体关注

课程思政与快乐教学

高职院校专业课程思政的"道法术器"改革探析[①]

滕跃民　张玉华　肖纲领

摘要：高职院校在专业教育中实施课程思政是"使各类课程与思想政治理论课同向同行，形成协同效应"的重要组成部分。高职院校专业教育的课程思政改革，可以基于"道法术器"思路来实施，即在引导学生讲道理、走正道、行道德，实现价值引领的"道"；寓道于教、寓德于教、寓教于乐，遵循教学规律的"法"；构建画龙点睛式、专题嵌入式、元素化合式教学方式，打造多元路径的"术"和融入信息技术的"器"四个方面进行积极探索。

关键词：高职院校　专业教育　课程思政　道法术器

作者简介：滕跃民，工学硕士，教授，上海出版印刷高等专科学校常务副校长；张玉华，博士研究生，上海出版印刷高等专科学校讲师；肖纲领，管理学硕士，上海出版印刷高等专科学校助教。

　　"课程思政"是在马克思主义基本立场与观点方法的指导下，深入发掘各类课程的思想政治理论教育资源，并从战略高度构建思想政治理论课、综合素养课程、专业教育课程"三位一体"的思想政治教育课程体系。其目的是探索各类课程与思想政治理论课同向同行，

① **基金项目：**2016年度教育部高校示范马克思主义学院和优秀教学科研团队建设项目"高职思想政治理论课的'同城协作'模式研究"（项目批准编号：16JDSZK077）。

本文发表于《辽宁高职学报》，2018年8月，第8期。

形成协同效应。基于此,高职院校专业教育中的课程思政是指高职院校专业课教师在传授专业知识、培育学生职业技能的同时,进行价值引领,从而实现学生思想品德水平、文化素养和职业操守的同步提升。

高职院校承担培养技术技能人才的重任,课程是高职院校人才培养最核心的抓手。专业课作为高职院校课程的主要部分,自然应成为高职院校课程思政的主阵地。在高职院校专业课中实施课程思政是"使各类课程与思想政治理论课同向同行,形成协同效应"的重要组成部分。因此,高职院校在专业课中进行课程思政改革,对于高职院校进行全方位人才培养而言具有重要意义。高职院校专业教育中课程思政的实施,可以在"道""法""术""器"四个方面进行有效探索。

一、实现价值引领——高职院校专业教育课程思政改革的"道"

高职院校专业课程思政的最终目的在于立德树人。学生是受教育的主体,高职院校专业课程思政必须服务于学生的成长成才。高职院校专业课程思政的开展首先需要从"道"上实现对于学生价值观的引领,引导学生讲道理、走正道、行道德。

(一)以专业课程思政改革引导学生讲道理

在高职院校专业课中实施课程思政,旨在引导学生讲马克思主义的道理,用马克思主义的立场、观点、方法来认识和改造世界。当前较多西方学者认为马克思主义所反映的时代特点已发生了剧烈变化,马克思主义已不能解释日新月异的新时代了。他们认为现代西方科学和社会的新理论层出不穷,早就超越了马克思主义。虽然当今的世界已经不是马克思、恩格斯当年创立历史唯物主义理论时的样子,但是人类社会从资本主义向社会主义过渡的时代背景丝毫没有发生改变,而且中国革命和建设所取得的巨大成就,有力地证明了坚持马克思主义指导的正确性。特别是党的十八大以来,在以习近平同志为核心的党中央领导下,中国国力和发展水平进一步提升,再次证明了马克思主义基本原理同中国实际相结合的巨大力量。

马克思主义的道理,即马克思主义的立场、观点和方法,是马克思主义科学思想体系的精髓。[1]马克思主义的基本立场是始终站在人民大众的立场上,一切为人民,一切相信人民,一切依靠人民,全心全意为人民谋利益。马克思主义的基本观点,是关于自然、社会和人类思维规律的科学认识,是对人类思想成果和社会实践经验的科学总结。马克思主义的基本方法,是建立在辩证唯物主义和历史唯物主义世界观、方法论基础上的思想方法和工作方法,主要包括实事求是的方法、辩证分析的方法、历史分析的方法、群众路线的方法等等。在高职院校专业课中实施课程思政,专业课教师需要结合专业课程实际,把马克思主义的基本道理内化到学生心中。

(二)以专业课程思政改革引导学生走正道

在高职院校专业课中实施课程思政,旨在引导学生走中国特色社会主义的正道,增强走中国道路的信心和决心。道路问题是关系党的事业兴衰成败的第一位的问题,道路就是党的生命。新中国成立以来,特别是改革开放 40 年来,我们党坚持把马克思主义基本原理同我国具体实际和时代特征相结合,成功开辟了中国特色社会主义道路。中国特色社会主义道路正是中国共产党化马克思主义的理论于中国实践的成果。在高职院校专业课中实施课程思政,专业教师需要引领学生把马克思主义的哲学理论化为思想方法,贯彻于自己的行动、自己的专业领域中,从而走马克思主义的正道。

(三)以专业课程思政改革引导学生行道德

"在同一件事情上人们的立场、观点如此多样,以至于教师难以在学生面前充当道德权威,谆谆教导学生什么是好的与坏的,什么是对的与错的,该做什么、不该做什么。把价值标准和道德观念当作确定的知识来教的时代,一去不复返了。"[2]价值取向多元冲突的现象对高职院校专业课教师开展课程思政提出了严峻的挑战。面对这种挑战,高职院校专业课教师不应坚持价值中立,而是应该勇敢地承担起价值引领的重任,引导学生践行集体主义道德。

在高职院校专业课中实施课程思政,旨在引导学生践行集体主义的道德。承担课程思政任务的高职院校专业课教师需要引导学生"化理论为德性"。所谓"化理论为德性"即引导学生通过身体力行的专业实训实习,把马克思主义理论化为自己的德性,具体化为有血有肉的人格。集体主义是我们长期信奉的道德原则。随着计划经济体制向市场经济体制转型,集体主义的道德原则也需要新的发展,这符合马克思主义经济基础决定上层建筑的论断。而社会主义核心价值观就是集体主义道德原则的当代发展。[3]在个人主义思想不断盛行之际,通过实施专业课程思政,学生将在专业实践中化马克思主义的理论为自己的德性,从而把社会主义核心价值内化到自己的人格中。

二、遵循教学规律——高职院校专业教育课程思政改革的"法"

课程思政本质上是一门课,与其他课程有一定的共性,因此课程思政也需要遵循一定的教学规律。课程思政既要遵循专业课的教学规律,又要遵循德育课的教学规律,因而需要把两种类型课程的教学规律有机结合起来,按照相应的"法"来实施教学,否则课程思政的效果会大打折扣。

(一)课程思政改革需要寓道于教

高职院校专业教育中既要有专业知识方面的要求,也要有思政的高度与人文情怀的温度。但是长期以来,高职院校专业课程过于注重知识技能传授,忽视价值观引领和学生品德养成,无疑贬低了学生作为"人"的价值。甚至学生只是被当作将来能产生更高劳动效率的"机器"来培养,产生了教育的异化。这显然与马克思主义关于实现人的自由全面发展的目标相去甚远。

技术从本质上说是中性的。技术可以用来造福人类,也可以用来毁灭人类。美国哲学家汉娜·阿伦特曾在《人的境况》中指出:"工程师并非其自身造物的主人,其他物品的制造者也是如此;超乎其上的政治学必须为体力劳动提供指导。"[4]在这里,阿伦特批评了那些只管提高技能和完成制造,其他什么都不考虑的技术工作者。在高职院校专业教育中,教师不能只教学生如何在技术上精益求精,更要让学生学会思考技能对于社会有怎样的价值,即"寓道于教"。实现思政教育强化、职业素养培育和职业技能提高的"三促进效应",才是高职院校专业教育的本真。

(二)课程思政改革需要寓德于教

课程思政在本质上应该属于德育范畴,这就意味着高职院校专业课教师在课程思政中也应该自觉承担起德育的教学任务。因此,高职院校专业课教师在开展课程思政时应遵循基本的德育原则和方法。当前社会的文化从一元变成多元,这意味着道德教育要从一元的灌输走向多元的民主、对话。[5]一元文化下道德教育的内容是唯一的,道德教育的方式也是强制的,教师是道德教育中永恒价值的"法官"。在多元文化背景下,承担德育任务的教师不再直接告诉学生什么正确、什么错误,而是引导学生对各种道德取向与道德规范进行分析、比较与鉴别,自主、合理地选择真正符合时代要求或个人所应确立的道德价值,做到"寓德于教"。

(三)课程思政改革需要寓教于乐

在大众化教育阶段,高职院校学生存在着学习动力不足,不愿意学习的情况。在高职院校专业课的课程思政教学中要注重挖掘学生的兴趣点,从"问题"入手,"浅入深出"地开展教学,促使学生体验到学习的乐趣和成就感,做到"寓教于乐"。上海出版印刷高等专科学校经过多年的探索,形成了思政元素融入实训课"同向同行"的教学模式。该模式通过实施课前启发式教育、课中体验式教育、课后感悟式教育,有效衔接了"课前、课堂、课后"三个过程。该模式综合运用案例、图片、视频、时政性强的材料,打造体验式课堂的"精彩一刻",增强了课程的吸引力,从而创建了在学习中找到快乐、在快乐中学会学习的教学方法,达到了"快乐教学"的良好效果。

三、打造多元路径——高职院校专业教育课程思政改革的"术"

高职院校专业课的课程思政要实现德智技的共同提高,需要探索具体的融入方式。本文提出了画龙点睛式、元素化合式、专题嵌入式、隐性渗透式四种融入方式,以期助力高职院校学生技能和素养的双重提高,为专业课程的"同向同行"提供借鉴。

(一) 课程思政的"画龙点睛"教学方式

"画龙点睛"教学方式要求在讲授专业课的知识点和技能点时进行社会主义核心价值观、唯物辩证法等的点睛。"画龙"是指高职院校专业课知识点的学习和技能点的训练,而"点睛"是指用德育元素对相关知识点和技能点进行指点。如在《印刷概论》等专业的讲课中涉及到毕昇、王选、万启盈等内容时,可以进行社会主义价值观的点睛。万启盈是党的印刷事业和中国现代印刷工业的奠基人之一。他为了实现革命理想,1937 年千里迢迢赶赴延安,被分配到党报委员会领导的中央印刷厂工作。万启盈排过字、拼过版、管过工务、当过厂长。90 多岁高龄他仍在撰写《中国近代印刷工业史》。[6]在讲印刷的历史中,专业教师可以采用"画龙点睛"教学方式,把万启盈爱国事迹、敬业的精神,提升到社会主义核心价值观的高度进行讲解。

(二)课程思政的"专题嵌入"教学方式

"专题嵌入"教学方式是指专业课教师选择相关主题,在不打破原来教学结构的基础上,将思政的某个专题进行嵌入,以加深学生对专业课程内容的理解,同时提高学生对思政要求的认识。

比如在《印刷过程与控制》课程讲授关于水墨平衡的主题中,可以嵌入对立统一规律的阐述,以揭示印刷过程中的矛盾运动发展、两点论、重点论、量变到质变规律。平版胶印是现今应用最广泛的印刷技术之一,其著名原理就是"水墨平衡"。在现代平版胶印过程中,印刷中的"水"和"墨"是在高速、高压的过程中相互接触、相互作用的,不少学生误认为"水墨平衡"就是"油水不相溶"。但嵌入对立统一规律后,学生更容易理解水墨平衡原理。"水"和"墨"两种互不溶解的液体在高速高压状态下,油水间的相互作用发生了显著的变化,一种液体以微滴的形式分散到另一种液体中,产生"乳化"现象,形成"油包水"型稳定乳状液。依托课程思政的"专题嵌入"教学方式,高职院校学生专业课的学习有了更有力的支撑。

(三)课程思政的"元素化合"教学方式

化合反应指的是由两种或两种以上的物质反应生成一种新物质的化学反应。课程思政的"元素化合"教学方式,就是将专业知识、专业技能、思政要点三种不同的教学元素进行化合,进而产生合而为一的效果。

比如《音乐欣赏》课程的讲授,其知识点通过与文化的元素化合,就很好地融入了课程思政要求。在讲授民族音乐时,一方面把优秀的民族作品的定义、特点等知识点介绍给学生,让学生对中国优秀传统音乐作品有所了解;另一方面,引入国外有代表性的音乐,使学生在欣赏外国音乐的同时,产生对祖国的民族自豪感,增加文化自信。

再比如歌曲《黄河》教学中,作为来源于西方的音乐体裁,除了钢琴技法和作曲技法等知识点之外,所有知识点都体现中国传统音乐文化的魅力,如"起""承""转""合"的中国传统音乐创作技法,笛子与琵琶两种中国传统乐器的融入。正是这种音乐知识点与文化的育人元素结合在一起,实现了双重育人功效,使得爱国主义、文化自信等思政要点有机地化合到专业课程中,充分体现出了课程思政"元素化合"教学方式的效果。

四、融入信息技术——高职院校专业教育课程思政改革的"器"

高职院校专业教育的课程思政要提高颜值,需要信息化技术来包装。随着时代的发展,传统教学模式已不能适应课程教学的发展。而信息技术以其灵活、高效、信息丰富等特点更加适应课程思政的现代化教学模式。课程思政教育信息化,要求在教育过程中较全面地运用以计算机、移动通讯为基础的现代信息技术,从而适应正在到来的信息化社会提出的新要求。高职院校专业课教师应该处理好信息技术与课程内容的有机融合,发挥信息技术在价值观教育中的功能和作用。新型信息技术教学应用创新是深度融合的动力。比如《传播学概论》课程中,可以运用 VCR 虚拟现实技术来呈现中国共产党在长征途中宣传革命的事迹。把这些红色事迹通过虚拟现实来让学生体验,必然会加深学生的感受性。

总体而言,高职院校专业课程思政的"道法术器"改革,是课程思政在高职院校专业课程教育中的有力渗透,有利于提高高职院校思政教育的效果,也是提升高职院校专业课程教育教学水平,实现"全员育人、全方位育人、全过程育人",促进学生思想品德水平、文化素养和职业操守的同步提升的有力思路。高职院校专业课程思政的

"道法术器"改革,为高职院校开展专业课程思政提供了一定的参照和借鉴,值得进一步加以探索和研究。

参考文献

[1] 孟源北.习近平新时代中国特色社会主义思想的理论来源[N].学习时报,2017-11-03(A2).

[2] 黄向阳.道德相对主义与学校德育[J].全球教育展望,2001(6):5—8.

[3] 崔宜明.社会主义核心价值观与中国优秀传统文化的再认识[J].道德与文明,2014(5):21—27.

[4] 转引自理查德·桑内特.匠人.[M].李继宏译.上海:上海译文出版社,2015:1.

[5] 孙峰、李欢.道德教育的现实选择:从灌输走向对话[J].辽宁师范大学学报(社会科学版),2009(5):56—60.

[6] 杜维兴.正直坚强的老人——怀念万启盈同志[J].印刷杂志,2014(11):36—38.

"快乐教学"在 JavaScript 的网页特效课程中的探索和实践[①]

孙　敏

　　摘要：计算机教学是一门非常复杂的艺术，不仅仅依赖于教师精湛的知识、丰富的开发经验及良好的品德，更取决于教学过程中是否具有强大的感染力，是否满足学生的情感需要，从而激起学生浓厚的兴趣和强烈的求知欲，在完成学习目标的同时，积极主动地思索和探知更多的未知世界，所以快乐教学就显得尤为重要。本文以 JavaScript 的网页特效课程来展现快乐教学的探索和实践。

　　关键词：教学方式　快乐教学　计算机课程　JavaScript

　　作者简介：孙敏，计算机应用硕士，高级工程师，上海出版印刷高等专科学校印刷设备工程系专业教师。

　　目前高校计算机课堂面临最大的问题就是：随着学习的越来越深入，学生们发现学习计算机课并非他们想象中的那么有趣和简单，很多时候甚至是非常枯燥和难懂的，如果学生的数学知识、英语水平以及逻辑思维能力稍有不足，就会跟不上课堂的节奏，久而久之学习的热情渐渐消失，取而代之的是逃避和厌学，恶性循环后，整个大学期间几乎一无所获。于是如何在课堂上激发学生的学习兴趣，通过

① 【基金项目】本研究成果受 2017 年度"上海出版印刷高等专科学校高等教育研究所"课题资助。

　　本文发表于《教育学杂志》，2018 年第 4 期。

不断传递和讲解的知识,使他们保持"一定程度的学习热情",就成为了教师教学任务的重中之重。

一、高校快乐教学的内涵

1. 快乐教学

快乐教学是由被称为"人类历史上第二个牛顿"的英国著名哲学家、社会学家和教育理论家赫·斯宾塞提出来的,它既不是一种教学观念,也不是某种教学方法,而是以正确教学思想为基础形成的一种教学方法体系。无论采用那种教学方法,其根本无非就是提高课堂教学的有效性。快乐教学的目的是,在教学活动中使教师和学生都能感受到一种愉快的心情,让教师的教学效率与学生学习的快乐程度成正比,从而达到最佳的教学效果。其本质是启发式教学方法的有效应用,但更加强调的是"情知交融"环节。

2. 快乐教学的特点

"快乐教学"具有开放性,具有"去冗长、去枯燥、去乏味,生动活泼和引人入胜"的特点,与心理学、教育学、信息学等学科密切相关。"快乐教学"重视情景化、游戏化、故事化、信息化的教学方式,倡导互动式、讨论式、探究式、案例式等教学方法。在快乐教学愉快轻松的环境中,学生容易产生"无意注意",有利于其自觉主动地接受知识和掌握技能。

3. 快乐教学的探索

当前我们正处于高等教育大众化阶段,学生的生源质量和学习兴趣与以前精英教育时期有很大的不同,又因为各专业和课程的内容及形式不尽相同,在实施"快乐教学"的过程中就需要找寻适合各自的特色。计算机课程是一门知识性和技能性相结合、理论性和操作性都很强的科目,在这样的课堂教学中实施快乐教学要面临更多的困难:教学内容多、难度大、时间少……

所以要想在计算机课堂形成行之有效的快乐教学模式,就需要围绕教师、学生、课堂、教材、学法等基本要素展开分析和设计。要求教师以快乐为主流和主导,借助互联网＋现代信息技术,科学地引导学生学习基础知识、掌握基本专业技能、勇敢去面对学习中遇到的挫折。在学习过程中,不断让他们体验到用自己的知识去解决问题所带来的巨大的满足感和快乐感,从而由被动转为主动,积极地去探索和思考新的架构和方法。

二、JavaScript 的网页特效课程的教学设计

在组织快乐教学模式的课堂内容时,我们分为了几个步骤:激发兴趣—确立目标—多样化的技术讲解—学生实践验证—师生交流解疑—小组互评—修改完善。

1. 激发兴趣—榜样激励

教育心理学明确指出,最能给学生前进动力的就是激励的作用。激励方式有很多:荣誉激励、情感激励、榜样激励、赏识激励……在高校的课堂上,最行之有效的就是榜样激励。所以在教学方式设计中我增设了一个环节,选取多个与计算机技术息息相关的成功人物和典型事件作为每堂课的开篇导论。例如人们耳熟能详的马云、马化腾、李彦宏,例如人工智能、大数据、云计算……从而能引导学生形成正确的人生观、价值观和对技术的崇拜和向往,对专业和未来充满希望和动力。

2. 多样化的技术讲解——网红事件进入课堂

课堂教学是实施学习动力的主渠道,如何促使学生专注课堂,以主动、质疑、创造的精神去学习,从"手机低头族"中脱离出来,对于教师来说已经是必须去面对的首要任务,迫在眉睫。为此,我采用了情境性诱导、情感性诱导和认知性诱导。利用目前流行的多媒体手段,带来能激励学生们兴趣的视频、音频、动画等多种教学手段,创造出

宽松、愉悦的课堂氛围。例如"喜马拉雅"上的 JAVA 面试讲解、"腾讯课堂"上网红老师的技术讲解、开发技术排行榜、十九大提出的网络强国、诺贝尔经济学获奖中的行为经济学……在授课的过程中，不时地穿插开发案例的技术知识点、课外延伸的案例、后续内容的铺垫，形成有效的认知链，从而达到激发学生的好奇心和求知欲的目标。

3. 学生实践验证——技术演讲台

美国心理学家马斯洛认为：人是有需求的动物，其需求取决于他得到的东西，只有尚未满足的需求才能影响行为。在课堂上，我开设了"技术演讲台"，鼓励每个同学从各个方面去修改课堂案例，可以从技术知识点、或者是与之相关的创意方面寻找突破口，并在课堂上演讲，与大家一起分享心得。希望学生能自发地、潜移默化地用专业的角度去看世界、看生活。在大家有适度优越感的同时，也要时刻有危机感，不断地充实提高自己，只有不断地突破自己，才能适应未来高速发展的社会。

4. 教有法可依，但教无定法——案例的实时性和创新性

计算机课堂上主要是采用案例教学法。案例的选择既要有针对性、适合教学内容的需要，又要考虑到学生的关注度，吸引学生。我的案例设计充分关注了这一点，在演示结构化语句的案例中，替换了传统的成绩判定原则，结合了当时关注度极高的《人民的名义》的电视剧情节；并且相继设计了有奖问答、随机点名、课堂计时、古诗欣赏、世界杯倒计时等多个生动有趣的小程序。在案例的设计中不停地突破传统教材的样例，实时地融入最新最焦点最值得倡导的社会关注点，使技术不再是枯燥无味的知识结构点，而是一种与我们生活息息相关的内在联系。

5. 小组专题协作学习

我在课堂上会设计一些综合性的案例，例如电商的购物车、公司简介、博客和留言板……由学生们自愿组成若干学习小组进行需求分析、探研、互动、合作学习。教师只提供相应的素材、案例完成的形

式和要求,让学生充分发挥自己的想象力和创造力完成。在自学、互相讨论、彼此争辩、最终达成一致的过程中,学生们的思维始终处于一种主动的、活跃的能动状态,逐渐对自己的能力、潜质有了信心和肯定。不但能很快掌握书中的知识点和操作方法,而且还能根据自己作品的需要,多方查找资料,找寻实现方法,完成功能设计。作品内容丰富,形式多样,学生的独立学习能力和创造性思维能力都得到了极大的发展。

参考文献

［1］袁健、刘亚、赵逢禹. 基于深度学习的高校计算机课程教学模式探析［J］,创新教育研究,2017.

［2］杨姝彦楠. 对高校快乐教育的探索［J］,教育现代化,2016.

［3］陈杰华、张珏. 以培养创新思维为核心的 JavaScript 课程教学实践［J］,计算机教育,2018.

［4］马玉. 浅谈高校兴趣教学方法［J］,教育学论坛,2017.

高职院校广告传播专业课程的德育融合探究①

张　翠　马前锋　张玉华

摘要：本文主要探讨高职院校广告传播专业课程与德育之间的融合之路，提出高校的德育应该将思想政治教育融入专业课程教学和改革的各环节、各方面，围绕"知识传授与价值引领相结合"的课程目标，实现立德树人、润物无声。在新的媒体环境下，高校广告专业课程要和德育工作相结合，为学生的专业学习把握方向，引领正确的价值观，提升广告专业学生的社会责任感。

关键词：德育融合　广告传播　新媒体　价值观

作者简介：张翠，副教授，上海出版印刷高等专科学校出版与传播系教师。马前锋，教授，上海出版印刷高等专科学校思政教研部教师。张玉华，讲师，上海出版印刷高等专科学校思政部教师。

一、国内外对高校学生德育素质培养的研究

国内外历来重视高校学生德育素质方面的培养。从国际方面来看，教育强国美国实施的是全面主义的道德教育方式，即将道德教育融

① **【基金项目】**本研究成果受 2017 年度"上海出版印刷高等专科学校高等教育研究所"课题资助。
本文发表于《思想政治研究》，2018 年第 1 期。

合在各科教育之中,而不专门开设一门道德教育课程,从一定程度上实现了德育素质教育的润物无声,避免了由于专门开设道德教育课以说教为主而容易产生的学生抵触情绪;同时,美国高校的德育教育重点在于培养合格公民和提升公民的社会责任感,以此为核心来推进整体的爱国主义教育、价值观教育、伦理道德教育和心理教育等诸多方面。

亚洲的韩国也相当重视德育的融合,提出"德育的总目标是:发展价值判断能力,以解决在人类不同的社会环境中由于价值观的冲突而造成的各种道德问题;形成实践这种价值判断的强大意志力;热爱自己的国家、民族和传统文化"。韩国的道德课程经历过多次改革并不断完善。这种不断改革道德课程体系的过程,也是不断强化在不同历史时期和阶段学校德育推进的过程。

随着我国经济、科技、文化等方面的迅猛发展,中国与世界接轨的程度也越来越高,大学生的德育与智育容易失衡甚至分离,德育的内容和教学也相对匮乏,脱离实际。探索哲社科学课程、专业课程育人的功能,目前仍然处于高校德育课程改革的局部探索阶段,未能形成整体设计。以专业教育课程知识为载体,是提升思想政治理论教育实效性和说服力的有效途径。在此方面,上海相关高校开展了成功的试点经验。高德毅、宗爱东在《课程思政:有效发挥课堂育人主渠道作用的必然选择》中提到:上海外国语大学实施"关于在外语课程教学中挖掘思想政治教育资源"教学改革项目,推出必修课"中外时文选读"课程,由思政课教师梳理提供我国国家领导人在国外演讲或报刊上发表的文章,由专业课教师在课堂上进行讲解,受到学生的欢迎,在专业教育课程领域,对"课程思政"的理念和实施方案进行了初步的探索和实践。[1]

二、高职院校德育教育存在的主要问题

作为培养实用技术型人才的高职高专院校,加强学生专业知识

和专业技能的培养是首要任务,但同时,加强学生的思想品德教育也是高等职业院校义不容辞的责任。目前我国高校的思想品德教育主要是以思想政治理论课为主渠道,教学方式比较单一枯燥,学生普遍接受度不高,说教的内容更容易产生抵触情绪。笔者认为存在的问题主要源于以下两方面:

1. 缺乏健全的德育机制和科学理念

长期以来,大学生思政教育似乎自成一体,高校阶段的"学科德育"并未深入人心,高校思想政治教育存在的"孤岛"困境格局未能根本改变。从整体看,思政教育与专业教学"两张皮"的现象仍然存在,两者并未有机融合起来,比较松散和孤立。

该问题具体体现在:在教育理念上,不能正确认识知识传授与价值引领之间的关系;在队伍建设上,教师育德能力和育德意识有待提升;在人才培养上,各门学科思想政治教育资源没有得到充分挖掘;在管理机制上,多部门合力推进思想政治教育的机制体制有待进一步完善。[2]

这就使得过去那种只依赖思政课老师进行大学生的德育教育亟待转变为每一位专业老师都要成为学生德育的主力军,将思想政治教育贯穿于学校全员育人的全过程,将教书育人的内涵落实于课堂教学的主渠道,坚持"以德树人",特别是与学生密切联系的专业课教师更要转变观念,将育人的理念贯穿于专业课堂中。

2. 德育内容脱离实际,方法单一

当前很多高职院校所传递的德育内容和信息比较单一,大多展示的都是传统教育方面的内容,知识比较陈旧和枯燥,内容更新速度慢,语言也不够生动活泼,所以对学生缺乏吸引力。德育课程的教学没有跟上社会的发展,反而脱离实际,随着当今社会转变巨大,学生思想转变速度也非常快,德育教科书上单一的结构和教条的内容难以凸显新时代大学生的个性,课堂缺乏互动,忽略了大学生个体的情感需求和个体差异,因此,学生对于教师在德育方面的教育缺乏共鸣并难以受教。

传统的课堂德育工作方法也比较单一,多通过课堂灌输的方式让学生接受教育,虽然教师通过多媒体技术手段如制作 PPT 课件、播放小视频等方式活跃课堂气氛,但也只是从感官方面刺激学生,而忽略了学生对德育内涵的理解。如今在新媒体的自由开放环境下,价值观也呈现出比较多元的现象,如果还依赖单一的德育方法,就容易使德育脱离学生的生活实际,无法发挥其作用。实际上,高职院校的德育建设应该重视与专业课程的结合和社会实践,让学生在专业课程学习、素质拓展、团队活动等多种多样的形式中获得深刻的情感体验和实践经验。

三、广告传播专业开展德育工作的重要性

探讨高职院校广告传播专业课程与德育之间的融合之路,提出高校的德育教育应该将思想政治教育融入专业课程教学和改革的各环节、各方面,围绕"知识传授与价值引领相结合"的课程目标,实现立德树人润物无声,是一种"隐性思政"。将德育和专业课程教育之间相互融合,把思想品德教育渗透到专业课的教学当中,弥补了上述单一思政课的不足,而从专业课程的多个角度和层次落实德育内容,强化德育工作全面育人的历史责任,大大开阔了高校德育视野,拓宽了高校德育的内涵。

实施广告传播专业的"隐性思政",其重要性主要体现在以下两方面:

一方面,高职院校广告传播专业的课程内容交叉性强,属于专业覆盖范围相当广泛的年轻学科,在市场经济环境下,广告早已成为成熟商业社会的一部分,充斥着人们的日常生活,大众媒体的信息传播范围覆盖面非常广,不良的广告信息容易产生负面的社会影响。广告专业作为实践操作性非常强的一门学科,急需将职业技能学习和德育思想教育两者有机融合,培养学生正确的价值观、人生观,设计

并制作出符合社会主义核心价值观的优质广告作品。

另一方面,随着互联网的迅猛发展,新媒体形式不断出现,各种门户网站、微博、微信、聊天工具、BBS平台、智能手机媒体等不断迭代更新,带给师生大量、即时的信息和数据,极大地影响着高校师生的思想、学习、生活和行为习惯。[3]加之全球一体化进程不断推进,这使得价值观也呈现出多元化的趋势,新媒体、全球化正悄然改变人们以往的传播形态,广告传播专业学生有着高度的媒体敏锐感,尤其是对新媒体的接触触角更加广泛,对于媒体信息的理解、受到媒体的影响也较之其他专业更深刻。

因此,在新的媒体环境下,德育工作的开展和渗透就显得尤为迫切,高校广告专业课程要和德育工作紧密结合,为学生的专业学习把握方向,引领正确的价值观,尤其是互联网时代加强对广告专业学生的思想道德教育,能够培养大学生良好的道德品质和提升社会责任感,为传播社会正能量提供人才保障。

四、广告传播课程与德育教育的融合

要使广告专业的相关课程与思想政治理论课同向同行,注重以专业技能知识为载体开展育人工作,挖掘广告传播专业课程中蕴含的思想政治教育资源,从课程目标、课程内容和具体环节、教学方法与策略、教学资源分配等多方面制定课程方案和编写教学指南,并在此基础上提出相关建设性意见的方案,具体做法可以考虑从以下几点入手:

1. 新媒体环境下,引领学生树立正确的价值观

广告传播专业与社会连接紧密,与媒体的发展更是息息相关,广告专业学生接触新媒体的机会也更多,容易受到不良信息的影响。在专业学习的过程中,教师尤其要注意正确引领学生的价值观,但要摒弃以往德育教育大多采取的单一说教的灌输式教育、脱离学生的

实际生活,而可同样采用新媒体形式与学生平等交流,承认价值的多元化,注重吸收其他民族文化的优秀元素,让受教育者成为知识信息的参与者和共享者,而非仅仅被动地接受信息。

大一阶段开设的广告专业基础课"广告原理与实务",教师可以带领学生开展社会实践活动,走上街头采集具有正能量的精彩广告案例作品,尤其是公益广告作品,弘扬社会新风尚,摒弃不良的广告宣传,让学生了解到广告传播的信息需要通过正规的媒体渠道,用较为正面的形式来表现。

2. 提高学生的人文修养,营造良好的校园环境

大学校园是育人的一方沃土,开展具有鲜明特色的校园活动来丰富校园文化也是育人的一个重要因素,呵护校园的精神文化能够提升学生的人文修养和精神境界。[4]对于广告传播的专业学生来说,提高其人文修养和道德修养是德育的主要目标。

因此,教师要注重开创多样化的课堂教学模式,比如开展"微课""慕课"、BB平台网络课程等教学方式。在进行德育教学时,根据广告专业的特色开展丰富的校园文化教学活动,如"广告摄影与摄像"课程就可以开展"最美校园、最美瞬间"等摄影评选活动,发现生活中的美好,用恰当的镜头语言记录下来,提高学生的人文素质修养。"广告文案创意"课程可以注重培养学生对经典文学作品的知识沉淀和积累,教导学生注意吸取中国传统文化中优秀的精神财富,如仁爱、重义、自律、奉献等精神,也将西方的自由、平等、诚实、守信等优点加以吸收,形成正确的价值观和广告文案作品。

同时,重视高校学生专业社团的建设工作,加强对学生专业社团的指导,尤其是可以利用广告专业老师的各自专业特长成立广告文案、平面设计等社团,充分发挥学生的创新意识,开展独具特色的传统文化活动,体会中华优秀传统文化的独特魅力,增强民族自豪感。

3. 努力开展有特色的实践教学育人模式

高校的德育过程是师生共同参与、互动共进的过程。在德育过程中,高校要创新育人方式,根据大学生身心发展的特点和品德发展

的情况探索独具特色的育人途径。

广告专业尤其要和时代接轨，和社会接轨，在专业课程学习中可以多鼓励学生参与假期社会实践，开展多样化的实践教育形式，让学生参与到广告影视拍摄的项目过程中，让学生产生积极的情感体验，切实提高德育的实效性。

开设于广告大一、大二暑假期间的小学期实践就提供了一个很好的实践教学平台，教师可以让参与实践的小组同学真实参与到社会项目中，通过参与社会实践，接触多样化的广告形式，感受广告作品在社会媒体上传播的巨大力量，从而"感恩社会，心系责任"，培养学生的社会责任感，激发学生内在的学习动力和强化对传播事业的责任心。

4. 加强专业教师的专业度和思想修养

上文提到高校德育教育存在的问题中教师的队伍建设也有待加强，尤其是非思政教师的育德能力和育德意识有待提升。因此，专业教师要始终以身作则，在课堂上起到良好的德育示范作用。专业任课教师必须对中国优秀传统文化有独到的见解，自身素质过硬，具备较高的思想道德水准，表现出较高的文化素养和专业能力，做好学生的思想引领。专业教师不但要继续专业方面的再学习和知识升级，在学生中树立专业度的威信，增强德育的影响力，同时，还要注重提高育人意识，充分利用自身学科在德育方面的积极因素，重视教师自身良好品格的塑造，潜移默化地影响学生的道德观念和价值取向，培养学生严谨的治学态度，求真务实的治学作风，良好的职业道德和强烈的社会责任感。

例如广告专业课程"广告法规"尤其要引导学生注意广告信息传播的基本原则，熟稔广告法的相关条款，深刻认识到广告内容要真实、可信，不用过分夸大的语言来描绘商品的功能，坚决杜绝虚假广告和恶俗广告的传播和扩散。

对于高职院校管理者而言，也应重视专业教师的专业性发展，为教师创造良好的进修和再深造的机会，提供更多学术交流的场所和平台,使德育工作者的专业知识和道德理念与时俱进,跟上时代发展的步伐。

五、结语

习近平总书记在全国高校思想政治工作会议上强调:"要用好课堂教学这个主渠道,思想政治理论课要坚持在改进中加强,提升思想政治教育亲和力和针对性,满足学生成长发展需求和期待,其他各门课都要守好一段渠、种好责任田,使各类课程与思想政治理论课同向同行,形成协同效应。"

高校培养出的人才不仅要掌握丰富的科学技术知识,还应具备和谐的身心和完善的人格。发挥德育功能是高等职业院校人才培养中应重视的问题,应充分将德育渗透到专业课程的学习中,培养出德才兼备的优秀人才。

参考文献
[1] 高德毅、宗爱东. 课程思政:有效发挥课堂育人主渠道作用的必然选择[J]. 思想理论教育导刊,2017(1).
[2] 高德毅、宗爱东. 从思政课程到课程思政:从战略高度构建高校思想政治教育课程体系[J]. 中国高等教育. 2017(1).
[3] 朱淼. 新媒体发展视域下高校职业指导与德育融合探析[J]. 佳木斯职业学院学报,2014(9).
[4] 李欢."校园读书节":高校文化素质教育与德育融合的范例[J]. 长沙铁道学院学报(社会科学版),2012(3).

试析高职院校的体育课程思政实施路径①

吴　娟　孟仁振

摘要：校园体育与思政教育的耦合关系使得体育成为高校德育教育重要的实践载体。文章指出了体育课程思政的意义与可能性，分析了体育课程思政的实施载体与实施路径。高职学生重在掌握技术技能，而体育本身也是追求技能的一门学科。在体育教学中，通过体育课程思政，使得学生在体育锻炼与习得体育技能的过程中，养成职业素养，对专业技术技能的学习同样起到启发与促进作用，真正实现同向同行，协同育人。

关键词：体育　课程思政　实施路径　同向同行

作者简介：吴娟，硕士研究生，上海出版印刷高等专科学校助理研究员，从事高等职业教育研究。孟仁振，博士研究生，上海出版印刷高等专科学校助理研究员，从事区域经济与职业教育研究。

高校思想政治教育存在"孤岛"困境，思政教育与通识教育、专业教学长期呈现"两张皮"现象。习近平总书记在全国高校思想政治工作会议上明确指出，要用好课堂教学这个主渠道，使各类课程与思想

① **【基金项目】**该论文系"2018年度上海市学校体育科研青年项目（HJTY-2018-D29）"研究成果。

本文发表于《神州》，2018年12月，第401期。

政治理论课同向同行,形成协同效应。

一、体育课程思政的意义

体育代表着青春、健康、活力,关乎人民幸福,关乎民族未来,是立德树人的育人工程。习近平总书记在十九大报告中指出,实施健康中国战略以及国家对体育发展的新部署,把对体育工作的认识提升到一个新的高度。总书记高度重视学校体育工作,指出身体是人生一切奋斗成功的本钱,要注意加强体育锻炼,家庭、学校、社会都要为少年、儿童强健体魄创造条件,长大后成为建设祖国的栋梁之材。

课程思政是指"将高校思想政治教育融入课程教学和改革的各环节、各方面,实现立德树人润物无声",即寻求各科教学中专业知识与思想政治教育内容之间的关联性,并在课程开展的过程中,将思想政治教育的相关内容融汇于学科教学当中,通过学科渗透的方式达到思想政治教育的目的。当前学校德育正在向人性转向、生活转向、实践转向和学科融合转向。高德毅、宗爱东在《从思政课程到课程思政:从战略高度构建高校思想政治教育课程体系》一文中,介绍了课程思政的建设方案以及试点进展和初步成效,对思想政治理论课、综合素养课、专业课分别进行改革,深挖德育资源,并分别以实例进行说明。[①] 课程思政这种课程模式,体现一种连续性系统性的课程观,它不拘泥于各科专业知识的学习,通过将思想政治教育的目标融汇于各科的教学当中,使得各门课程都能参与到学校育人的过程当中,形成一个完整的课程育人体系。

---

① 高德毅、宗爱东. 从思政课程到课程思政:从战略高度构建高校思想政治教育课程体系[J]. 中国高等教育,2017(1),43—46.

二、体育与德育的互补特征赋予了体育课程思政可能性

1. "思政课"教学遇难题

目前,高职思政教育存在"配方陈旧、工艺粗糙、包装不时尚"的现象,面对"95后""00后"的新时代学生群体,思政教育浮于表面,难以落地,教学效果不佳。大量的思想政治理论的灌输,理论性强、欠缺形象性、吸收慢、感染力差。"思政课"教学陷入现实困境。

2. 体育与生俱来的德育资源

增进"思政课"课程教学的实效性,必须充分开发体育所蕴含的德育资源。[①] 体育的内容丰富、形式多样,富有魅力,蕴藏着丰富的德育资源,既是体育院校开展德育工作的优势所在,也是非体育类院校开展德育工作的重要资源。

许多体育明星成为人们的励志偶像,他们的事迹承载着体育精神。邓亚萍克服自身条件的不足,在赛场上勇敢拼搏的精神获得了世界人民的尊敬。前国际奥委会主席萨马兰奇对她有着很高的赞赏,他曾说过"邓亚萍是我本世纪见过的最好的运动员,她是奥林匹克精神有力的诠释者"。牙买加运动员奥蒂被称为"永远的伴娘",参加过七届奥运会,却从未获得过金牌,但她坚持不懈,50岁仍然奔跑在竞技场上。人们称她为"失利者"而不是失败者,她的身上集中体现了奥运会提倡的"重在参与、永不放弃、永不气馁、永不低头"的精神。

无论是公平、公开、公正的规则意识,还是团队统一、精诚团结的协作精神,抑或是追求奥林匹克"更高,更快,更强"的拼搏与进取精神等等,都是体育与生俱来的德育资源。

[①] 钟小红、刘玉兰.试论体育德育资源与高校"思政课"教育教学的实效性——以体育专业为例[J].湖北经济学院学报(人文社会科学版),2016(8),191—192.

同时,随着时代的变化,体育活动和项目也在不断更新,要适时从新的项目中挖掘德育资源,更能使学生产生共鸣。

体育不但可以从外部促成学生体格的强健和技能的增强,而且可以使其在锻炼过程中实现情感的陶冶、意志的磨练、道德的提升和审美的养成,所以体育中蕴含着德育,而德育又融于体育之中。

三、实施体育课程思政的载体

对于体育专业的学生而言,载体特别丰富。对于其他专业的学生而言,体育也是必修课程之一。《体育与健康》课程是我校学生必修的公共基础课程。本课程以学生身体练习为主要手段,通过合理的体育教育和科学的体育锻炼过程,达到增强体质、增进健康和提高体育素养,旨在促进寓身心和谐发展、思想品德教育、文化科学教育、生活与体育技能教育于身体活动并有机结合的教育过程;是我国实现素质教育和促进学生适应社会,培养学生完整个性的有效途径。

(1)学校可设计体育系列活动,体育教学比赛,体育节、体育周等活动,建设特色项目。[1] 如竞技篇、趣味篇、健康篇,主要是课堂运动项目技能的传授,如足球、篮球、健美操、跳绳、排球等各运动专项,并挖掘特色项目进行建设,如我校的荷球。通过特色项目的建设,使得这一项目在各高校竞技时能占一席之地,一是推广我校的体育建设成果,二是增强学生对学校体育建设和自我的认同感,有实现自我价值的认可。

(2)学校可举办运动会,拓展育人渠道,加强团队意识。运动会是学生体育活动和德育体验的一个重要手段。运动会中,会设有专门的裁判,制定规则,参赛运动员需遵守比赛规则,现代社会良好的

---

① 余静、李新卫、余涛.基于德育价值的高校校园体育活动体系的构建[J].南京体育学院学报,2011(5),92—96.

规则意识是学生整体素质的重要方面。[①] 运动员们需要奋力拼搏,团结一致才能取得优秀的成绩。同时,凡是比赛,就有输赢,这也是学生们切身体会"重在参与""尽力而为"等体育精神的绝佳时机。

此外,运动会的筹备与器材领取、整理等工作也是引导学生热爱劳动,积极参加学校活动的方式之一。

(3)助力体育社团发展,积极引导学生合理利用课余时间。当下是"低头族"盛行的时代,学生们更是玩手机游戏、电脑游戏的重要主体,如何使他们利用好课余时间,加强体育锻炼是个重要的问题。学校可以助力体育社团发展,积极引导学生的课余时间利用,开学生们感兴趣的体育项目,如滑板等酷炫而又能吸引学生的项目。

(4)完善课外活动软件平台,让所有学生走出宿舍走进校园,意识到"每天锻炼一小时健康一辈子"。现在人的健康意识逐渐加强,随着"全民健身"这一热潮的推进,许多人都有了健身意识,各种健身软件层出不穷,学校可采集学生日常健身数据,作为体育课程考核的一个部分。

四、实施体育课程思政的路径

(1)画龙点睛式:是指在专业课的知识点和技能点的讲授中进行社会主义核心价值观、唯物辩证法等的"点睛"。在体育运动技能教授中,旨在提高抗挫折能力和情绪调节能力,培养坚强的意志品质,增强自尊心和自信心,培养创新精神和创新能力,形成积极向上、乐观开朗的生活态度,进行提高学生心理健康水平的点睛。例如,在一节篮球原地单手运球课堂上,原本原地单手运球技术动作,把它预设了结果,并加大了难度,让学生们完成原地运球接力绕过障碍的任务。为了完成这一任务,学生们需要组建团队,紧贴障碍站成一纵

[①] 王晓澜、夏建尧. 论高职生规则意识培养的必然性及其途径[J]. 浙江交通职业技术学院学报,2010(2),61—63.

排,相互协调配合才能做到。在这一巩固提高阶段的小游戏里巧用"结果法"加强了合作意识的培养,适用"设难法"完善意志品质的塑造。通过案例画龙点睛式地指出体育能为学生培养的人文精神。通过分析体坛上的一些造假实例,如注射兴奋剂、踢假球等行为,培养学生求真与实事求是的优秀品质。通过将特长做到极致的选手事迹宣传,引申出未来工作中追求极致的工匠精神。通过运动员超越他人、超越自我的事迹,强调在之前基础上不断奋进的精神。

(2)元素化合式:就是将专业知识、专业技能、思政要点3种不同的教学元素,进行有机融合。在体育课程专项技能传授中,融入中华优秀传统文化,增强民族自豪感和爱国主义。譬如武术教学,通过每堂武术专项课之前学生向国旗敬礼、师生互行抱拳礼等武术礼仪教育,以武德塑造学生身心。俗话说"习武先习德"。拿抱拳礼来说,虽然只是一个武术礼节,却非常有内涵。有中国自古以来提倡的礼仪,抱拳表示团结,拇指向内表示低调做人;这里面也有武术技术含量,出掌的手可及时避让攻击,握拳的手则可随时出拳攻击,甚至可以说,只要懂得了抱拳礼,就懂得了武术。这是一边讲了礼,一边可自卫,还一边可随时出击。作为中国人的基本礼仪,也是告诉别人,中国人讲理,但是也不可侵犯。虽然短短十几秒,彰显了"未习武先习德"的价值观,更是对中华武术作为优秀传统文化的传承和推广。

体育运动除了强身健体,还给人以美的享受。前苏联的马雅可夫斯基说:"世界上没有比健康的皮肤和结实的肌肉更加美丽的衣裳。"法国著名艺术大师罗丹说:"自然界中没有任何东西比人体更美。"人体一直也是美术、摄影等艺术创作中的宠儿。在观看竞技体操比赛中,运动员那稳健、准确、高难、优美的动作给人以精彩、动人、魅力无穷的回味。花样滑冰运动员在冰上的千姿百态的舞蹈令人印象深刻。在日常教学中,专业教师可以培养学生的动作美、行为美、精神美等,通过舞蹈、体操等培养学生的形态姿势美、韵律美、节奏美等,这些对处于青春期的学生树立健康的审美观有着潜移默化的作用。

总之,需根据不同体育项目,设计不同的德育要点。在田径项目中,注意培养学生的刻苦耐劳、坚忍不拔的毅力;在艺术体操和健美操等项目中,可以进行审美教育。在教育方法上,要有针对性,多表扬、少批评,要真诚和恳切地用实际行动帮助学生健康成长。

(3)隐性渗透式:是指专业课教师为人师表、以身作则、言传身教,潜移默化地影响学生思政和职业素养的养成。高职高专学生职业道德素养的培育,是他们成才的关键。[①] 首先,学校需要提升专业教师的思政育人的意识与能力。[②] 通过身体活动,融合团队价值观,增强社会适应能力。通过团队拓展训练,进行游戏练习能培养学生的竞争意识和合作能力。竞争是体育运动的特征之一,在体育运动过程中,既有对自己运动能力的挑战,也有与他人的争胜;既有人与人之间的竞争,也有团体之间的合作。运用游戏鼓励学生参与一些集体性的运动项目,既可以发展学生的体能与技能,又可以培养学生之间的信任、合作精神、竞争精神和社会交往能力。例如信任背摔、齐眉棍、老鹰捉小鸡、推小车、两人三足走。在这些游戏活动中,让学生通过扮演一定的角色,承担一定的责任和义务,建立起对自我、群体和社会的责任感。在相互帮助、共同合作的过程中,发扬团队精神,体验到不同角色的心情,反映出人与人之间的和谐关系,真正体验到成功和进步的喜悦。

结语

高职学生重在掌握技术技能,而体育本身也是追求技能的一门学科。在体育教学中,通过体育课程思政,使得学生在体育锻炼与习得体育技能的过程中,养成职业素养,对学生专业技术技能的掌握同

---

① 孙志芳.谈高职生职业道德素养培育的重要性[J].北京工业职业技术学院学报,2007(4),68—70.

② 朱美虹.提升专业教师思政育人的意识和能力,促使专业课程与思政课程协同育人[J].当代教育实践与教学研究,2017(12),153.

样起到启发和促进作用。在实施过程中,专业教师要利用好三个阶段,包括课前启发式教学、课中体验式教学、课后感悟式教学,这对学生的职业素养的养成大有裨益。专业教师通过课程开始后的前5分钟,引出要融入课堂的思政要点,引导学生特别注意课程中需要培养和体验的要点以及容易出现的问题。在课中的体验式教学中,专业教师对学生在活动环节出现的畏难退缩、动作不标准等微行为,结合案例进行现场指导,培养学生迎难而上、坚持不懈等职业微素养。课后的感悟式教学是利用课程结束之前的5分钟让同学们分享在习得这项体育技能过程中的心得,引导学生感悟到体育精神,体验到思政和职业素养的重要性。体育教育和思政工作相融合不可能一蹴而就,这是一场持久战,需要社会、学校和学生自身共同努力,通过寓教于乐的方式把思政工作的内容一点一滴地渗透进学生的心理和日常行为,使学生在获得健康身体的同时,获得健康的心理,逐渐发展成为一个德育和体育多方发展的优秀人才。①

---

① 刘杨洋.试分析高校体育与思政工作的有效融合策略[J].教育,2015(24),49.

高职商务英语课程德育融合的探索与实践①

杨　静

摘要：为了适应新时代人才培养的需求，高职思政教育从思政课程到课程思政的改革已经成为必然趋势。高校思政课程体系分为思想政治理论课程，综合素养课程和专业课程。三方面互相促进，发挥各项课程的特色，共同实现立德树人的教育目标。本文主要讨论在"一带一路"倡议的背景下，如何进行高职商务英语专业课程与思想政治课程工作相结合，全面提升教师自身的思想政治素养，并引领学生树立正确的价值观并全面发展。

关键词：商务英语专业　德育融合　思政教育

作者简介：杨静，上海出版印刷高等专科学校基础教学部英语教师，讲师。研究方向：英语教学。

一、商务英语专业开展德育工作的重要性

习近平在全国高校思想政治工作会议上强调：要坚持把立德树人作为中心环节，把思想政治工作贯穿教育教学全过程，实现全程育

① 【基金项目】本研究成果受 2018 年度"上海出版印刷高等专科学校高等教育研究所"课题资助。

本文发表于《焦作大学学报》，2019 年第 1 期。

人,全方位育人,努力开创我国高等教育事业发展新局面。长期以来,德育工作的开展主要依托思想政治理论课程,在教育理念上不能把德育的理想性和现实性进行结合,在教育方法上不能与学生实际专业和情况相融合。[1]在新时代的背景下,德育工作的开展应该发挥多学科优势,以全方位的培养具有当代责任感的复合型人才为目标。

美国的公民教育大都通过学生学习人文社会学科的内容来了解各国社会制度的历史发展,了解美国政治经济、全球性问题等方面的知识。在表面来看是公民教育主要由知识性内容构成,但其中渗透了美国的价值观和文化导向。这种方法既尊重了学生个体学习的需要,也达到了国家教育的目的。语言是文化的载体,在以往的英语课程教学中,大多采用的是西方主流媒体和西方经典文章的节选,而这些内容往往包涵西方的价值观、政治观、文化等意识形态。

商务英语专业是国际商务与英语语言相互渗透的一门综合学科。具有跨学科属性,涉及经济贸易与管理类学科,以英语为本,商务为纲的学科架构。[2]英语语言类学科是中西文化思想激烈碰撞的前沿学科,在促进国际文化交流、思想融会的同时,也给授课教师带来挑战:如何让学生在了解西方文化的同时坚定社会主义理想信念和文化自信,从而实现外语专业课程全程育人、全方位育人。商务英语教学不只是一门外语的教学,还肩负着素质教育的重任,而素质教育的根本又是对学生道德素质的培养。

二、商务英语专业开展德育工作主要问题

1. 缺乏完善的课程体系和理念

高职院校在生源质量、培养目标和培养模式上与本科类院校有所不同。在德育课程内容体系中缺乏高职教育特色,将德育内容与专业课程融合的授课形式还在探索阶段。对于课程目标、授课内容、授课方式、课时分配、教学方案以及课程评价均没有统一的标准。如

何在教授专业知识的同时融入德育培养的教学目标？如何向专业教师传递可操作性的德育教学理念？这些问题需要在课程开设和教材编写中完善。面对目前变化的政治形势和多样的教学素材，一线教师在教学当中很难把握教学材料的筛选并形成完整的教学方法而应用在不同需求的学生身上。

2. 德育融合课程师资队伍薄弱

专业教师是课程思政的主导者、实施者、评价者，因此专业教师自身的素养成为课程融合的关键。然而专业教师并未受到专业和系统的德育学科教育和训练，导致在实际上课过程中在选择课程内容时力不从心，自主渗透德育内容导致融合内容很难有质量保证。大多数的专业老师还需要继续学习德育知识并接受更全面的德育培训。

三、商务英语专业课程德育融合实践

商务英语专业课程中德育教育应该针对高职商务英语专业学生的特点，以及专业的跨学科人文属性，立足商务英语课程设计，根据培养目标开设课程。深度开发专业课程的思政内涵，引导学生建立积极向上、文化自信、提升素养等正确价值取向。有以下几方面融合方向和内容：

1. 拓展国际视野，树立理想

中国"走出去"国际文化交流倡议是中国改革开放大背景下应运而生的产物，也是中国加大改革开放力度的具体表现。随着中国综合国力的增强和国际地位的提高，外界了解中国的愿望也日益强烈和迫切，在世界范围内弘扬中国文化，促进东西方文化交流。中国坚定不移地推进改革开放，加速国民经济发展，促进人民生活改善，积极加入国际贸易合作组织，并提出了"一带一路"倡议（Belt and Road Initiative）。作为顺应经济全球化潮流的最广泛国际合作平台，源于中国，但是机会和成果属于社会，造福各国人民。中国特色自由贸易港商务英语专业学习中商务往来合作的相关语言学习是最密集的，在学习语言基础知识的同时，也要了解国家的经济发展趋势，紧密结合自身的专业，为将来的就业和人生方向的选择做好准备，打好基础。在商务英语沟通与谈判课程中加入中美贸易摩擦报道、联合国国际事务讨论视频音频等案例进行学习，通过阅读，来总结不同的观点，采用讨论的方式，教师进行引导性的教学。在讲解过程中深入理解人类命运共同体等我国提出的重要理念，帮助学生增强世界公民素质。同时加强学生对于国家的认同感，提高学生外刊阅读能力，培养学生用全局的眼光来看待国际事务。

2. 学习传统文化，增强民族自信

传统文化是一个民族共同的精神财富和统一共识，是对国民行为内在解释的最佳范本。在全球化经济的推动下，各种文化的冲击和融合在我们生活和学习中随处可见。对于商务英语专业的同学，如何在这些文化冲突中，维护民族文化自豪感和正确地认识本国文化，是一项非常巨大的考验。在文化思潮互相碰撞的同时，各国文化也逐渐趋于同质化，丧失了民族文化认同感。传播中国优秀传统文化，培养民族自豪感和继承传统文化的创新力是德育融合教育中必不可少的内容。在全国大学生四六级英语测试改革中，其中令人瞩目的一点即翻译题目的内容涵盖中国文化元素。通过汉译英和英译汉的教学过程，加深学生对英语学习的热情并提升民族自信心。在商务英语翻译和口译课程中，不仅要注重理解词汇的表层意思，也要使学生能够习得这些词汇的文化含义和引申意义，理解文章的深层含义。组织多种活动形式，如"中国故事"翻译大赛和配音大赛，激发学生对于中国传统文化的兴趣并肩负中国传统文化传承者的历史使命。

3. 塑造专业价值观，提升自身职业素养

在商务英语专业课程中一方面是培养学生的专业技能知识，另一方面是塑造学生在职业中的价值观和职业道德。对于每一门专业课的教学都应该做到了解课程的历史与传统，让学生认识到哪些社会和经济问题需要解决，在职业从事过程中会遇到的哪些伦理道德

问题并应该如何解决。以学生为主体、教师为主导,从工作实际需求为出发点,来全方位塑造商务英语专业的职业素养。高职院校的教学特色即能够有效地把岗位和工作结合在日常教学中,突出实训的重要性。在轮岗实训、顶岗实习课程中,可以通过案例分析或者角色模拟扮演的方式,让学生积极展开讨论,对企业文化、行为规范、职业素质有更全面的了解,构建商务伦理范式,提升就业能力和塑造良好的道德品质。

四、总结

商务英语课程德智融合是学科间协同作用的结果,集合各学科的优势以实现相互优化的过程。在教授过程中,通过文化浸润、课程浸润不仅调动了学生的学习积极性,给专业课老师也提供一个审视专业知识的新角度,融合使命感,使教学过程变得更有意义。高职院校不仅是培养专业技能型人才,还应该培养具备国际公民素养和完善的人格。通过德育融合教学,帮助学生树立正确的人生观价值观,成为德才兼备的、推动中华民族复兴的优秀人才。

参考文献
[1] 习近平在全国高校思想政治工作会议上强调:把思想政治工作贯穿教育教学全过程开创我国高等教育事业发展新局面[N].人民日报,2016-12-09(1).
[2] 中共中央国务院关于加强和改进新形势下高校思想政治工作的意见.[R].2016.
[3] 边立志、车丽娟.商务英语专业的学科定位及其教学模式探讨[J].语言教育,2015(4):31.
[4] 戴锐.思想政治教育共同体的运行机制与发展战略[J].思想政治教育研究,2014(12):9—12.
[5] 肖峰.论科学与人文的当代融通[M].南京:江苏人民出版社,2001:3.
[6] [美]安迪·哈格里夫斯.知识社会中的教育[M].上海:华东师范大学出版社,2007:13—20.

理论研究

基于上海发展趋势上海出版印刷高校应用型本科专业群探索研究[①]

郭洪菊

摘要：本研究基于上海出版印刷高等专科学校传媒学科发展基础及优势，贯彻上海文创提出的"上海将建设全球影视创制中心"精神，深入领会与我校传媒信息技术息息相关的"发展新工科"内涵，借鉴德国传媒专业建设发展过程，以上海出版印刷高等专科学校建设应用型本科为契机，深入挖掘该校人力物力资源优势，进行基于上海发展趋势的专业群应用型本科的探索研究。该研究对于该校本科专业群建设及特色发展具有潜在指导意义。

作者简介：郭洪菊，博士，副教授，上海出版印刷高等专科学校印刷设备工程系专业教师。

前言

上海出版印刷高等专科学校创建于 1953 年，是新中国成立后由国家新闻出版广电总局与上海市人民政府共建的第一所出版印刷类学校。随着信息科学技术的发展，学校与时俱进，在专业设置上不断

① 【基金项目】本研究成果受 2018 年度"上海出版印刷高等专科学校高等教育研究所"课题资助。

本文发表于《现代职业教育》，2019 年 7 月。

调整,从传统印刷技术设备专业发展到印刷媒体技术、数字印刷技术、包装工程技术、出版与发行、广告制作与传播、会展策划与管理,进而到新兴的物联网应用技术、计算机信息管理、数字媒体艺术设计及影视动画等专业。学校连续四次被国家广电总局授予"技能人才培养突出贡献奖",被国家人社部授予"国家技能人才培育突出贡献奖"。因此,学校在专业特色上以及与专业相关的新兴技术跟进上都有较深的基础。然而,当前世界范围内新一轮科技革命和产业变革加速进行,综合国力竞争愈加激烈。工程教育与产业发展紧密联系、相互支撑。为推动工程教育改革创新,我国高等工程教育改革发展已经站在新的历史起点。国家正在实施创新驱动发展、"中国制造2025""互联网+""网络强国""一带一路"等重大战略。为响应国家战略需求,支撑服务以新技术、新业态、新产业、新模式为特点的新经济蓬勃发展,突破核心关键技术,构筑先发优势,在未来全球创新生态系统中占据战略制高点,迫切需要培养大批新兴工程科技人才。面对新形势、新的挑战与机遇,以上海出版印刷高等专科学校建设应用型本科为契机,以上海出版印刷高等专科学校现有发展格局及人员构成为基础,加快建设、调整、发展与时代步伐一致的、能够培养具前瞻性应用型人才的专业群,对于学校未来的本科发展、本校师生的潜力挖掘价值体现都具有深远重要的意义。

2017 年 12 月,上海出台《关于加快本市文化创意产业创新发展的若干意见》(简称"上海文创 50 条"),通过 50 条具体措施,为进入新时代的人文之城建设"升级"提供强有力的体制机制保障。"上海文创 50 条"提出,未来 5 年,上海文化创意产业增加值占全市生产总值比重达到 15%左右;到 2030 年,占比达到 18%左右,基本建成具有国际影响力的文化创意产业中心;到 2035 年,全面建成具有国际影响力的文化创意产业中心。未来上海将主要聚焦影视、演艺、动漫游戏、网络文化、艺术品交易、出版、创意设计、文化装备等八大产业板块,提出建设全球影视创制中心,打造亚洲演艺之都,建设全球动漫游戏原创中心,巩固国内网络文化龙头地位,深化国际创意设计高地建设,构建出版产业新格局,构建国际重要艺术品交易中心,加快实施文化装备产业链布局等构想,并提出"加快全球电竞之都建设"。"上海文创50条"的提出,给上海出版印刷高等专科学校在媒体技术、媒体艺术、影视动画,甚至文化创意及管理等专业提供了广阔的发展机遇。在此基础上,对学校资源进行深入挖掘,在专业培养上深入改革提升培养力度及质量,将是学校专业群建设的一个值得深刻规划及研究的领域。进一步"挖潜",进一步提升学校创新力、产业竞争力和文化软实力,是培养学生面对更加完备的全产业链服务闭环的重要举措。

专业群建设内容

"上海文创50条"所提出的发展领域结合了传媒和发展、新闻学、通信及媒体管理等学科。工程教育与产业发展联系紧密、相互影响。发展"新工科",对接新兴产业,培养新型工程科技人才,亦是当务之急和长远之策。对上海出版印刷高校来说,设计以上领域的文科理科专业并行改进,嵌入新兴科技内涵推进专业发展势在必行。

1. 新工科是新兴工科专业,包括人工智能、智能制造、机器人、云计算等,当然也包括传统工科专业的升级改造。这些都需要新理念的指引和新培养模式的支撑,最后实现更新更高的教育质量。上海出版印刷高等专科学校在建设应用型本科的同时,理当发挥自身优势,充分利用资源,对接经济社会发展需要和企业技术创新要求,深化产教融合、校企合作、协同育人,推动传统工科专业改造升级,开展地方高校新工科研究和实践。第四次工业革命正以指数级速度展开,学校必须在创新中寻找出路。发达国家的历史经验证明,主动调整高等教育结构、发展新兴前沿学科专业,是推动国家和区域人力资本结构转变、实现从传统经济向新经济转变的核心要素。为应对金融危机挑战、重振实体经济,主要发达国家都发布了工程教育改革前瞻性战略报告,积极推动工程教育改革创新。我国高等工程教育要乘势而为、迎难而上,抓住新技术创新和新产业发展的机遇,在世界新一轮工程教育改革中发挥全球影响力。紧跟国际国内科技发展步伐,上海出版印刷高校积极主动设置和发展一批新兴工科专业,在推动现有工科专业的改革创新中勇于创新开拓。新工科建设和发展以新经济、新产业为背景,需要树立创新型、综合化、全周期工程教育"新理念",构建新兴工科和传统工科相结合的学科专业"新结构",探索实施工程教育人才培养的"新模式",打造具有国际竞争力的工程教育"新质量",建立完善中国特色工程教育的"新体系",实现我国从工程教育大国走向工程教育强国。总结继承工程教育改革发展的成功经验,深化工程人才培养改革,发挥自身与行业产业紧密联系的优势,面向当前和未来产业发展急需,主动优化学科专业布局,促进现有工科的交叉复合、工科与其他学科的交叉融合,积极发展新兴工科,拓展工科专业的内涵和建设重点,构建创新价值链,打造工程学科专业的升级版,大力培养工程科技创新和产业创新人才,服务产业转型升级。发挥学科综合优势,主动作为,以引领未来新技术和新产业发展为目标,推动应用理科向工科延伸,推动学科交叉融合和跨界整合,产生新的技术,培育新的工科领域,促进科学教育、人文教育、工程教育的有机融合,培养科学基础厚、工程能力强、综合素质高的人才。扎根中国、放眼全球、办出特色,借鉴国际先进理念和标准,明确新工科教育未来发展的重点和方向,分析新工科人才应具备的素质,构建新工科人才能力体系,培养具有国际视野的创新型工程技术人才。在应用型本科建设中,加强国际交流与合作,将"中国理念""中国标准"注入"国际理念""国际标准"。

2. 在文科及应用型传媒专业建设上,借鉴发达国家专业建设的经验对于学校建设具有时代特色和有强竞争力的应用型本科具有更加实际的意义。学校面对上海要建设成为全球影视创制中心的发展趋势,专业建设面临许多挑战。德国高校有 65 所 72 个学院开设了传媒教育学科的相关专业,大约每 4 所高校就有一所可以找到传媒相关专业。德国电影电视专业日趋发展为一个庞大的独立学科。而媒介经营与管理非常有特色。如爱尔兰根-纽伦堡大学艺术学院的电影电视专业,学生在基础课阶段的末期就进入分组实践项目。在专业课阶段,学生开始学习更加有实践意义的工作方法和新技术。专业课结束之后,学生要到自己感兴趣的机构进行 9 个月的专业实习。位于汉诺威音乐学院的媒介管理专业在德国享有最好的声誉。它尝试着按国际惯例划分学士和硕士学位进行专业教育。学士课程要学习:大众媒介经济学、法学和组织机构学方面的知识;公众传播的方式、内容和答复方式的具体分寸;媒介的信息和内容结构以及媒介的信息网络;媒介内容对于个人和社会的影响;媒介工作者的工作和工作方式;公司企业传播的工作方式和实践;媒介企业的运营过程。相对于中国许多大学在多年前就开设与网络媒体教育有关的专业,德国学校显得更加保守和谨慎一些。2005 年的冬季学期开始,德国莱比锡大学在全德率先开设"网站内容管理"和"多媒体产品技术"专业课程。毕业的学生将被授予科学硕士学位(Master of Science)。新学位的学习重点将包括网站基础技术、传媒法和传媒管理以及新闻学专业知识。网页内容管理专业将更侧重于网页制作以及维护。多媒体产品技术将以多媒体产品为重点,教授音响和影像制品以及发展其他多媒体产品相关知识。课程比较紧凑,时长 16 个月。学生要花 5 个月学习印刷媒体的写作,2 个月学习广播课程,2 个月学习电视课程,然后开始分配去实习单位。完成德意志新闻学院学习后,学生还要去德国慕尼黑大学学习 3 个学期。这里的学生愿意放弃普通大学的学业,参加竞争极为激烈的职业新闻学院的入学考试。德国在应用型媒体专业建设、课程设置上激发学生的兴趣和积极性,并带给学生自信和面对竞争的能力,值得我们深入研究,用以指导上海出版印刷高等专科学校应用型本科建设。

3. 上海出版印刷高校教育中教师人才队伍建设既关系到学校的发展进程,也关系到学校培养人的发展的质量高低,更是改革发展求创新对人才的时代要求,客观分析目前学校中人才建设的现状、剖析存在的问题并提出培养建议是学校管理者智慧的体现。高技能人才是在生产和服务等领域岗位一线的从业人员中,具备精湛的专业技能,能够在关键环节发挥作用、解决生产操作难题的人员,主要包括技术技能劳动者中取得高级技工、技师和高级技师职业资格及具备相应水平的人员。上海出版印刷高校中不仅需要传统印刷专业领域更加需要拓展新兴专业领域高素质的技能教师人才队伍建设。大力引进各新兴专业高水平领军人才,带领系部稳定积极发展专业迫在眉睫。对现有的教师队伍要加大培养力度,严要求高标准出成果,同时奖惩分明。在上海出版印刷高校本科建设进程中,尤其要加大新兴专业方向科学研究力度,鼓励现有教师在科学研究上有更高的基础,针对可行的研究方向建设有力量有内涵的科研团队,从科研的角度推进本科专业群建设。

总结

在上海出版印刷高等专科学校专业、学科发展基础及优势基础上,以发展应用型本科为契机,以贯彻上海文创提出的"上海将建设全球影视创制中心"精神为出发点,深入领会与我校传媒信息技术息息相关的"发展新工科"内涵,有效借鉴德国传媒专业建设发展过程,挖掘本校教师队伍潜力,引进高素质新兴专业领军人才、加强师资队伍,大力推进各个方向的科研能力提升及科研团队建设,对于本校本科专业群建设及特色发展具有深远意义。

参考文献

[1] 姜大源、吴全全. 德国职业教育学习领域的课程方案研究. 中国职业技术教育,2007 年第 2 期,47—54 页.

[2] 徐朔. 关键能力培养理念在德国的起源和发展. 外国教育研究,2006 第 6 期,66—69 页.

[3] 袁洪志. 高职院校专业群建设探析. 中国高教研究,2007 年第 4 期,52—54 页.

[4] 杨云. 高职教育专业群建设研究. 教育与职业,2016 年第 21 期,53—56 页.

出版印刷高职教育科学发展的若干思考

——以上海出版印刷高等专科学校为例[①]

滕跃民　　蒋　志

摘要：我国高等职业教育起步较晚、基础相对薄弱，至今尚未形成先进的教育理念、完整的教学体系与科学的人才培养模式，出版印刷高职教育亦如此。因此，创新教育教学体制、更新教育教学理念、转变成才观念及大力发展创新创业教育成为推动高职教育进一步发展的基本对策与措施。

关键词：出版印刷　高职教育　科学发展　人才培养　创新创业教育　高端技能型人才

作者简介：滕跃民，工学硕士，教授，上海出版印刷高等专科学校常务副校长；蒋志，硕士，工程师。

我国高等教育规模已居世界第一。与此同时，始于 20 世纪 80 年代的高等职业教育，在经历了曲折、起伏及不平凡的发展历程后，从高等教育的辅助与配角地位，逐渐成为高等教育的重要组成部分。《教育部关于推进高等职业教育改革创新引领职业教育科学发展的若干意见》要求高等职业院校不断推动体制机制创新，深化校企合作、工学结合，办出特色，全面提高教育质量，提升高等职业教育服务

---

① 本文发表于《科技与出版》，2013年2月，第2期。

经济社会发展能力。在我国从经济大国向经济强国、人力资源大国向人力资源强国迈进的关键时期，出版印刷高职教育应按照《国家"十二五"文化改革发展规划纲要》的要求，紧跟行业与产业发展升级的步伐，为我国成为世界印刷强国、推动我国文化产业大发展、大繁荣提供高端技能型人才。

上海出版印刷高等专科学校是新中国创办的第一所出版印刷类学校，创建于1953年，原隶属于国家新闻出版总署，是总署和上海市人民政府共建的、培养我国出版印刷业高端技能型人才的全日制特色高职院校。2010年，学校被列入国家100所骨干建设高职院校，同年，学校被确认为国家高等职业教育专业教学资源库建设单位（印刷与数字印刷技术）。本文结合上海出版印刷高等专科学校的发展历程，就出版印刷高职教育科学发展作若干探索性思考。

1 创新体制机制，探索充满活力的多元实践教学模式

《教育部关于推进高等职业教育改革创新引领职业教育科学发展的若干意见》提到：高等职业教育具有高等教育和职业教育的双重属性，以培养生产、建设、服务、管理第一线的高端技能型专门人才为主要任务。这就要求高等职业教育的人才培养，必须以理论教学为基础，以实践教学为核心。法国哲学家柏格森曾经说过："如果给你看100张巴黎凯旋门的照片，包括远景的、近景的、整体的、局部的以至各种细部，你也许仍不能懂得凯旋门；但如果让你在凯旋门前站5分钟，你就懂得了。"理论教学好比给学生看100张凯旋门的照片，而实践教学则是让学生站在凯旋门前，使其身临其境学习、理解并掌握新知识和新技能。从某种意义上说，高等职业教育培养目标的实现取决于职业教育中实践教学的质量和效果。作为一所有着近60年历史的出版印刷类学校，我校从建校伊始就十分注重培养学生的

动手能力,按照工作和岗位要求制定相应的实践教学培养方案,根据行业和企业的要求和标准培育技能型人才,开展了"订单式""预备技师""产学合作"和"项目引领"等人才培养模式的探索。

1.1 "订单式"模式

通过与企业合作,以培养"三高(文化素质水平高、专业技能水平高、艺术修养水平高)"人才为目标,建立"订单式"培养模式。学生由企业遴选,教学计划由企业与学校共同制定,除完成学校统一的专业教学计划外,增加可观的学时由企业进行专业实践训练、岗位技能培训与企业文化教育。"订单式"培养模式让学生能够贴近技术、工艺和实际生产过程,迅速适应从学校学生到企业员工的角色转换。

1.2 "预备技师"模式

"预备技师"模式的目的是落实学生上岗前的技能培训,给学生提供更多的实践机会。其最大特点是岗位技能培训与技师资格考证相结合,社会资源利用与政府政策扶持相结合。学生经过系统的专业学习和到企业顶岗实习后,参加资格证书考试,拿到由劳动局颁发的证书。我校与上海某印刷厂合作,开展"预备技师"培养,经过 5 个月的顶岗实习,"平版印刷预备技师"技能鉴定通过率达 100%;"印前制作预备技师"技能鉴定通过率达 90%。

1.3 "产学合作"模式

学校与相关公司签订实习、培训、就业等产学合作协议,将学生实习、实训与就业相结合,学生提前一个学期顶岗实习;企业为学生提供津贴、劳防用品并为学生购买保险;毕业设计(论文)结合企业实习,由校企双方共同参与答辩。这种培养模式较好地解决了就业找工作与毕业设计(论文)时间冲突的难题。

1.4 "项目引领"模式

学校与浙江某公司签订合作协议,在校设立联合实验室和"包装设计创意中心",在专业教师的带领下,学生参与新产品开发项目的全过程,使学生实践教学与实际产品设计相结合,学生能更多地了解实际生产。通过实战训练,收到了良好的效果,目前已有部分包装设计作品应用在产品中。

2 更新教育教学理念,进一步改进教学方法与手段

高等职业教育是我国高等教育中的一种新类型。高等职业教育除了具有职业教育的属性外,还具有高等教育的属性,这就要求学生不只是简单地掌握技能,还要具备扎实的理论基础,增强学生的可持续发展能力。目前,有教育界和企业界人士认为高职教育的发展应以市场为导向、以"能力为中心""以应知应会为度",片面强调高职教育办学定位的职业性;认为高职教育的理论知识学习不重要,不需要,可有可无,认为只要多开展实习实训,多拿几张证书就行了。笔者认为这种观点不但不正确,而且有害。高职教育要体现高等教育的属性,必须有扎实的理论基础,包括"必需够用"的比较系统的数理和文史知识。高职学生必须提高学习能力,树立终身学习的理念,为今后发展作好必要的知识和能力储备。调查表明,当前高职高专的教学存在不少问题,有的课程内容枯燥,体系落后,且与生产、社会相脱离;有的教学方法死记硬背,考核方法单一,不能调动学生的学习积极性,令学生难以正常学习,导致学生厌学情绪严重,对课程、专业乃至整个高职教育失去信心。要解决以上问题,必须改变现有的"灌输式""以教师为中心"及"以单纯传授知识为主"的教学方法。同时引导和鼓励教师开展教学改革和创新,借助各种先进的方法手段,如

计算机技术、信息技术和网络技术,不断改进和完善理论教学。例如在课堂上运用各种多媒体课件,包括 PPT、音频、动画和视频等,丰富教学手段,加强师生交流与互动,优化课堂教学效果。还可以通过实施"案例教学法""模拟教学法""小组讨论法""现场教学法"等教学方法,既能活跃课堂教学气氛,提高课堂教学质量,又能培养学生的能力素质。其中的"现场教学法"更具有高职高专的特点,它将课堂向生产现场转移,把课堂教学与实践操作相结合,把在课堂上抽象讲述无法令学生理解的内容,通过现场的操作进行演示,非常有利于学生的理解和掌握。[1]

3　转变社会观念,不断树立强化新的成才观

《教育部关于推进高等职业教育改革创新引领职业教育科学发展的若干意见》指出,高等职业院校要坚持育人为本,德育为先。要把社会主义核心价值体系、现代企业优秀文化理念融入人才培养全过程,强化学生职业道德和职业精神培养,加强实践育人,提高思想政治教育工作的针对性和实效性。重视学生全面发展,推进素质教育,增强学生自信心,满足学生成长需要,促进学生人人成才。

当前,社会上对高等职业教育存在一种误解,认为高等职业院校的生源质量不如本科学校,是非优生聚集地,因此难以培养出传统的高素质人才。现代教育理论指出,人的秉性和天赋各异,对各类知识和技能的理解和掌握的结果有很大的差别,这些差别并不是决定人们是否会取得成功、是否能成为人才的依据。高考具有较强的科学性、选择性和公平意义,但也有明显的弊端。高考比较注重知识的记忆和积累,而非能力的培养,使得善于记忆的学生容易获得较好的成绩,而大部分技能较强但对知识的记忆和积累不太擅长的学生的成绩不理想,造成后者的自卑心理,感觉前途渺茫,难以成才。事实证明这种看法是片面和错误的。不论是过去的学部委员,还是现在的

两院院士,其中毕业于高等专科学校(现称为高等职业院校)的不在少数,巨大成功让人们忽略了这点。据不完全统计,1955—2009 年当选的中国两院院士中,本、专科学历者占 46.65%,中专以下学历者占 0.46%,这并不影响他们成才。

近年来,国家对高职教育日益重视,国家领导人多次作出重要指示,强调高职高专教育的重要性和对国民经济的巨大推动作用。国家最近出台一系列政策,将技能型人才和学术型人才同等对待,给予技能型人才很高的经济待遇和政治待遇,包括国务院特殊津贴和干部提拔培养。因此,技能型人才正受到国家和社会的欢迎和重视,越来越多高职学生与本科学生同样具有良好的发展前景和广阔的成长空间。

4　大力加强创新创业教育,服务经济转型

胡锦涛在 2006 年的全国科技大会上向全党全社会发出伟大号召:走自主创新道路,建设创新型国家;党的十七大提出"促进以创业带动就业"的发展战略。高等职业院校作为科技兴国、造就高素质应用型人才的摇篮,是知识创新推动科技成果向现实生产力转化的重要力量,高等职业教育实施创新创业人才培养是建立创新型国家的重要基础。

从内涵及必要性角度,创新教育一般分为两类:一类将创新教育定义为以培养创新意识、创新精神、创新思维、创造力或创新人格等创新素质以及创新人才为目的的教育活动;另一类则把创新教育定义为是相对于接受教育、养成教育或传统教育而言的一种新型教育。我们认为,创新教育就是能使人的个性和创新能力得到充分发展而进行的教育。凡是以培养人的创新素质,提高人的创新能力为主要目的的教育都可称之为创新教育。从这个意义上讲,高职教育有基础、有条件也有必要实施创新教育。

　　培养高素质创新人才绝不是"985"高校和"211"高校的专利,也不是研究型大学的专利,应是所有类型高校人才培养之所求和所需。正如江泽民曾经说过,"创新是一个民族进步的灵魂"。只有名牌大学才可培养创新人才的看法是对"创新"的理解偏误所致。创新是一种精神,一种意识,一种思维,一种人格,我们将其归纳为人的创新素质。"非才之难,所以自用者实难",更广义的教育本质在于使人的个性得到充分的发展,而人在接受教育中如何尊重自己的兴趣和特质,主动追求个性的发展,应该是教育者和受教育者共同的课题,这里所言个性,很大程度上是指创新素质,只有当人的个性得到了充分的发展,其创新能力和创造力才有了施展的空间。

　　未来5—10年是我国改革发展的关键时期,在建设社会主义文化强国的征程中,在实施人才强国战略、实现由职业教育大国向职业教育强国转变的过程中,高职教育肩负着培养高端技能型人才的神圣使命。我校将依托行业优势,立足上海,服务全国,面向世界,面向未来,创新教育教学模式,努力为出版印刷向绿化环保、数字化转型作好人才储备,培养更多具有国际视野、人文素养、艺术眼光、创新意识的出版印刷类高端技能型人才。

参考文献

[1] 滕跃民.高职教育人才培养的三大关键性理念和措施[J].出版与印刷,2008(4):51—53.

高职院校治理组织建设现状、问题及完善策略[①]

肖纲领　罗尧成

摘要： 完善的治理组织是实现高职院校治理体系现代化的重要保障。本文基于 36 所高职院校的章程文本，分析了政治权力组织、行政权力组织、学术权力组织、民主监督权力组织及校企合作组织五类治理组织的建设现状，指出了整体性治理目标下的治理组织设置不健全、组织职能界定不清晰、组织人员构成随意、运行机制不完善，进而建议完善组织设置、实现整体治理目标，界定组织职能、明确履责边界，制定组成规则、确保多元参与治理，形成运行机制、推动治理组织的规范发展。

关键词： 公办高职院校　治理组织　章程　文本分析

作者简介： 罗尧成，上海出版印刷高等专科学校研究员，博士。肖纲领，上海出版印刷高等专科学校研究实习员，硕士。

　　大力贯彻落实"依法治教、依法行政和依法治校"的教育理念，全面深化教育领域综合改革，坚持和完善中国特色现代大学制度建设的新时代教育发展命题，都着重强调了"治理"对于教育领域的重要

① [**基金项目**]本文系 2014 年教育部人文社科规划基金项目"多元主体参与的高职院校现代教育治理体系研究"的阶段性研究成果。（项目编号：14YJA880051，项目负责人：罗尧成）

本文发表于《教育与职业》，2018 年第 10 期。

性和紧迫性,也对作为具有高等教育"半壁江山"地位的高等职业教育提出了同样艰巨的要求和任务。深入推进关于高职院校治理的理论研究与实践探索,促进高职院校从传统管理走向现代治理,进而从治理走向"善治",是当前高职院校不断深化内涵建设和改革,实现教育现代化,大力提升办学水平和技术技能人才培养质量的必然要求和题中应有之义。推进教育治理体系与治理能力的现代化,加快发展现代高等职业教育,离不开良好的高职院校治理组织基础。《高等学校章程制定暂行办法》《全面推进依法治校实施纲要》等文件的出台,推动高职院校章程编制与核准迈上新的台阶,基本形成了"一校一章程"的局面。"章程是高等学校依法自主办学、实施管理和履行公共职能的基本准则。"①高职院校章程文本对治理组织的规定,在很大程度上反映了学校治理组织设置与运行的现状。考虑到民办高校与公办高校的产权结构不同,在法人治理结构特别是内部领导体制方面存在差异,本文拟通过对公办高职院校章程文本的解读来分析学校治理组织的设置、职能界定、人员构成和运行机制的现状,以推动高职院校治理组织的健全与完善,优化各类权力配置,助力高等职业教育治理体系与治理能力的现代化。

一、公办高职院校治理组织的设置现状

本文选取上海、浙江和江苏地区共 36 所公办高职院校的章程为分析对象,其中,江苏省和上海市各 13 所、浙江省 10 所。所选取的高职院校基本涵盖所在省份的国家示范性高职院校或国家骨干高职院校建设单位。高等院校内部治理权力可分为政治权力、行政权力、学术权力以及民主监督权力四种。职业教育是一种"跨界的教育",与企业合作是高职院校最重要的"跨界",涉及校企合作权力配置。因此,

---

① 中央人民政府.高等学校章程制定暂行办法[EB/OL].[2012 - 01 - 09](2018 - 01 - 20).http://www.gov.cn/flfg/2012-01/09/content_2040230.htm.

高职院校治理主要涉及五种权力组织：政治权力组织、行政权力组织、学术权力组织、民主监督权力组织以及校企合作治理组织。分析 36 所高职院校的章程文本，也以这五种类型的治理组织为分析框架。在实际分析时，将功能相同或相似但称谓不同的组织进行了合并。通过梳理，36 所院校的章程共涉及 16 类治理组织，具体如表所示。[①]

高职院校现有治理组织设置情况表

组织名称 ＼ 组织类型	行政权力组织	学术权力组织	民主管理与监督组织	校企合作治理组织
理事会	18	＼	＼	＼
校务委员会	8	＼	＼	＼
董事会	1	＼	＼	＼
学校发展咨询委员会	2	＼	＼	＼
改革咨询委员会	1	＼	＼	＼
办学理事会	1	＼	＼	＼
学术委员会	＼	36	＼	＼
教学指导委员会	＼	19	＼	＼
专业技术职务聘任委员会	＼	17	＼	＼
学科建设委员会	＼	1	＼	＼
科研工作委员会	＼	1	＼	＼
人才培养工作委员会	＼	1	＼	＼
教学质量评估委员会	＼	1	＼	＼
教职工代表大会	＼	＼	36	＼
学生代表大会	＼	＼	30	＼
校企合作理事会	＼	＼	＼	5

---

① 鉴于我国公办高职院校都实行党委领导下的校长负责制，党委会与校长办公室是其均设置的组织，本文不对二者做详细研究。

1. 行政权力组织的设置。高职院校的行政组织以校长为核心。除校长办公室以外，校务委员会或理事会作为辅助校长决策的咨询、审议机构，也是重要的行政组织。高职院校在设置内部治理机构时，一般将提供咨询与建议的治理组织命名为理事会或校务委员会，有的称为发展咨询委员会、改革发展委员会、办学理事会或董事会，虽然称谓不同但功能相似。经统计，36 所高职院校中，有 29 所设置了此类组织，其中命名为理事会的有 18 所，命名为校务委员会的有 8 所，命名为学校发展咨询委员会、理事会和校务委员会的各 2 所，命名为董事会、改革发展委员会、办学理事会的各 1 所。就组织职能而言，理事会或校务委员会主要为学校的重大规划、改革方向等提供咨询和建议。29 所院校章程中，有 13 所具体说明了该类机构职权涉及的具体事项，其余 16 所仅指出其职权而没有具体说明。就组成规则而言，有 27 所院校明确了规则，其中，有的院校规定了组织人数、组成情况、要求、选举方式以及任期规则等，比较详细；有的院校只提到"理事会由代表办学相关方面参加"，较为笼统。就运行机制而言，仅有 4 所院校的章程有所提及，并且阐述均较为简单。

2. 学术权力组织的设置。根据教育部 2014 年颁布的《高等学校学术委员会规程》，"高等学校应当依法设立学术委员会""高等职业学校、成人高等学校可以参照本规程，结合自身特点，确定学术委员会的组成及职责，制定学术委员会章程"。[①] 学术委员会是高职院校的最高学术权力机构，36 所高职院校章程都有相应规定。对于与学术委员会相关的专业技术职务聘任委员会、教学指导委员会等专门委员会，不同院校的章程规定略有差异。

第一，学术委员会。就组织职能而言，36 所院校章程都将其视为学校的最高学术权力机构，其职能包括统筹行使学术事务的决策、评定、咨询和审议等，但未明确指出具体针对事项。就组成规则而

---

① 教育部.高等学校学术委员会规程[EB/OL].[2014-01-29](2018-01-22).http://www.moe.edu.cn/srcsite/A02/s5911/moe_621/201401/t20140129_163994.html.

言,33 所院校的章程均有说明,只是有的院校明确了委员的人数、组成、要求和选举方式及任期规则等,有的院校只提到学术委员会由学院领导和专家、副高级以上职称的教师、教练员、具有较高学历与教学科研能力的优秀中青年教师组成。就运行机制而言,仅有 7 所院校的章程对此进行了简单描述。

第二,学术相关专门委员会。学术相关专门委员会是专门负责某一专项学术事务的组织。36 所高职院校中,有 17 所设置了专业技术职务聘任工作委员会,19 所设置了教学指导委员会。另外,单独设置学科建设委员会、科研工作委员会、人才培养工作委员会、教学质量评估委员会的院校各有一所。专业技术职务聘任工作委员会是聘任教师职务和其他专业技术职务的机构;教学指导委员会是学校教学工作重大事项的咨询、审议、审定及评估机构;学科建设委员会是学校学科建设事务的指导、咨询和审议机构;科研工作委员会对教育科学研究、工会理论研究中的重要事项行使审议职权;人才培养工作委员会是指导、研究、咨询、监督和审议学校人才培养工作的机构;教育质量评估委员会是督导检查教育及评估工作的咨询和指导性权威机构。

3. 民主管理与监督组织的设置。第一,教职工代表大会。教职工代表大会是教职员工行使民主权利、参与学校民主管理和监督的重要组织形式。36 所院校的章程都对教职工代表大会进行了规定。就组织职能而言,有 31 所阐述得较为具体,包括听取报告并提出建议、评议学校领导干部等;有 2 所只做了简单概括;还有 2 所未提及。就组成规则而言,有 24 所院校的章程未进行相关描述,进行了描述的 12 所院校章程也仅简单说明"主体是教师""依法选举产生""实行任期制""可以连任"等。就运行机制而言,仅有 13 所学校的章程有提及,如"每学年召开一次""须有全体教职工代表 2/3 以上出席方可召开""采取无记名投票方式"等。第二,学生代表大会。学生代表大会是维护学生权益、保障学生参与学校民主管理的基本组织形式,是学校学生的最高权力机关。36 所院校中有 30 所设有学生代表大会。

就组织职能而言,有 15 所院校的章程阐述得较为具体;有 7 所说明该机构按照章程活动;有 3 所描述简单;还有 11 所未提及。就组成规则而言,有 31 所院校的章程未描述,仅有 5 所有相关说明,如"学生代表由学校全体学生依法选举产生""每届任期两年"或"每 3 年为一届"等。就运行机制而言,有 27 所院校的章程未提及,9 所有说明,其中 6 所明确规定了会议召开时间,有 3 所仅说明"定期召开学生代表大会"。

4. 校企合作治理组织的设置。校企合作是高职院校的重要特征。为更好地处理校企合作相关事宜,许多高职院校设置了专门的组织来促进校企合作的发展,校企合作理事会就是最典型的代表。通过对章程文本的分析,发现 36 所院校中只有 5 所明确设置了校企合作理事会,其中 1 所成立了二级学院(系)校企合作工作委员会。这 5 所高职院校在组织职能方面,都阐述了校企合作理事会这一组织的职能,其中,有 4 所简单说明了该组织在哪些方面履行职能,有 1 所进行了详细说明;在组成规则方面,有 4 所对该组织进行了相关描述,但 5 所均未提及相关组织的运行机制。

二、高职院校治理组织建设存在的问题

通过章程文本分析可知,当前高职院校的治理组织建设取得了较好成绩,但仍然面临一些实际问题。治理组织设置的完善性、职能界定的有序性、人员构成的多元性和运行机制的规范性等仍不够完善,离理想发展状态还有差距。

1. 整体性治理目标下的高职院校治理组织设置不健全。教育治理体系与治理能力现代化的目标,要求高职院校建立完备的治理体系和治理组织。但 20 世纪 90 年代以来,在新公共管理理论的影响下,我国高校内部治理呈现主体碎片化、目标碎片化以及机制碎片化的倾向,导致高校内部治理出现碎片化困境。分析章程文本可知,

36 所高职院校的治理组织中,只有理事会、学术委员会、教学指导委员会、教职工代表大会、学生代表大会等组织的院校数量超过 18 所,其中,只有学术委员会和教职工代表大会是所有高职院校均设置的治理组织。以校企合作治理组织为例,研究表明,绝大多数高职院校未专门设立由主要校领导负责的校企合作组织机构,没有体现校企合作办学、产教结合的高职教育特性。章程文本分析同样显示,36 所高职院校中只有 5 所设置了校企合作理事会,明显滞后于高职院校校企合作的发展需求。可见,当前高职院校治理组织设置的碎片化现象的确存在,缺乏整体性和系统性。

2. 组织职能界定不清晰,影响了高职院校治理的有序性。大学组织职能是大学组织价值的体现,高职院校治理组织建设必须明确组织职能,以体现职业教育的育人价值。但是,当前高职院校治理组织的职能界定不清晰,集中表现为两类:一是规定了治理组织的职能但较为模糊或简单。在行政权力组织方面,仅有 16 所院校的章程简要指出了该类组织的职权;在学术权力组织方面,不仅未明确学术委员会针对的权力事项,对学术委员会与教学指导委员会的关系界定得也较为模糊,如有的院校章程明确规定设立两个机构,但未有效界定两者的关系。在民主监督组织方面,只有 15 所院校的章程具体阐述了学生代表大会的权利。二是对治理组织的职能界定缺失。有 2 所院校的章程未提及教职工代表大会的职能,有 11 所院校的章程没有提及学生代表大会的职能。组织职能的界定模糊不清,极易造成权力行使中的"越位"和"缺位",使组织功能受到影响和限制,阻碍了高职院校治理组织的有序运行。

3. 人员构成较为随意,影响了多元主体参与治理的有效性。高等教育机构是典型的利益相关者组织。联合国教科文组织 1998 年在巴黎通过的《二十一世纪世界高等教育宣言:展望与行动》指出:"高等教育所有的利益相关者——国家和高校的决策者、教职工、研究人员和学生、高校行政和技术人员、产业界和社区、非营利性组织——应更新为高等教育的一个素矩阵(prime matrix)。"①高职院校治理必须实现多元利益相关者的参与,这就要求高职院校治理组织的人员构成多元化,代表多方利益,凝聚集体智慧。分析发现,当前高职院校部分治理组织的人员构成较为随意,虽然大部分院校的章程对人员构成有规定,但完整描述的仅是少数,多数简单带过甚至不提。治理组织人员构成的随意性影响了多元主体有效参与高职院校治理的目标。

4. 运行机制不完善,阻碍了高职院校治理组织的规范运行。运行机制要素是大学权力场域相互作用的具体展现,大学治理的运行以实践的现实性和有效性为前提和基础。可以说,运行机制是高职院校治理组织完善自身建制、实现良性运行的必要保障。研究显示,76%的大学横向治理组织没有工作规程,组织工作随意性很大。高职院校治理组织也面临着运行机制缺乏的问题。36 所高职院校章程对校务委员会、学术委员会、教职工代表大会、学生代表大会的运行机制尚未提及的分别有 25 所、27 所、23 所、27 所;5 所设有校企合作理事会的院校,其章程均未说明该机构的运行机制。可见,当前高职院校并未充分认识到治理组织运行机制建设的重要性,也未通过章程加以规范。这容易导致治理组织建设和运行的无序和随意,从而影响高职院校治理组织的规范发展。

三、完善高职院校治理组织建设的对策建议

现代教育治理可以围绕教育治理的主体、教育治理的内容和教育治理的方法即谁治理、治理什么和如何治理三个角度加以审视。高职院校治理组织建设也可以此框架为指导,不断加强组织设置、明

---

① UNESCO. WORLD DECLARATION ON HIGHER EDUCATIONFOR THE TWENTY-FIRST CENTURY: VISION AND ACTION[EB/OL]. [1998 - 09 - 09] (2018 - 01 - 27). http://www. unesco. org/education/educprog/wche/declaration_eng. htm♯world declaration.

晰组织职能、制定组成规则、形成运行机制。

1. 完善组织设置,实现高职院校的整体性治理目标。政治权力组织、行政权力组织、学术权力组织、民主监督权力组织以及校企合作治理组织,作为既体现高校共性又体现职业教育差异性的现代教育治理权力类型,应在所有高职院校设置。高职院校必须加强治理组织设置,建立更全面、更有体系的治理组织群。在实践中,一方面,必须将五类治理组织框架作为学校治理组织建设的指南,确保每类治理组织设置的完整性;另一方面,要强化每一类治理组织或二级组织建设。在 16 类治理机构中,除了理事会、学术委员会、教学指导委员会、教职工代表大会、学术代表大会等设置数量超过半数的治理组织,其他较少设置的治理组织如校企合作理事会、专业技术职务聘任委员会和二级组织等,也必须加强建设。

2. 界定组织职能,明确高职院校治理组织的履责边界。整体性治理对高职院校治理组织的职能提出了纵向层次的整合和横向层级的联合、注重内部功能整合的要求。当前一些高职院校的治理组织建设存在职能缺失和模糊不清两类问题,需要加以界定:一方面,对于章程中未明确职能的治理组织,如一些高职院校的学生代表大会,需要通过学校制度文件明确并扩大宣传,促使广大师生了解这些治理组织的具体职能,避免出现职能描述缺失的情况;另一方面,对于那些章程中有职能说明但较为模糊的治理组织,需要重新界定职能,以减少模糊性。在界定职能时,要重点说明学术委员会与其他学术专门委员会如教学指导委员会、学科评议委员会及科研工作委员会等之间的关系,确定是上下级关系还是并列关系。在这方面,上海出版印刷高等专科学校的章程明确规定:"学校设立教学指导委员会。教学指导委员会是学校学术委员会在教学工作中重要事项的决策审议机构"①,

---

① 上海出版印刷高等专科学校.《上海出版印刷高等专科学校章程》获上海市教委核准[EB/OL].［2015 - 12 - 22］(2018 - 02 - 05). http://www.sppc.edu.cn/21/6d/c28a8557/page.htm.

并明确了学校教学指导委员会的主要职责包括审议人才培养重大政策与措施、审定学生培养方案等六项,这种明确的说明方式值得借鉴。

3. 制定组成规则,确保高职院校治理主体的多元参与。高职院校的治理涉及不同的利益相关主体,因而其治理组织的人员构成也应体现多元化特征。美国社区学院董事会的人员构成体现了多元利益相关者共治的原则,代表了社区学院相关方的利益,具有重要的启示价值。当前,我国一些高职院校的治理组织在人员构成上较为随意,既缺乏有效的规章制度予以规定,又未能实现不同利益主体的多元参与。因此,必须明确这类组织的人员组成规则,根据不同治理组织的特性和职能范围建章立制,有差异性地吸纳校领导、行政人员、教师、在校学生、毕业校友、行业企业骨干、社区人士等多元利益相关方,实现学校各治理组织的多元主体参与和开放式建设,进而达到高职院校各治理主体多元共治的良好效果。

4. 形成运行机制,推动高职院校治理组织的规范发展。完善的内部治理运行机制是高职院校内部治理科学、有效的有力保障。当前一些高职院校的章程并未明确规定部分治理组织的运行机制,导致高职院校治理组织运行失序,因而需要强化其规范性。一方面,要提高理论和思想上的重视程度,充分认识到这些治理组织建立完善有效运行机制的必要性和可行性;另一方面,要加强对实践的总结完善与宣传,积极探索、提炼、完善并推广这些治理组织的运行机制。针对部分高职院校章程中没有明确规定校务委员会、学术委员会、教职工代表大会、学生代表大会、校企合作理事会的运行机制情况,高职院校可专门出台制度文件加以明确和补充说明,必要时可召集相关成员开展治理组织规范运行培训,形成具有高职院校治理组织特色的规范运行机制,有效地推动高职院校治理组织的协调发展。

总之,治理组织作为体现高职院校治理水平的载体,能够为高职院校治理的发展提供机构保障。完善高职院校治理组织设置,优化高职院校治理组织的职能、制度与运行机制,加强高职院校治理组织的协同与合作,切实提升高职院校治理组织的规范与健康发展,应成为高职院校治理的理论共识。随着高等院校治理内涵的拓展与深化,高职院校的治理也必将迈入新的发展阶段,从宏观的外部治理走向微观的内部治理,从治理主体的单一走向治理主体的多元化,从治理形式的强调走向治理规则乃至治理文化的确立,将是未来高职院校治理的重要发展趋势。针对高职院校治理组织建设的现实困境,必须不断深化探索治理组织建设与完善对于优化高职院校治理组织功能,提升高职院校治理水平的重要意义和价值,并从建立高职院校特色治理组织,加强高职院校治理组织的协同与合作,完善高职院校治理组织体系建设等方面开展高质量的研究。本文基于章程文本分析,从理论上阐释了当前高职院校治理组织建设的现状及问题,为该主题的研究提供了一定的视角和思路。当然,真实的高职院校治理组织建设,还有更多值得探讨的话题,期待受到广大学者的关注。

参考文献

[1] 王义宁.民办高校与公办高校法人治理结构的比较[J].教育探索,2014(1).

[2] 崔永华、张旭翔.论职业教育的"跨界"属性[J].教育发展研究,2010(17).

[3] 甘金球.高等学校校务委员会制度:校长管理的基本形式[J].山东社会科学,2011(12).

[4] 金姗姗.高校内部治理碎片化困境及其突破:整体性治理的视角[J].教育发展研究,2014(3).

[5] 董仁忠.高职院校治理结构研究[J].教育发展研究,2011(7).

[6] 胡仁东.大学组织:价值及职能[J].现代教育管理,2010(2).

[7] 胡仁东.大学组织内部治理的基本要素探析——基于权力场域的视角[J].中国人民大学教育学刊,2011(3).

[8] 严蔚刚.我国大学内部横向治理组织的现状、问题与建议——以N大学为例的调查研究[J].高校教育管理,2014(4).

[9] 孙绵涛.现代教育治理的基本要素探析[J].中国教育学刊,2015(10).

[10] 崔炳辉.整体性治理视域下高职院校治理体系研究[J].江苏高教,2016(3).

[11] 王玉学、吴楠、谢金华.试论学术委员会、学位委员会及教学指导委员会的

关系——以广东首两批核准 23 所公办高校章程审查为例[J]. 高教探索，2016(7).

[12] 罗尧成、肖纲领. 高职院校理事会的职能定位与运行机制——美国社区学院董事会的经验借鉴[J]. 高校教育管理，2016(1).

[13] 林春明. 高职院校内部治理现状与改革对策[J]. 教育与职业，2015(34).

课程与专业

中高职贯通培养模式下的"印刷化学"课程教学改革探索[①]

俞忠华

摘要：中高职贯通培养作为一种新的高等职业教育人才培养模式，目标是通过整体设计与统筹规划技能人才的知识、能力和素质结构，满足社会对技能型人才的需求。在中高职贯通教学实践过程中，知识递进、能力培养等方面的衔接不畅问题普遍存在。本文结合上海出版印刷高等专科学校印刷媒体技术（中高职贯通）专业"印刷化学"课程教学改革情况，从课程目标、教学内容、教学实施等方面进行分析，探索有效的中高职贯通培养模式。

关键词：中高职贯通　印刷化学　课程教学改革

作者简介：俞忠华，上海出版印刷高等专科学校印刷包装工程系专业教师。

中高职教育贯通培养模式（以下简称中高职贯通）是上海市试点的促进中等职业教育（以下简称中职）与高等职业教育（以下简称高职）衔接的培养模式，旨在构建中职与高职课程、培养模式和学制贯通的"立交桥"。招收初中毕业生，学习年限一般为 5 年。在中职阶段学习 3 年，再进入高职阶段学习 2 年。

---

① **【基金项目】**本研究成果受 2017 年度"上海出版印刷高等专科学校高等教育研究所"课题资助。

本文发表于《出版与印刷》，2018 年第 3 期。

"印刷化学"是印刷媒体技术（中高职贯通）专业的公共基础课程，课程目标是使学生掌握各种与印刷材料的组成、性能以及印刷工艺控制过程相关的化学基础理论与实践应用方面的知识和技能，具备从事平版印刷工作的相关职业能力。同时，本课程也为学生进一步学习印刷材料识别与选用、印刷工艺原理等专业课程奠定必要的化学基础。"印刷化学"课程学习时间跨越中职和高职两个阶段，其中中职阶段学习一学年，高职阶段学习半学年。

由于中高职贯通培养模式尚未成熟，加上其生源的特殊性，使得"印刷化学"这类跨学段的课程，在教学实施方面面临许多衔接上的困境。

一、课程贯通面临的困境

"印刷化学"在五年制中高职贯通人才培养计划中被归为公共基础课，实际上在进入高职阶段后更接近专业基础课，如何实现知识递进和能力培养的衔接成了课程能否有效贯通的关键。在实践时间并不长的中高职贯通印刷媒体技术专业建设中，"印刷化学"的课程目标、课程教材、课程教学方法等方面的衔接尚处于研究与探索阶段，目前面临许多现实问题。

（一）课程目标不衔接

中高职贯通的生源是初中毕业生，年龄较小，自主学习能力相对较弱。[1]而且由于仅上过一年的初中化学，化学基础普遍非常薄弱，有的学生甚至连基本的常用化学元素都还不能认全。基于学生的学科基础现状，中高职贯通前半段的中职部分对"印刷化学"的课程目标定位一般较低，以避免挫伤学生学习化学的积极性。到高职阶段，为了实现培养高端技能型人才的目标，"印刷化学"的课程目标定位有较大幅度的提升，侧重于强化化学的专业应用与综合能力培养。应该说，中职阶段和高职阶段在"印刷化学"课程目标上的差别客观存在,必须以学生为本,从知识体系和能力培养方面寻求有效的衔接措施。

（二）课程教材不衔接

印刷离不开化学,印刷的四大要素——原稿、印版、油墨、承印物,都与化学息息相关,印刷涉及的化学知识非常广泛。目前,已经出版的"印刷化学"相关教材并不多,而且都是针对具备高中学历的三年制高职高专生编写,这些教材以高中化学为基础,融合无机化学、有机化学、界面化学、高分子化学等多学科,并不适合化学基础薄弱的中高职贯通学生使用。一段时间里,在中高职贯通培养模式下的中职教育阶段,化学教学以技工类学校化学教材为主,其化学知识不成体系;而高职阶段选用的一般是工科类化学教材,两者之间的基础知识重复和知识断层问题并存,两个阶段印刷化学教材缺乏统一的知识体系和内在联系,直接造成了中高职阶段印刷化学课程的衔接不畅。[2]

（三）教学方法不衔接

"印刷化学"主要讲述与印刷有关的化学基础知识、基本理论和基础实验技能。在传统的中职阶段教学过程中,通常重基础知识而轻实践应用,使得学生无法感受化学与印刷的关系,更无法体会化学对于印刷专业的重要性,自然也就提不起学习化学的兴趣。但到了高职阶段,该课程的目的更贴近专业应用,因此在教学方法上应注重灵活性、多样性。然而由于之前中职阶段只重基础,教学方法比较单一,导致学生在进入高职阶段后对相关知识无法提高或深入,很难实现化学知识与技能的衔接。

二、课程贯通的改革探索

在中高职贯通模式推行之前,高职阶段印刷媒体技术专业的化学课程已经经历了数年的变革,从最初的分学期开设无机化学、分析化学、有机化学、界面化学、高分子材料等多门化学相关课程,演变到现在的综合性一门"印刷化学"。这绝不是简单的缩减课时的过程,而是对化学基础知识、基本理论及基本技能及综合应用的大整合。由于中高职贯通培养模式的核心和基点是课程体系和课程标准的衔接,以下就关键点与难点展开探讨。

(一) 总体目标设计

"印刷化学"五年一贯的总体目标具体分为两个阶段(见表1)。

表1　印刷化学总体目标设计

学段	主旨	教学目的	化学知识点	对应专业应用
中职阶段	奠定化学的基础知识与基础能力	引导学生将化学与印刷联系起来,认识化学与印刷的关系,也为后续模块的学习打下基础	物质结构与性质、溶液、解离/溶解/氧化-还原平衡、有机化学初步	润版液组成、pH控制、印刷材料(版材/油墨/承印物)基础知识
高职阶段	强化化学的专业应用与综合能力	引导学生能应用化学理论解释印刷过程中的现象,解决一些工艺、材料选用等问题	界面现象、有机化合物、高分子化合物	印刷中的润湿、乳化等表面现象、有机溶剂与印刷中的环保、印刷中的高分子材料

1. 中职阶段——侧重化学基础知识与基础能力

目标是使学生牢固掌握化学基础知识和提高技能水平,形成"结构决定性质,性质决定应用"的观念,同时认识物质是在不断运动的,能用对立统一、联系发展和动态平衡的观点考察化学反应,解释印刷过程中的一些简单化学现象,识别印刷业中常用的有机化合物,初步掌握溶液配制与pH值控制的基础实验能力。内容包含物质结构与性质、溶液的认识、化学平衡基础、有机物化学基础等。

2. 高职阶段——强化印刷专业应用与综合能力

目标是使学生能从不同角度揭示印刷材料的应用,以及各类印刷过程中的化学现象变化特征和规律,建立解决化学问题的思维,具备印刷材料识别、性能测试及合理选用的能力。内容包含润湿作用、水墨平衡、印刷材料适性等工艺控制中的化学理论与应用。

中高职贯通课程的目标总体上是实现从中职阶段的初步技能训练到高职阶段的综合技能训练的递进式提升,提高学生可持续发展能力。

(二)课程体系与教材改革

中高职贯通培养模式下的"印刷化学"课程教学改革必须重新构建课程体系,并探索编写适用于五年一贯制的"印刷化学"教材。

1. 重构课程体系

根据上海市教委相关要求制订了《中高职贯通印刷媒体技术专业印刷化学课程标准》,课程内容强调以技能培养为核心,教学内容包括:走进基础化学、认识印刷中的化学平衡体系、认识印刷中的有机化合物、走进印刷中的界面化学、认识印刷中的高分子化学。据此对原课程体系进行调整,调整后的课程体系如图 1 所示。

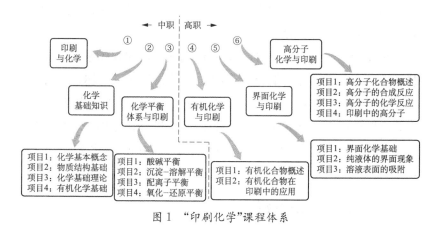

图 1 "印刷化学"课程体系

重构的"印刷化学"课程体系既保留化学基础知识,又不孤立讲授基础化学理论,突出一条主线、两个阶段。即首先以学生职业发展为主线,遵循印刷媒体技术专业中高职贯通学生的身心发展规律,符合学生对化学的思维和认知水平,实现知识的递进;其次是在中职与高职两阶段遵循各阶段特点,第一阶段重基础、强应用,第二阶段重实践、强创新。新的课程体系兼顾广度和深度、呈现阶梯性和延续性。具体来讲,在第一阶段的中职安排基础模块,重点介绍包含溶液、物质结构、化学平衡及有机化学的初步知识,不仅可以弥补初中化学知识的不足,同时通过结合润版液组成、pH 控制、印刷版材、承印物材料等印刷专业基础知识,引导学生将化学与印刷联系起来,认识化学与印刷的关系,为后续模块学习打下基础。第二阶段的高职主要任务是化学基础知识的提升,包含印刷中的化学平衡体系、印刷中的有机化合物、印刷中的界面化学、印刷中的高分子化学等等,真正实现公共基础课与专业基础课的融合,充分发挥专业基础课在整个中高职贯通课程体系中的作用。

2. 课程教材改革

笔者经过前期研究和教学实践,拟编写一本适合中高职贯通学生五年一贯制培养的专用化学教材,其在内容上要满足印刷媒体技术专业对化学知识体系的需求,在形式上又要符合中高贯通培养模式对专业技能培养的要求。

拟编写的印刷化学教材,内容以印刷化学的课程体系为主线,编排形式上充分考虑是否能充分调动学生的化学学习兴趣,是否能激发学生技能水平的提高。计划依据每个化学知识点或技能点与印刷专业之间的联系来确立模块学习目标,然后进行任务描述,引导学生自主探究,接着进行任务实施,实现做中学、学中做,将化学与印刷紧密结合。

(三) 教学方法的改革

针对中高职贯通培养模式下的生源状况及课程教学现状,探索科学的教学方法是促进"印刷化学"课程教学改革取得成效的必要工作,主要从转变教育理念、改革教学手段等方面着手。

1. 转变教育理念

中高职贯通的学生学科基础薄弱,因此,在教学实施中必须首先转换传统的思想观念:一方面要注重强化化学知识的实用性,使学生明确所学知识在印刷专业中的用途;另一方面要关注这些"00后"学生成长的时代背景特点,充分利用信息化技术改进传统教学模式。

2. 改革教学方法

"印刷化学"在中职阶段基本以传统的课堂模式组织教学,学生是知识的接受者,教师是知识传授者和课堂管理者。由于中职院校和高职院校都不具备完备的化学实验室条件,使得很多印刷中的化学现象、印刷材料特性等都不能得以直观的展现,教师更没有条件创设探究性教学环节以引导学生自主地参与课堂活动,所以一直以来无法改变学生被动接受知识的局面。而信息技术的快速发展为教师创新和改进教学手段提供了诸多便利,利用信息化教学设计和现代化教学手段,可以激发学生学习印刷化学的兴趣。[3]

以"纯液体的界面现象"这一知识点中的 Laplace 公式与毛细现象教学为例:日常生活中经常看到气泡及小液滴的产生,实际上都与弯曲液面的附加压力有关,而毛细管现象则是弯曲液面具有附加压力的必然结果。Laplace 公式揭示影响附加压力大小的因素,可以解释印刷中的一些毛细现象。

(1)利用信息化技术开展课程教学设计

界面现象在日常生活中普遍存在,但中高职贯通的学生缺乏必要的化学基础,因此理解界面现象的本质比较困难,更无法将化学知识与专业应用关联起来。[4]图 2 所示的教学设计是依照日常现象来设定教学目标,由表及里探究印刷中的一些化学现象及其产生原理。

通过创设真实情境,播放水滴滴落的视频、纸张吸收油墨的虚拟动画等信息化教学手段,引导学生思考弯曲液面附加压力的本质是什么,必然结果是什么,进一步理解印刷中纸张纤维毛细管对油墨的

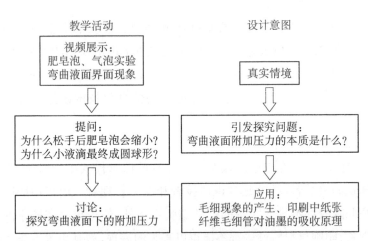

图 2 Laplace 公式教学设计示意图

吸收原理是什么,影响因素有哪些,由浅入深地逐步揭示印刷生产中的这些界面现象本质,引发探究性思考的能力。

(2) 利用现代化教学手段实施教学

现代化信息技术的发展为营造活跃、生动的课堂气氛提供了非常便捷的技术条件,动画、视频等既可以用于展示微观世界和实验现象,也可以用于展示实际生产中的应用场景,使原本抽象的化学理论得以逼真地展现。[5]如果再结合利用 PPT 中的一些播放插件,还可以实现扫码签到、弹幕互动、PPT 同步到学生手机、随机点名等,这将不断提高师生之间的互动性。另外,还可以利用本校已建成的针对三年制高职高专学生的"印刷化学"课程教学资源库,建设适合中高职贯通培养的资源库内容,使他们实现线上学习、答疑、提交作业等。各种现代化的教学手段将赋予学生更多个性化、自觉学习的体验,有效支持学生自主学习。

教学方法的改革,必须要充分考虑中高职贯通学生学科基础薄弱、自主学习能力欠缺等特点,以学生喜闻乐见的方式引导学生去探究印刷中的一些化学现象,并在此过程中体会化学对于印刷的重要性,从而提高对"印刷化学"这门课程的学习兴趣。

三、启示和建议

经过近两年的教学改革实践,上海出版印刷高等专科学校中高职贯通印刷媒体技术专业"印刷化学"课程教学,通过中职和高职共同参与制定课程标准,共同开发课程教材,高职教师提前参与中职阶段的课程教学,逐步实现教学资源的互惠互通,取得了初步成果,主要体现如下:

第一,学生的学习目标明确。通过教学改革实践,目前已经基本解决知识重复和教学内容跨度大等问题,学生的学习目标更加明确,化学已不再是掌握简单的概念和符号,更多是要为后续印刷工艺、印刷材料等相关专业课的学习打好基础。

第二,学习化学的积极性明显提高。通过教学改革实践,基本上每个知识点都结合印刷专业应用来进行教学目标设定和教学思路设计,情景式教学流程设计使学生深刻认识到印刷与化学之间密不可分的关系,因此学习兴趣显著提高,学习效率也明显提高。

第三,教学模式更加优化。重构的印刷化学知识体系,体现了知识的递进与能力的逐步培养。通过合理的课程教学设计,辅以现代化的信息技术教学手段,使抽象的化学现象具体化,并通过师生之间的互动,最大限度地调动学生学习化学课程的兴趣,引导学生在化学学习中了解印刷专业。

中高职贯通培养模式的关键是人才培养目标的衔接,核心是课程体系的整合,落脚点则是教学方法的改革。[6]作为印刷媒体技术专业基础课的"印刷化学",在"以学生为本"的中高职贯通人才培养模式教育理念指导下,将衔接和融合作为主要任务,从课程目标、课程体系与教材、教学方法改革等方面积极进行探索,从而推动整个印刷媒体技术专业的中高职贯通人才培养。

参考文献

［1］黄菲.中高职贯通培养模式下英语课程衔接的思考[J].科教导刊,2015(10)：100—101.

［2］蒋颖.对中高职贯通培养模式下英语教材的几点思考[J].语文学刊(外语教育教学),2013(8)：171—172.

［3］王欣.关于职业教育信息化及信息化教学设计的探讨[J].职教论坛,2014(5)：76—78.

［4］李学峰.中高职教育衔接课程与教材建设的理论与实践创新[J].中国职业技术教育,2013(15)：91—95.

［5］张明.高职化学教学方法的改革探讨.[J].当代教育实践与教学研究,2015(11)：194,151.

［6］孟源北.中高衔接关键问题分析与对策研究[J].中国高教研究,2013(4)：85—88.

高职高专院校包装专业暑期实习方法探究[①]

崔庆斌

摘要：暑期实习是集中化、高度提炼强化专业技能的时间节点，如何更有效地利用暑期实习培养学生对专业的全局认识极为重要。实习计划规划得好，不仅能打通课与课之间的脉络，而且学生自身能更好地得到专业思考的空间，专业教师也能够更直观地了解到每一位同学的特点。本文以"约束"和"开放"的包装专业暑期实习课堂环境为核心，制定了组"脊梁"、抓"分支"的实习模式，以达到学而思、思而广、广而聚、聚而做的目的。

作者简介：崔庆斌，研究生，工程师，上海出版印刷高等专科学校印刷包装工程系教师。

包装专业具有所需知识面广、专业核心内容多等特点，因此如何将课程有机地串联极为必要。目前高职高专院校包装专业学生学制为 3 年，在大二下半学期结束后的暑期实习环节较为重要，原因是大三上半学期课程修满后，学生基本都处于外出实习环节。如果说大二暑期实习没做好，平时上课知识得不到串联，势必引起学生对专业发展的迷茫，最终导致学生就业后大比率离开本专业，无法对学校专

① **【基金项目】**本研究成果受 2017 年度"上海出版印刷高等专科学校高等教育研究所"课题资助。

本文发表于《上海包装》，2017 年 10 月，第 275 期。

业发展形成良性循环。因此教师有效地制定该时期的暑期实习计划,无论微观还是宏观都是无比重要的。

高职高专包装专业暑期实习现状

目前绝大多数高职高专院校包装专业大二下半学期的暑期实习有以下三种模式:一、进企业,以师徒带教模式进行实习;二、在校学习巩固理论知识,以实践的方式展示作品;三、以比赛为核心,根据比赛主题完成暑期实习。

一是学生进入企业后,能够由企业相关人员进行带教,作为院校带教教师能够相对比较轻松地完成指导学生实习活动。但缺点在于学生进入企业后,较难真正学到知识,企业作为一个市场主体,一般都有自身完备的人员结构,也就是所谓的"一个萝卜一个坑"的概念,学生的实习不但不能帮助到企业,反而会影响到企业的正常运作。在这种现状下,企业人员的带教是大打折扣的,更不用说能够帮助学生将所学的知识体系再优化的情形。

二是教师安排学生进行理论综合实习学习,方法是通过多个包装结构及外观案例,使用相应软件完成包装设计。这类教学方式的好处在于学生能够通过这一时期的多种软件练习,提高软件的应用能力并一定程度上优化了学生的理论体系,比如说纸结构中考虑纸厚、考虑楞型方向以及根据商品考虑结构承重等;包装外观设计中考虑排版的规范、版面布局等。通过如此的方式虽然规矩,但很难开拓学生的思维,并且大部分学生会以网上或相关书上找寻相应案例做临摹,缺乏顶端思考。归根到底学生主观能动性、驱动性不强,实习很难达到相应效果。

三是以比赛为核心,根据比赛内容完成暑期实习活动,这类方式是近两三年中较为盛行的。其好处在于,相比学生下企业后教师难于管理问题得到解决,相比在校的理论实践学习学生的自我驱动性得到相对明显提高。但缺点在于目前全国的大部分比赛主题趋向于单一化，很难覆盖到大包装的多面性，因此学生的特点较难得以发挥，以及相应教师对于学生的指导和把控也较为被动。

包装市场广泛，专业涉及面相比其他专业更广，孤立在某狭小的领域中思考问题，容易片面化。因此最优的培养方案是广度上的学习和思考后再根据每位学生自身特点投入包装的某一专业深度学习，甚至创新。

新方案实习方法及执行细节

目前全国高职高专包装专业主要分为包装策划与设计（策划与设计专业的发展应该更倾向于包装顶层的策划能力培养，比如说了解与分析某产品包装竞品现状的同时，有理有据地提出差异化、特征化、新品上市的时机和地域、面向哪类客户群体等以及通过怎样的故事或方式包装此产品，总而言之应该是培养学生"包装"营销的能力）、包装工程与技术（包装工程与技术的发展应该倾向于包装现有材料与结构在各类标准化的约束下应用能力培养、熟悉各类包装的检测方法和数据的填报，以及根据数据进行简单的分析和结论报告的书写等）两个。

两个专业的发展看似截然不同，但实际在行业运作中经常相互交错，相互融合，因此每位包装专业的毕业生对大包装的认知很有必要，深度加广度的知识体系是未来包装人才的竞争力。再者，大部分学校的包装专业教师班底都是一套人马，在学生实习期间，多数情况下两个专业都会在一起实习。这类实习模式恰恰更好地促进了专业交流互补。

如何有的放矢地融合、然后彰显出各自的专业方向，需要前期有计划、有目标的教学实习设计。目前全国高职高专包装专业建设走在较前面的院校，通过暑期实习，定主题定大方向，然后有计划地引进多位多领域行业资深专家，让专家提出各自子领域的发展现状、发展趋势、发展难点、设计思考方式、流程以及创新方法等，接着学生自我内化,将思维扩充到大包装角度,然后学生根据自身特点提炼出或者找寻自己实习成果的切入点并进行深入开发、深入思考。这一形式融合了目前的三种现状的优点同时又进行了方式方法上的再创新。

具体假设方案如下:

一、主题

2017 年学生暑假实训内容以"旅游包装"为主线,以"结构、装饰、材料、印刷、储运、互联网+、绿色、安全"等为关键词进行旅游包装的方案设计。

二、论点内容

(1)包装印刷环节的认知,其中包括软包装、纸包装、特征包装;

(2)包装设计思维加强,其中包装对色彩、对造型、对市场、对产品分类特征等;

(3)包装结构设计认知,主要偏向防护、运输包装结构,销售包装次之;

(4)品牌形象与包装的关系;

(5)电商物流中常用的功能包装以及各类包装材料的特点;

(6)产品包装测试方法(通过典型的几类常见商品包装、防护包装为学生讲解包装测试的流程、规范、方法、目的等)。

三、讲解内容计划

(1)大包装设计的思路

(2)文化与包装

(3)包装的 3D 制作

(4)包装结构设计

(5)包装印刷及印后工艺的应用

(6)包装材料的应用

(7)包装测试的应用案例

(8)电商包装与包装互联网+

四、学生结论提交方式

（1）调研报告

报告阐述主体：1. 消费对象；2. 产品类别（细分或大类别）；3. 包装使用方式（例如：药品的开启方式）；4. 其他（注：有理有据，且不得偏离主题）。

提交要求：文章通过真实清晰的图文与有效的数据统计列表的方式有理有据地阐述调研前思考准备、调研中数据收集方式以及是不是的小结论、调研后的结果。字数不少于 10000 字。（前期需与指导老师做沟通，并自行记录）

调研形式：自拟（前期需与指导老师做沟通，并自行记录）

调研分组：学生以 3 人为一组（每组不得超过 4 人）

调研周期：25 天

评判方式：0～5 分制（以小组方式打分，每位成员分数均相同）

（2）设计作品

设计作品要求：1. 针对旅游地的文化特点、游客特征性设计包装装饰以及成套系列化包装；2. 设计作品与原创，可以针对已有产品进行延伸产品线的设计创新，也可以针对产品本身进行定义并设计包装。

提交要求：1. 每件作品需进行仿真打样；2. 作品单品状态、成套系列都需进行效果图制作；3. 使用 PPT，简洁明了地表达设计思想及成果。

设计制作建议：可有效联合调研组同学共同开展

设计分组：学生以 3 人为一组（每组不得超过 4 人）

设计周期：25 天

评判方式：0～5 分制（以小组方式打分，每位成员分数均相同）

（3）测试报告

测试报告要求：1. 测试内容与结果须契合主题；2. 测试报告需有确切的官方模板（教师可帮助收集，例如：ista、GB、ISO 等）；3. 测试对象变化不得少于 3 组，每组不得少于 3 种变化；4. 测试需完全符合相应的标准进行。

提交要求：1. 完好产品包装一套；2. 有效测试照片一套；3. 测试报告一套；4. 结论分析报告一份(字数不得少于 3000 字)

设计制作建议：可有效联合结构组同学共同开展

设计分组：学生以 3 人为一组(每组不得超过 4 人)

设计周期：25 天

评判方式：0～5 分制(以小组方式打分,每位成员分数均相同)

(4) 结构设计方案

结构设计要求：1. 包装结构为产品储运结构为主,契合主题的整体设计；2. 结构设计合理,需考虑产量化实现的可能性；3. 设计需绿色、减量、有效防护产品对象。

提交要求：1. 完好产品结构包装一套；2. 结构以及材料细节表达图一套；3. 需提供至少两套的整体包装结构方案；4. 创新思想表述报告一份(内容包括：现有市场基本分析、几套不同结构优劣分析及对比、设计中遇到的困难及难点、可优化的各部分问题),字数不少于 3000 字。

设计制作建议：可有效联合设计组同学共同开展

设计分组：学生以 3 人为一组(每组不得超过 4 人)

设计周期：25 天

评判方式：0～5 分制(以小组方式打分,每位成员分数均相同)

(5) 包装创新思维

内容要求：此题目的设立主要针对有一定创业思想的学生,响应国家大学生创业创新政策,将策略创新融入教学中,包装专业的学生可以以自己的专业为背景,符合大主题,用创新的模式解决目前销售的问题、包装的可持续性、包装与人之间的融合关系等。选择此项目的同学必须有充分的思考以及有效的执行力。

提交内容：1. 创业创新意向书；2. 标准且完善的可行性论证报告(字数不得少于 20000 字)。

编组方式：学生以 3 人为一组并配备一名专业教师进行全程指导

报告制作周期：40 天

评判方式：0～5 分制（以小组方式打分，每位成员分数均相同）

以上每个方案教师的指导对象和学生寻找指导老师可以相互进行，确保参与对象都足够对该项目内容感兴趣。

五、评价方式

关于最终的暑期实习评价方式为打分制（0～5 分），具体评分参考如下：

1. 0 分：评价标准为无团队建立，或由于各种情况中途解散；

2. 1 分：评价标准为有团队建立，但无成果或几乎无成果；

3. 2 分：评价标准为团队建立完整，但成果内容由于主观原因不完整，后续在限定的时间内无改进措施；

4. 3 分：评价标准为团队建立完整，团队在整体项目执行度上表现一般，成果内容不完整但基本符合作品或报告内容要求，但成果缺乏有效说服力；

5. 4 分：评价标准为团队建立完整，项目执行整体情况较好，成果内容较完善，基本符合相应子项目要求，但成果内容缺乏创新力；

6. 5 分：评价标准为团队建立完整，项目执行整体情况好，成果报告内容有理有据、设计思考完整，且作品制作完整，有一定的创新点。

总　结

学生培养计划中，暑期实习内容的关键性不言而喻。3 年的专科学习临近毕业，一旦发觉绝大部分的学生回顾专业学习后不知学了什么，今后能在专业领域上干什么，且 2～5 年后，专业老师追踪发现毕业 5 年同学中 60％以上离开本专业领域，诸如此类问题，相关的专业教师必须要反思，教学上一定出现了致命的问题。

教学模式、教学内容创新优化是为了学生，更是为了学校专业的发展。学生毕业之际对专业认识更清楚，就能更多地留在专业领域，对专业的市场发展更有掌控力,对学校后期的专业建设反哺能力就更强。

参考文献

[1] 董晓青.高职高专院校实习实训模式研究[J].教育与职业,2011,27(2);28—30

[2] 张志、杨金玲.关于我国高职院校实习实训模式综述[J].山西财经大学学报(高等教育版),2008(S1)

[3] 孙红梅、朱红霞.高职高专院校基于就业导向的实习实训教学方法选择分析[J].陕西科技大学学报(自然科学版),2009(05)

[4] 阮素莲.高职高专院校学生职业意识的培养[J].江苏经贸职业技术学院学报,2011(06)

融入地域文化特色的旅游商品包装设计研究①

秦晓楠

摘要：目的： 以旅游商品包装为物质载体和对象，对地域文化融入包装设计的表现与形式进行研究，总结出地域文化视觉符号从提取、表现再到应用的一般方法。**方法：** 以多个典型包装案例与学生的旅游特色产品包装设计作品为例，分析地域文化在包装设计中可转化并呈现的视觉符号与形式语言。结论：包装作为文化传播与推广的重要媒介，尤其是旅游商品包装，更应该从包装造型、文字语言、图形图案、色彩等方面进行视觉创新，展示包装的地域性与文化传承。

关键词： 包装设计　地域文化　视觉符号　形式元素

作者简介： 秦晓楠，上海出版印刷高等专科学校印刷包装工程系教师。主要研究方向：环境艺术设计与包装设计。

引　言

党的十八大报告中，提升文化软实力与保持经济健康发展、提升人民生活水平一起，被列为实现"建成小康社会"目标的重要任务，文

① 【基金项目】本研究成果受 2018 年度"上海出版印刷高等专科学校高等教育研究所"课题资助。

本文发表于《设计》，2019 年 3 月。

化产业的支柱性地位在此再次被强调。旅游业作为与文化密切相关的产业,它的发展是文化建设的重要组成部分。旅游商品的开发与发展作为旅游业关键的内容要素,其市场竞争与营销重要手段之一便是包装设计。

包装作为一种物质载体,随市场经济的需要而产生并不断发展。而如今,国内的旅游商品包装设计趋向同质化,在设计表现上大同小异,这使得旅游商品包装严重缺乏地方特色与文化内涵,造成"千城一面"的现象。然而现在的旅游消费者在购买旅游商品时,不仅关注产品本身,基于心理角度的文化诉求与精神需求也日益影响着这些消费者的购买欲望与动机。因而,旅游商品包装的差异化设计成为影响旅游商品市场竞争力的重要策略。

在这样的时代背景下,旅游商品包装设计应以提升文化自觉与自信为出发点,强调地域文化特色的融入与表现,创新地将地方文化要素通过视觉符号的提取与转译,合理地应用在包装上,以此刺激消费者的购买。同时,增强包装作为文化传播媒介的功能,通过地域文化让消费者找到认同感与归属感。

本文以多个典型包装作品与学生毕设作品为例,分析地域文化在包装设计中的视觉符号与形式语言,从而总结出基于地域文化的旅游商品包装设计的一般方法。

一、地域文化与旅游商品包装的地域性

(一) 地域文化

地域文化不是简单意义上的物理空间概念,而是包含文化时间性与空间性的综合概念。它以地域为基础,时间发展为轴线,以景物为媒,以现实为外在表现,在人类社会进程中发挥作用的人文精神活动的总称。[1]地域文化的内涵是丰富的、多样的,它包含艺术、民俗、饮食、方言、历史、环境等多重要素。它既有地方独有的特色，又具有民族传统文化的统一性。

（二）旅游商品包装的地域性

旅游商品本身便是一种独特的产品类型，它被打上了旅游地所特有的烙印，往往和该地的地名和环境联系在一起，而这种地方特色的呈现，却也成为了它的卖点。大多时候，它是走亲访友的送礼佳品。例如名为"好茶之客"的福建茶叶包装设计，包装上的图形元素"客"，通过结合茶叶产地的自然生态环境与福建客家土楼的造型构成主视觉形象，直观地展示了福建的地方特色。

旅游商品的包装与包裹的内容物是相辅相成，紧密关联的。从某种程度上说，是形式与内容的关系。内容物的性质与属性决定了其产品包装的外在形式，而产品包装形式又对内容物的消费吸引力甚至销量产生一定影响。包装的地域性表现在产品包装能通过一些外在的视觉信息的呈现向消费者传递该产品的地方环境、地方历史、地方方言、地方民间艺术、地方饮食等方面的重要信息。这些信息隶属地域文化的范畴，它与旅游商品本身有着千丝万缕的关系，而旅游商品包装正扮演着地域文化有效传播者的角色。

二、地域文化融入旅游商品包装
设计的必要性与现实意义

（一）培植与弘扬民族文化，创作出具有中国特色的现代包装的必然选择

地域文化是特定历史背景、地理以及人文环境等因素孕育的产物，它包含着显性与隐性两个方面的文化因子。它是民族文化的重要组成部分，也是代表不同地区的一种传统的、独有的文化。[2]例如

上海的海派文化、陕西的红色文化、赣南的客家文化、安徽的徽派建筑、云南的少数民族风情、景德镇的瓷器等,都是具有鲜明特色的地域文化。正是这些鲜明的地方特色,提供了旅游商品包装设计可以汲取与借鉴的创作源泉,极大地丰富了包装的形式与内容,使得文化与艺术有机融合,进而形成具有中国特色的现代包装,这对培植与弘扬民族文化有着积极影响。

(二)增加旅游商品文化与附加价值,形成旅游商品差异化竞争的重要手段

现今的包装设计,从功能属性上来说,它已不再仅作为保护商品,将商品特定信息有效、准确地传达给消费者的简单角色。随着经济社会的迅猛发展以及人们日益增长的精神文化需求,包装已远超其最初的功能。如今的包装设计,成为一项以服务为宗旨、以生活为基础、以文化和精神需求为导向的综合设计。因此旅游商品的包装设计也应将其作为一种文化形态来对待,强调其设计的地域性,避免"文化趋同"与"千城一面"的现象,以此来丰富旅游商品的文化内涵,提高旅游商品的文化品位与诉求,增加旅游商品的文化价值与商品附加值,从而达到营销的目的。[3]将地域文化特色融入旅游商品包装设计中,能够建立差异化与个性化的品牌形象,帮助消费者形成认知,提高旅游商品"地方属性"的可信度,以此来刺激消费者的购买欲望与行为,这对提高旅游商品的市场竞争力起到了至关重要的作用。

三、地域文化在旅游商品包装上的转译形式

"转译"是指在媒介语的作用下,一种语言被转化为另一种语言的特殊翻译行为,[4]其内涵已远超越语言学的范畴,被广泛运用到建筑设计、景观设计、平面设计等多个学科领域。而地域文化的转译其实是指在解读地域文化信息的基础上,搭建起旅游商品包装设计语

言与地域文化信息之间的桥梁。借助科学的设计原理与方法,将地域文化信息准确地转化为可被识别的设计符号与设计语言,应用于旅游商品的包装上,[5]其中的关键问题便是地域文化信息的提取、简化、转化以及呈现。[6]有些地域文化信息(诸如方言和环境)容易提炼并转化为有形的视觉符号,然而有些文化信息(诸如历史、文学以及人文精神等)自身抽象且难以描绘,这就需要设计师通过可感知的、间接的视觉符号语言来引导人们的心理感受。在旅游商品的包装设计中,地域文化的转译不是机械的挪用与复制,而是从主观角度,以客观事物为基础,进行关联性设计。[7]这种地域文化转译的可能性具体表现在以下几个方面:图形、文字、色彩、造型与材料,它们是地域文化具有"标志性"的视觉符号。

(一) 图形

在旅游商品包装中,图形要素的表现是不可缺少的,它更容易被消费者认知与记忆。比起文字语言,图形更直接、明晰,且不受语言障碍的影响。实物形象是旅游商品包装中视觉表现要素中的主要形象,它真实、可信地传达着实物的特征,能满足消费者直接了解内容物的心理需求,具有强烈的说服力。然而当消费者在不同旅游地点游玩时,他们往往会购买一些手信作为送礼佳品。因而他们在选择时,会更多地关注该旅游商品是否具有纪念意义和地方特色。这时,便对旅游商品包装上的图形设计提出了进一步的要求。即不论是主图形形象抑或是辅助性的装饰图形,都能一定程度上反映旅游地特有的景观信息、特色纹样或者人文历史等,进而刺激消费者购买的行为。

我校包装专业的学生毕设作品,通过对上海汪裕泰品牌文化的检索,锁定汪裕泰狮峰龙井系列的发展历程,最终通过原创插画的形式,营造与表现出该茶从杭州发展到上海的文化背景。在插画最左侧是其对狮峰山的想象,整座山整体好似从一个巨大的狮子嘴中倾吐而出,表现其雄伟与尊贵。此外,狮子在宗教中是祥瑞之兽,其开口之举也代表吉祥之意,这也就喻示着狮峰茶山的宝贵,暗示出狮峰龙井茶的可贵与难得。画面中的雷峰塔和三潭映月,是杭州西湖两处标志性建筑的直观呈现,突出了产品的地域属性。再向画面右侧浏览,便是上海的城市意象。这一部分则是通过对比的手法,将上海黄浦江沿岸现代化的地标性建筑与茶源地的自然环境作比较,交代了上海现代、摩登、多元的城市特性。

(二) 文字

在包装设计中,文字是至关重要的,也是不可或缺的组成部分。它主要包含品牌与产品名称性的文字、宣传性文字(广告语)以及说明性文字(产地、配料以及生产日期等)这三类。在旅游商品包装设计中,通过文字这一视觉符号来展现地域文化的特性也是不可忽视的一方面。在我国的少数民族地区,他们的文字有着该民族鲜明的特点,例如藏族的藏文、彝族的彝文、维吾尔族的维吾尔文以及苗族的苗文等。将这些传统的文字样式运用在旅游商品包装设计中,作为品牌、产品名称性又或是宣传性的文字,符合地方传统文化的特点,能彰显地域文化的独有性特征。

以学生的包装作品为例,关于"普云"这一藏香品牌的文字LOGO 设计,在确保文字可读、可识别的基础上,充分融入了西藏文字在笔画结构与笔形上的风格特点,同时结合西藏是我国佛教圣地的定位,辅助以莲花的图形元素,更能体现出浓烈的地域特色与传统文化。

当然,包装中的文字除了上述的三种主要类型外,地方方言也是文字语言形式的一种,它可以作为辅助图案应用在旅游商品包装上,来强调品牌的地方属性,提升旅游商品的文化特色。以学生的毕设作品《上海红宝石蝴蝶酥包装设计》为例,其在包装的地域特色的表现上十分用心。通过有选择性地将上海人民在日常生活中的交流用语,直观地借助地方方言进行表现。方言文字经过设计师的有序编排,形成一种辅助性的图案叙述着特有的地域文化。

（三）色彩

色彩作为包装平面视觉设计中的重要元素，它的合理搭配与设计对产品能起到美化、促销的作用。恰当的配色能增加消费者对产品的信任感，满足消费者的情感诉求，加深消费者对于品牌和产品的记忆。包装的色彩能否在第一时间满足消费者的心理需求，取决于商品所传达的视觉信息能否被消费者接受并产生视觉信息的反馈。

此外，地域的不同，也会影响消费者的色彩体验与选择。色彩作为地域文化的一种映射，它是决定消费者对旅游商品第一印象的关键，同时也是包装设计的先决条件。色彩给予人的第一印象有时甚至先于图形与文字。因而旅游商品包装的色彩需考虑文化性、地域性以及象征性，使其更具有购买竞争力。以大益茶品牌的"四季春"普洱茶礼盒为例，翠绿色的主色调搭配五彩斑斓的孔雀羽线，使人不由自主地联想到云南西双版纳浓郁的热带风情以及云南少数民族特有的绚丽色彩。

（四）造型

包装的造型设计是一门三维空间立体艺术，它以纸、陶瓷、塑料、玻璃等材质为媒介，利用各种加工工艺成型与造型。旅游商品包装的造型也是地域文化传播的重要载体。当地的象征性建筑、标志性物产以及独特的自然景色，这些都能成为旅游商品包装造型的灵感源泉。这种形状具象化的包装设计手法使消费者能一目了然地感受到地方特色。此外，通过具象化的包装造型设计，能使游客的回忆物质化。特色的包装造型浓缩为代表旅游当地文化的一个缩影。[8]台湾四月南风品牌的凤梨酥伴手礼包装设计别具匠心，设计师巧妙地将台湾地图的形状转化为包装的造型，直接、有效地传递着该伴手礼包装的地域属性。

（五）材料

消费者认知包装的另一种外在形式便是触觉，产品包装材料的选择与设计也会影响消费者的购买行为。在旅游商品包装设计中，采用何种材质与产品的特性、文化的属性对位，也需要设计师的用心对待。一方面，材料的设计考虑到对内容物的物理保护性；另一方面，也可就地取材，将地方特有的材料与工艺应用在包装上，以此强化旅游商品包装的个性与地域属性，实现对当地特色文化的传播。

例如今天我们看到的大部分普洱茶叶包装，就采用云南大理、西双版纳等地的白棉纸与竹笋叶这一从过去沿用至今的传统包装材料作为茶叶包装的天然材质，既突出了云南的本土特色，又符合绿色包装的理念。

结　语

地域文化是民族文化的重要组成部分，也是人类艺术发展的基础。旅游商品包装作为地方文化传播与推广的重要媒介，对旅游商品文化价值与附加值的提升具有重要影响。加强旅游商品包装设计的地域性，将地域文化特色合理、巧妙地融入其中，是弘扬与传承民族文化的需要，也是提升旅游商品差异化市场竞争力的需要。从地域文化的形式入手，深入挖掘地域文化的深层内涵，将其转化、应用于包装造型、文字、图形、配色等设计实践中，有利于实现文化与艺术的有机融合，与此同时，符合消费者的心理诉求，吻合消费者对地域的认同与归属感，有利于触动消费者的购买欲望。

参考文献
［1］吴兆奇.地域文化视觉符号下岭南手信包装设计探讨［J］.设计，2018(1)：17—18.
［2］张红颖、张宗登.地域文化融入《包装设计》课程教学探讨［J］.上海包装，2018(8)：36—37.

［3］罗兵.徽州建筑符号在徽酒包装设计中的应用研究［J］.包装工程,2017(20):82—83.

［4］卢鹏、周若祁、刘燕辉.以"原型"从事"转译"——解析建筑节能技术影响建筑形态生成的机制［J］.建筑学报,2007(3):72—74.

［5］刘承华.全球化时代地域艺术的生存逻辑［J］.艺术百家,2013(6):206—207.

［6］王磊、张莉娜、王骏、刘猛.基于地域文化转译的旅游食品包装设计研究［J］.包装工程,2017(20):88—89.

［7］周立均.转译·传播·跨界——基于岭南非物质文化遗产的动漫角色设计［J］.美术学报,2013(4):94—96.

［8］敖道金.地域文化与旅游纪念品包装设计探析［J］.艺术与设计,2017(1):55—56.

在线交互式专业课程软件框架设计[①]

方恩印

摘要：本文以在线交互式专业课程软件框架设计为依托，通过前期调研与功能分析，创新性地将课程的构建与手机 APP 相融合，采用"互联网＋校园"方式，将课程中的重点、难点放入"云端"，使得学生可以便捷、实时、无地域限制地访问数据库，并与教师互动。打破传统教学中知识点找寻费时、费力等壁垒，提高了教学的时效性及趣味性，并将"快乐教学"融入课堂。

作者简介：方恩印，副教授，硕士。研究方向：数字印刷、色彩管理。

近几年随着智能手机的普及，大学生几乎达到了人手一部智能手机的现状，为学习提供了很大的便利，但同时也让学生面临了巨大的诱惑。因此，如何让技术战略性地集成到课堂中，从而提高教师和学生的工作和学习效率，也就是"混合学习（blended learning）"的兴起，未来必将打破传统的教育模式。

目前，一些发达国家应用这类互动教学设备已有十余年历史，而且相当普及。例如以 Top Hat 和 I clicker 为代表的无线互动教学软

---

① **【基金项目】**本研究成果受 2017 年度"上海出版印刷高等专科学校高等教育研究所"课题资助，项目名称：专业知识点技能点数据库的构建。

本文已发表于《上海教育》，2018 年 9 月。

件和设备,它们在课堂教学及演示上具有明显的优势,可摆脱传统的教学模式,并使得数字化互动式教学得以展开,但其使用上具有一定的局限性,比如使用 Top Hat 软件需要向企业支付购买费用,且根据使用人数多少不同进行收费,势必增加学校或者学生负担;I clicker 软件需要配合专门的答题设备,只支持选择题作答,功能相对比较单一,操作也较为麻烦,相比而言,如果使用智能手机作为终端,更容易使得学生接受。

在我们国内,无论是课堂互动教学系统还是类似的新产品、新技术,目前只在少数国际学校和私立重点中小学中使用,如贝格特无线答题机,此类答题机除需要单独购买外,在设计上更偏重于教师使用,对学生吸引力不够强;另外,在知识点的更新上操作相对麻烦,同时,对于学生的自主学习也没有较多的优势。随着近几年智能手机的逐渐普及,目前几乎所有的大学生人手都拥有至少一部以上的智能手机或互联网接入设备,这大大增加了互动教育的接入口,在为学生提供便利的同时也使得课堂不那么枯燥乏味。因此如果能以智能手机作为客户端参与到课程管理与互动,不失为一种有效的教学辅助手段;加之,学生课堂使用手机频率之高,如何"变弊为利",引导学生正确使用智能手机参与课堂互动,必将提高教师和学生的工作和学习效率,同时也会打破传统教育模式并为文化教育带来一个突破点和新的发展前景。

一　在线交互式专业课堂软件前期调研

为了使软件能够更好地运用于教学当中,满足不同使用对象的需求,我们在软件框架设计之前进行了一次网上的调查问卷。

此次网上问卷是由学生分发到各自 QQ 空间和微信上进行统计的,具有随机性。问卷内容涉上课问题回答及教学方式、课程内容掌握与获取方式、教师答疑、到课率及作业统计等方面,根据最终统计结果显示,本次网上调查共收回答卷 210 人次,其中在校专科生人数为 147 人,占总比例的 70%。本科生 61 人,占总比例的 29.05%。本科及以上 2 人,占总比例的 0.95%。根据问卷反馈情况我们对有代表性的几项进行了分析:

(1) 上课问题回答及教学方式

目前,大多数的同学对于上课老师提的问题都不会主动回答,能经常主动回答的仅有 10.48%;54.76% 的学生会偶尔回答一次;更有 21.9% 的学生从来不主动回答问题。另外,在课堂上,很多同学都上课玩手机,对于老师讲的内容也不了解,更没有深入思考老师提出的问题。这凸显现代高校教学以教师为主体单一传授式的教学方式和授课手段不足以吸引学生全神贯注地学习教学内容,如何将学生的兴趣调动起来积极参与到课堂教学中是一个值得思考的问题。再者,是采用智能设备与教学结合的互动式,还是目前的单方面课堂教学方式,统计结果如图 1 所示。从统计结果中可以看出,在现在这个智能信息化时代,传统的单方面教学已经不足以提高学生的学习兴趣。更多的学生希望能将智能设备应用于教学当中,这样既能提高课堂教学的趣味性又可以提高学生的学习效率。

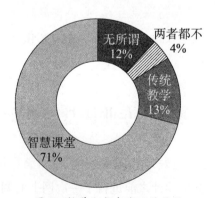

图 1　教学方式在线统计结果

(2) 课程内容掌握与获取方式

课程内容的理解与获取,一般来说是通过对书本上的知识点的巩固与对教师 PPT 内容的阅读，但是，在正常的教学过程中发现，由于同一天上课的课程门数较多，近 30％的学生不愿意或者不情愿背着沉重的书包在多学院甚至多校区之间穿校，因此，在课堂上就不能对老师所教授的重点及知识点在教科书上进行有效的记录与标注；其次，教师 PPT 内容更新以后不能及时发放给学生，又或是有的学生不太愿意主动与教师交流，都会让学生在知识的获取上存在问题。如能有一款软件，学生可以通过移动终端在线或下载教师授课内容，一方面学生可以便捷、实时、无地域限制地访问教学内容；另一方面，教师也可以根据学生的下载情况对课程内容进行查看与管理，及时更新教学内容。

（3）教师答疑、到课率及作业统计

针对高校教师答疑，一般学校都会安排教师每周在特定的时间进行集中答疑，但是由于学生自主学习的主动性等诸多问题的存在，加之高校教师上班时间的不固定性，在实际操作的过程中执行并不理想，因此会导致学生的问题越积越多。另外，学生上课的到课率直接影响教学的最终效果，如果每节课都花大量的时间进行出勤率统计，势必会影响授课进程。再者，批改学生的作业，再到课堂进行纠正，不仅费时、费力，而且还需要师生回想当时的教学情境与内容，效果甚微，如能在课堂上及时进行答疑与解惑，势必事半功倍。图 2 为根据调研信息进行答疑方式的统计结果。

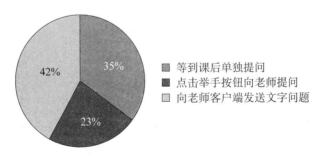

图 2　学生答疑方式统计

从图 2 我们可以看出,课后单独向老师进行答疑的比例和预想的一致。及时在课堂上根据在线答题结果进行统计,不仅可以了解学生对知识点的掌握程度,而且可以通过答题人数间接对到课率进行统计,一举两得。

二　在线交互式专业课堂软件设计思想

(1) 基于"互联网＋校园"模式,实现课程内容"互联、互动"。

本文设计了一款适合我国教学、用于课堂互动学习的软件。该软件以网络为依托创新性地将课程知识点、技能点数据库的构建与手机 APP 相融合,采用"互联网＋校园"方式,将课程中的重点、难点放入"云端",使得学生可以便捷、实时、无地域限制地访问数据库,并与教师互动;其次,打破传统教学中知识点找寻费时、费力等壁垒,提高了教学的时效性及趣味性,使得手机在课堂不再只是分散学习注意力的玩具,而是实实在在地变成学习神器;再者,教师可通过软件监督并辅助学生的课上及课后学习,不仅如此,还可以对学生的平时成绩进行统计。在提高学生学习兴趣的同时,也可以提高教师的工作效率,减轻教学负担。希望能在改变传统的教学方法与学生被动式学习的现状的同时,将讲述式的教学转换到问答式教学,激发学生热情和参与乐趣,并将"快乐教学"融入课堂。

(2) 跨平台使用,提高软件的便捷性与使用效率。

该软件在平台的搭建上兼顾目前主流 Android 和 ios 系统,学生和老师只需免费下载 APP 就能享受它的全部功能,且无任何后续费用。同时,该软件不需要额外其他硬件支持,使用者只需要配带自己的智能或非智能设备即可;另外,根据使用群体不同,更好地便于师生上传教学资料,软件开发可同时兼顾移动端与 PC 和 mac 系统。跨平台的软件设计,可将使用的功能性分开,大大提高使用的便捷性与效率。

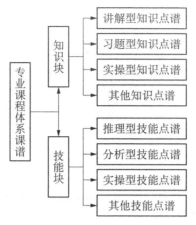

图 3　专业课程体系课谱构成

（3）支持"关键词"搜索模式，可快速定位专业课程知识点及技能点。

软件框架设计中，为更进一步方便学生对各个知识点及相关内容进行快速查询，课程的知识点与技能点就不能进行简单的分类，而是需要在逻辑上根据课程的教学目的，动态地对课程的整体内容进行拆分。在此，我们将"课谱"理论引入软件框架体系的构建中，将整个课程视为"课谱"，各个"知识点、技能点"作为"块谱"，再将"块谱"分解为"点谱"，整个课程知识点技能点体系的构建是由"点谱"构"块谱"，由"块谱"构"课谱"，如图 3 所示。学生在软件使用的过程中，只需要对课程的专业知识点及技能点进行"关键词"搜索，即可实现所需内容的快速查询。

三　在线交互式专业课堂软件功能分析

由于教师和学生在使用这款软件时，所需要的操作功能有所不同，并且考虑到老师和学生所选择使用的智能设备有所差别，我们针对不同的受众群体设计了不同的客户端，图 4 为移动客户端手机登录界面,图5为电脑客户端登录界面。

图4 移动客户端手机登录界面

图5 电脑客户端登录界面

（1）教师版

根据前期调研结果分析,教师客户端主要分为课程管理、信息接收和互动平台三大模块。如图6所示。课程管理模块为设计的中心模块,教师在使用过程中,可以根据讲课的内容在课堂上进行实时考核,检查学生对本次讲课内容的掌握程度,针对答错率较高的题目,可在课堂上做进一步解析,使得学生们可以在课堂上及时理解并消化所讲的知识内容;另外,为了提高答题效率,充分利用课堂有效的时间,在答题过程中还可设置每道题的答题时间,在规定的答题时间内,没有作答,视为待讲解题目数量统计;再者,可根据答题人数,进行学生出勤率统计,计入平时成绩。考虑到教师需要对知识点、试题库进行更新,实现课程内容的共享,因此,在框架设计中应该包含课程资料的上传功能;信息接收模块设有留言板、小游戏信息记录及告示板。通过留言板,教师可以查看学生提出的问题与建议或学生对教师上课做出的评价等;小游戏信息记录功能可以对学生知识竞赛成果进行统计并给予一定的课程加分,并记录到平时成绩中;告示板便于发布班级活动信息,比如课程实验地点、分组及相关注意事项。

互动平台模块主要涉及与专业相关的竞赛信息或大赛优秀作品；通过教师交流平台及高校互动平台可实现不同高校教师在实践教学过程中进行心得及相关问题的交流。考虑到教师上传、更新资料的便捷性，教师客户端除使用手机移动客户端登录以外，应配合电脑客户端使用。

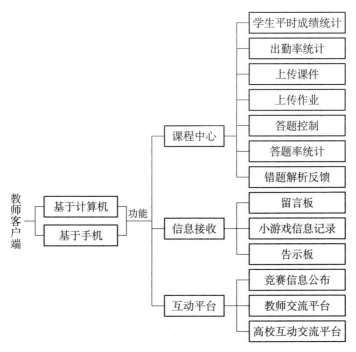

图 6　教师客户端结构简图

（2）学生版

由于目前智能手机的大众化，大学生现在几乎已经达到了人手一机的现状，并产生了极强的依赖性。根据前期调研结果，我们了解到大多数学生更愿意使用手机作为课堂学习的工具，因此，针对学生在线交互式课堂软件框架设计采用以移动客户端手机为主，其优点在于手机携带方便，操作快捷，更适合课堂使用，同时还可减少学生使用手机做与课堂无关的操作而转移注意力；考虑到学生在使用共享资源(如课件)时可能需要下载或查看,使用手机不太便捷,且存储空间有限,另一方面,手机有可能丢失或损坏,因此在框架的设计中增添了学生电脑客户端登录功能。图 7 为学生版客户端的结构简图。

学生客户端主要分为签到、课程中心、知识延伸、课程管理和更多功能五大模块。签到模块中当每个学生连上教室的无线网络并进入软件后会弹出签到这一模块,学生们的签到情况会第一时间反馈到老师移动手机终端,老师可由此进行课前到课率统计。图 8 为签到模块打开界面。

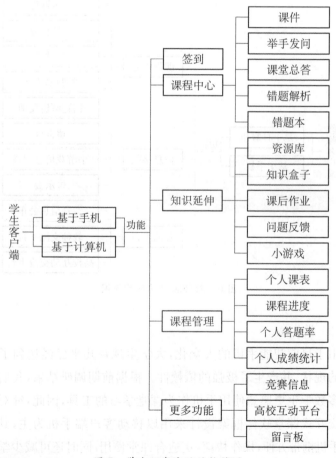

图 7 学生版客户端结构简图

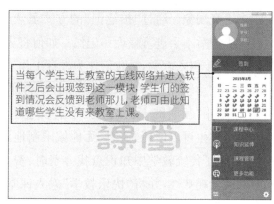

图 8　学生手机移动端签到模块界面显示

　　课程中心模块中主要存放教师上传课程资料及老师对学生提出问题做出的回答,学生可无地域、时间限制实时下载文件,还可在特定的时间通过软件向老师进行模拟发问;在错题本中,同学们查看课堂问答环节中答题的情况,并查阅错误问题的相关资料;在知识延伸模块中,学生可在资料库中进行课程相关知识点、技能点关键词搜索,提高学习效率,并可以将课程的重点与难点及自己感兴趣的知识点放入知识盒子模块中,便于后续的阅读与复习。

　　在课程管理模块中,可查个人课表,做到对每天上课的时间及地点一目了然;另外,通过登录客户端还可以实时查看课程安排进行情况,便于即时进行课程知识的巩固与复习。除此以外,通过个人答题率及个人成绩统计,可以知道各个学期每门课程的学习掌握程度及学分修满情况,是否可以顺利毕业等。更多功能模块提供的信息与教师端功能大致相同,在此就不做赘述。

四　总结与展望

　　近几年来,智能设备的飞速发展,使得绝大多数大学生几乎都能人手一部智能手机,在给我们的生活和学习带来便利的同时,也引发了很多不良现象。通过"拍笔记"的方式虽然节省了时间,但其实大多数学生课后不会进行整理和记忆。如何将先进设备与教学观念融为一体,同步引入教学,是我们作为教育工作者值得关注的课题。本文以在线互动软件设计为依托,创新性地将课程的构建与手机 APP相融合,采用"互联网＋校园"方式,将课程中的重点、难点放入"云端",使得学生可以便捷、实时、无地域限制地访问数据库,并与教师互动,打破了传统教学中知识点找寻费时、费力等壁垒,提高了教学的时效性及趣味性,并将"快乐教学"融入课堂。这种将科技与教学结合的教学方式,必然会成为未来的发展趋势,迎来新型教育模式的春天。

参考文献

[1] 张永忠、曾美霞. 在线学习资源中的交互式问题设计[J]. 中国电化教育. 2011. 8. 87—91.

[2] 李文国. 交互式在线教学平台的设计与实现[D]. 天津:南开大学,2012..

[3] 赵丹,钟楠. 在线连续交互式英语语音智能识别系统设计[J]. 现代电子技术. 2017. 15. 137—140

[4] 黄恩民. 交互式在线教学系统移动端设计与实现[D]. 武汉:华中科技大学,2015.

多维度课程有效性评价体系在高职人才培养中实践与创新[①]

李　灿

摘要：近几年来，为了突出高职教育的特点、明确教学目标，同时应对生源质量的变化，以职业活动为导向的课程教学体系正在各高职院校悄然兴起，但目前与之相配套的课程有效性评价体系还不完善。本文从课内评价、课后评价、企业评价、行业评价和社会评价等方面探讨研究多维度课程有效性评价体系对高职人才培养的意义。

关键词：多维度　课程有效性评价　人才培养

作者简介：李灿，博士研究生，讲师，上海出版印刷高等专科学校影视艺术系专业教师。

近几年来，随着《国务院关于大力发展职业教育的决定》文件精神在全国贯彻落实[②]，各地都在大力发展中国特色的职业教育，加快培养高素质的技能型人才，为了突出高职教育的特点、明确教学目标，同时应对生源质量的变化，以职业活动为导向的课程教学体系正在各高职院校悄然兴起。项目化实训课程教学以技能培养为主、把

---

① 【基金项目】本研究成果受 2018 年度"上海出版印刷高等专科学校高等教育研究所"课题资助。

　本文已发表于《赢未来》，2018 年第 24 期。

② http://www.gov.cn/zhengce/content/2014-06/22/content_8901.htm 中国政府网

理论与实践有机地结合起来,提高学生学习的兴趣,强化学生的动手能力,有着良好的发展前景,但目前与之相配套的课程评价体系必须完善。因此,研究并实施科学的课程有效性评价体系,对我国高职教育的健康发展具有重要意义。

一、多维度课程有效性评价的维度界定

多维度的课程有效性评价模式一共包括五个方面:课内评价、课后评价、企业评价、行业评价和社会评价。鉴于高职专业课程有效性评价中存在的问题,应该建立起更科学合理的评价体系,而评价体系的建立不是孤立的,必须与课程教学过程相结合。本项研究以上海出版印刷高等专科学校"影像档案工程"实验班为研究对象,该班在自 2014 年伊始,经过多年的教学实践中,研究实施"校企结合、任务驱动、项目引领"的课程体系结构,并在此基础上构建起了多维度评价体系,该评价体系对学生在课程学习的每个环节都进行有效的考核与评价。

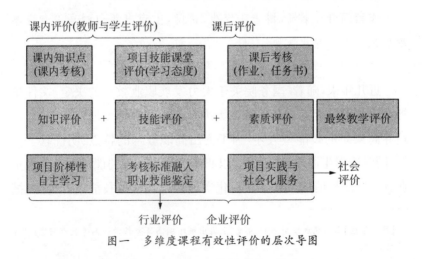

图一　多维度课程有效性评价的层次导图

二、多维度课程有效性评价的实践与运用

目前高等职业教育的课程有效性评价，一般还是采用试卷考核的方式以学生试卷考试分数的高低来评价学生对教学内容掌握程度的高低，与高职高专教育培养目标的要求相比较而言，显得方法过于单一。2010 年颁布的《国家中长期教育改革和发展规划纲要（2010—2020 年）》中指出：职业教育要面向人人面向社会，着力培养学生的职业道德、职业技能和就业创业能力。这样的培养目标，绝不是仅仅靠就业指导、创业教育之类的几门课程就能实现的，它需要教学计划中每一门课程教学的配合。同时，高职教育的课程有效性评价也不应该限于课程教学效果本身，在课程有效性评价中还要对学生的综合素质和能力进行评价。[2]

（一）课内课程有效性评价：依托数字化、可视化技术建立共享型和互动型的教学平台

上海出版印刷高等专科学校影视艺术专业在 2016 年通过专业内涵建设，已经建立了数字化、可视化的的 APP 教学平台，先后将 22 门课程植入平台中。这些课程中主要采用了课堂讲授与项目导入等多种教学方式。根据不同阶段的课程教学目标，实行阶梯化的考核与评价。

表一　数字化、可视化平台与传统课堂的对比分析

	传统课堂	数字化、可视化平台
教师	课堂的主导者，知识传授者	学习的指导与促进者
学生	被动接受者	主动研究参与者
教学形式	课堂讲解＋课后作业	课前学习＋课堂探究
教学时空	规定的教学时间＋教室	随时随地

续　表

	传统课堂	数字化、可视化平台
教学资料	纸质教材、多媒体课件	移动平台数字化教学视频资料、电影资源、电子书、上传公众平台的课件与补充资料、电子试卷、教师制作的不同国家电影主题分类的微信推文等
评价追踪形式	传统纸质测试	移动平台后台用户分析、图文分析、互动评价以及对后台功能再开发的线上测试系统

在整个教学过程中，课程的导入与评价时充分发挥网络教学的模式，结合专业独立开发的学习 APP 进行数字化、可视化的教学与评价。将课堂翻转，让学生在进入课程前就可以了解上课的形式与内容。在布置各个项目的任务前，任课教师会把完成本次工作任务相关的理论知识以自测题形式在 APP 上发送给学生，要求学生做好课前预习，带着问题来上课。每个项目的试题考核内容都在其各个工作任务的自测题中，在项目的各个工作任务完成后进行，采取了开卷、闭卷相结合的形式考核，将知识点和教学资源共享，以多频互动的方式进行流动性的课内课程有效性评价。

（二）第二维度的课后课程有效性评价：注重过程考核，重视素质评价

"影像档案工程"实验班的课后实训基本是按照小组进行模块化的训练，通过小组练习锻炼学生们的团队合作精神以及职业素养。每个模块练习的成绩由小组得分和个人得分组成，小组得分从项目成果的展示和答辩结果取得，由其他小组、任课教师等对项目共同评分。个人得分在项目完成过程中的表现、参与项目的积极性和主动性、与小组成员协作精神等，由组长、小组其他成员和任课教师共同评分。每个项目发放项目任务书中记录了课后训练完成过程中的一些原始数据，作为课后评价的依据。

（三）第三维度的企业评价：建构"三维"评价模式，推行平台化、阶梯化的培养

在与企业进行深度的校企合作中，主要采取了商业项目考核为主的评价模式，以形成性评价和总结性评价相结合的考评体系，使评价的标准多元化——课程标准、企业标准、行业标准综合运用；评价的内容具体化——学习态度、作品质量、考证结果量化进行；评价的主体立体化——学校、企业、行业共同参与；评价的结果实用化——教学、生产、就业的全贯通。

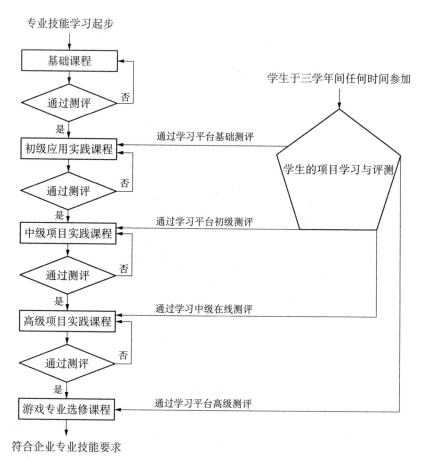

图二　阶梯型课程学习进阶模型

为了引导学生根据自身兴趣和能力选择不同等级或类别的知识和技能,以满足学生个性化发展的需求,我们改变了传统的"时间递进式"分段人才培养模式,依托项目工作室中的项目实践自主学习平台,逐渐建立起"能力本位"的新型人才培养模式。此种模式以学生自身技术能力为依据,达到行业相应的标准和要求后,可自由选择进入不同等级的实训室进行实战项目的学习。学生在经过基础培训中选拔至工作室,在工作室的项目实践中,实行了薪酬制,按劳分配。以"企业化制度""企业化情境""企业化培养"及"企业化激励"来培养和规范学生的职业素质,使学生跨出校门就能在最短的时间内适应企业岗位的任职要求。

(四)第四维度的行业评价:建立网络矩阵,激活行业热点

"影像档案工程"实验班的教学成果把行业实践和行业评价也列入了最终课程有效性评价的模块。把社会反响和效应作为高等职业教育人才培养模式改革的重要切入点,带动实验班课程的调整与建设。实现了课程设置、教学内容和教学方法同步改革,教学要素也实现了多元化和社会化。

虽然我们认同行业评价对高职教育教学质量的评价至关重要,但是行业评价信息的收集、应用也是比较困难的。"影视档案工程"实验班经过 3 年摸索发展,通过信息化手段和 APP 的使用,建构了教学质量行业评价体系和平台,严格按照人员标准、技术标准、现场工作规范、命名规则、安全标准、数据管理等一系列执行操作,形成了全套的指导体系和操作规范。在具体的行业实践的过程中,我专业还指定了 2 名专职老师进行岗位沟通与教学反馈,依托专业开发的 APP 进行多渠道多角度课程有效性评价搜集。

(五)第五维度的社会评价:积极开展社会化服务,反哺学生教学培养

"影像档案工程"实验班,通过选拔的学生均具有较好的专业素

质,在进行社会化服务时,凸显了中坚力量的作用。2016 年、2017年,我们依托上海电视艺术家协会、中国视协纪录片协会等多家机构与媒介,成功举办 2 届"启影"大学生电影节,吸引了上海和其他地区多个参与,同时结合上海的地区优势,打造出了以"创新创业"为主题高校品牌。其中实验班的学生活跃在各个工种和部门,展现出了较高的职业技能和职业素养。与此同时,"影像档案工程"实验班多次参与社会化的服务,用专业影像档案来记录了这个城市近三年的发展和变迁。

对社会评价的重视反哺了课程有效性评价体系的建构。通过社会服务成果类型多样化,我专业教师与学生在社会参与过程中同时积累了丰富教学案例,充实了课程资源和教材资源。将社会服务成果作为知识形态纳入到教学内容,补充了课程内容,同时促进学校结合自身的特点开发特色课程,形成自己的特色,促进了专业和学科建设。

三、多维度课程有效性评价的创新与推广

(一) 依托数字化、可视化的教学资源平台,形成评价与反馈的网络矩阵

"影像档案工程"实验班以移动客户端为依托,构建了课程的数字化、可视化的教学模型,推进教和学的双向优化,不断完善"课前自主学习机制""课堂互动机制"和"课后跟踪反馈机制",推动信息化教育生态系统的形成。

同时,多维度的课程有效性评价也贯穿在移动客户端平台的使用之中。学生在实践中的人员标准、技术标准、现场工作规范、命名规则、安全标准、数据管理等一系列执行操作,均可在线查找、询问、反馈,形成了网络化的全套的指导体系和操作规范。该实验班还进

行了多渠道多角度课程有效性评价搜集与反馈，充分激活了合作企业的热点，形成了多维度、网络化的矩阵。

（二）建构了多元化校企课程有效性评价标准，实现教学、生产、就业的标准互认

在与企业进行深度的校企合作中，"影像档案工程"实验班主要采取了商业项目考核为主体的评价模式，以形成性评价和总结性评价相结合的考评体系，使评价的标准多元化——课程标准、企业标准、行业标准综合运用；评价的内容具体化——学习态度、作品质量、考证结果量化进行；评价的主体立体化——学校、企业、行业共同参与；评价的结果实用化——教学、生产、就业相互认同。

以"企业化制度""企业化情境""企业化培养"及"企业化激励"来培养和规范学生的职业素质，使学生跨出校门就能在最短的时间内适应企业岗位的任职要求。

世界技能大赛对接职业院校实训教学课程建设的探索与思考[①]

王东东

摘要：被誉为"技能界奥林匹克"的世界技能大赛在众多职业技能竞赛中占据主导地位，属于最高层级的世界性赛事，代表着世界一流的技能水平。世赛理念和技术标准正成为各参赛国从事技能人才培训的重要参照依据。本文主要通过总结印刷媒体技术项目历届世赛参赛经验和基地世赛选手培训经验，探索如何更好地将世赛对于技能人才的衡量标准以及对选手的培养方法转化到职业院校实训教学课程建设中，带动专业建设、师资队伍建设和日常实训教学质量提升，以赛促教，有力提升高技能人才培养的有效性。

关键词：世界技能大赛　印刷媒体技术　实训教学　高技能人才

作者简介：王东东，第42届世界技能大赛印刷媒体技术项目铜牌获得者，这一奖项填补了当时中国该项目的获奖空白。现上海出版印刷高等专科学校任教。

目前，我国技能人才总量不高，就业人口中，技能人才占20％，其中高技能人才只占6％，顶尖的工业制造项目人才稀缺，尤其生产一线高技能工人严重缺乏。广泛开展职业技能竞赛活动，有利于快速

① **【基金项目】**本研究成果受2017年度"上海出版印刷高等专科学校高等教育研究所"课题资助。

本文已发表于《印刷杂志》，2018年第7期。

发现和选拔高技能人才。世界技能大赛作为职业技能竞赛中的最高层级的世界性赛事,一方面为各国青年技能人才提供了技能交流与学习的平台,另一方面也为各成员国提供了借鉴学习国际先进经验的机会,促进职业技能培训工作向更高层次发展。国家和各地方省市开展的职业技能竞赛吸引了越来越多的企业和职业院校参与,借助职业技能竞赛来提升人才培养的质量,在社会上掀起了一股"竞赛"热,受到广泛关注。国家层面通过对世界技能大赛等职业竞赛的宣传以及对技能的重视和推广,教育国民,引导舆论,越来越多的家长和学生改变了一定要上名校的观念,认识到学习和掌握一门技能,依靠技能赢得社会和市场的认同也是光荣的事。让更多学生在高考时不光可以选择本科院校,同样可以根据兴趣爱好选择职业技术学校,营造了一个良好的学习职业技能、从事技能工作的宽松包容的社会环境。莘莘学子选择学习技能,从事技能工作,选择为中国制造贡献自己的一份力量,因而对职业院校的教学工作提出了更高的要求。本文通过印刷媒体技术项目的参赛和选拔训练情况谈谈世界技能大赛对职业院校实训教学课程建设的启示,探索世界技能大赛如何更好地对接实训教学建设。

一、世界技能大赛赛场上的"中国现象"

世界技能组织共有 77 个正式国家和地区成员。我国于 2010 年 10 月正式加入世界技能组织,成为第 53 个成员国。自 2011 年中国首次参加世界技能大赛以来,中国技能健儿屡获佳绩,不停地刷新中国在世界技能舞台上的最好成绩。2011 年 10 月,中国首次参加在英国伦敦举办的第 41 届世界技能大赛,中国代表团参加 6 个项目的比赛,获得 1 银 5 个优胜奖。2013 年 7 月,德国莱比锡第 42 届世界技能大赛,中国代表团参加 22 个项目比赛,获得 1 银 3 铜 13 个优胜奖。2015 年 8 月,巴西圣保罗第 43 届世界技能大赛,中国代表团参加 29 个项目，获得 5 金 6 银 4 铜 11 个优胜奖。2017 年 10 月，在党的十九大召开之际，上海不仅成功获得 2021 年第 46 届世界技能大赛的举办权，中国参赛选手同时也向祖国提交了一份令人骄傲的成绩，阿联酋阿布扎比第 44 届世界技能大赛，中国代表团参加 47 个项目比赛，获得 15 金 7 银 8 铜 12 个优胜奖位列金牌榜和奖牌榜榜首，并由工业机械装调项目选手以全场最高分获得"阿尔伯特大奖"。

目前中国已经参加了四次世界技能大赛，参赛项目越来越多，参赛规模越来越大，参赛成绩也越来越好。尤其第四次参赛就取得了金牌榜和奖牌榜第一，令人惊讶。只获得一枚金牌的英国，其媒体惊呼"不可思议"。之前一直雄冠欧洲榜首的瑞士，再次以 11 枚金牌遥遥领先各国居欧洲榜首，但被中国甩到第二位，瑞士《每日新闻报》由此评说：中国令西方工业相形见绌。中国代表团团长张立新在接受采访时说："有惊喜，但不意外。以我国参赛规模和取得成绩来看，均实现了历史性突破，这与我国是世界上第二经济体的地位和实力相吻合。"世界技能大赛作为各成员国交流的平台，从世赛取得的成绩来看，中国无疑已经踏入世界技能竞技第一阵营。而此次取得的 42 枚奖牌大多数来自技工院校和职业院校的学生，世赛中国集训基地在其中发挥了重要作用。经历几届世赛，各项目基地无论是对技术规则、技术文件的研究还是参赛经验方面较之前都有了显著的提升，以世界技能大赛为平台，各项目基地都形成了一套卓有成效的高技能人才培养体系。一方面培养了优秀的世赛选手，另一方面培养了更贴合企业需求的高技能人才。

二、世赛的人才选拔模式的思考

世界技能大赛是各成员国之间交流、展示技术的大舞台，体现了一个国家职业教育的教学成果。作为承担着为国家培养更多的高技能人才的职业院校，肩负着重要的责任。根据世赛对各项目参赛选手的要求,最终能从全国范围内选出来代表国家在世界的舞台上交流,展示所学技能的职业院校学生,某些程度上代表了 22 周岁以下的最好技能水平。那么集中优势资源培训的少数人的成功,能不能代表中国职业院校学生的整体水平? 个别世赛获奖选手能否代表中国职业院校教学的成功?

1. 世赛选手短暂的技能学习过程

对大多数项目而言,一名世赛选手的产生,选拔训练过程至少需要一年半左右的时间。因为世赛对于选手有年龄的要求,除了团队挑战等个别项目,其他项目要求选手年龄 22 周岁以下,按照中国的教育制度,9 年义务教育结束后可以读中职或高中,高中毕业后可以选择读高职高专,所以一名选手接触技能的时间往往很短,从接触技能到参加比赛这个过程不超过 3 年。以印刷媒体技术项目为例,一年级新生开始接触印刷技能,并且在实训中心开始技能认知实训,大一快结束或者大二一开学,学校开始校内选拔训练准备下一届的比赛,大三毕业结束比赛,如图 1 所示。短暂的技能学习时间里培养出的世赛选手,不禁有人要质疑是不是"揠苗助长"。

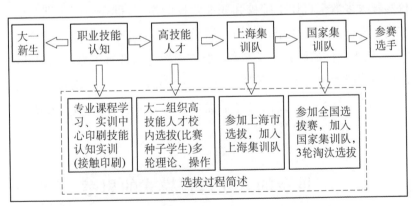

图 1 印刷媒体技术项目选手选拔全过程

2. 集中优势资源的世赛选手

短暂的技能学习时间里培养出能在世赛赛场上取得优异成绩的

选手,离不开国家的重视和倾尽全力的培养。并不是所谓的揠苗助长,某些程度上说可以是集中优势资源的培训的结果。国家对各项目集训基地的建设不仅投入资金而且政策大力支持。学校则成立以校领导为统筹的基地项目管理委员会,以印刷媒体技术项为例,设立基地项目委员会办公室、技术指导组、教练组、宣传材料组、后勤保障组等全方位保障世赛选手的训练,如图2。为了保证选手训练的质量,不仅会采购世赛比赛相同设备和耗材,还会将世赛项目首席专家等国外专家请进来对选手进行技术指导和技术交流,同时也会组织选手出国参加赛前技术交流会。技术专家组、教练组、英语、心理等老师针对选手开发出最科学的训练方案,后勤保障组保障选手的衣食住行。一切都是为了培养出最优秀的选手,让他具备站在世界舞台上的综合素质能力。其实纵观其他国家的世赛集训情况,他们也同样地非常重视比赛,凡是参赛国家和地区,为了世赛都投入了大量的人力、物力、财力,从我们的邻国韩国来看,他们基本上是4年一个周期备战世赛,比我们的训练周期还要长,准备还要充分。

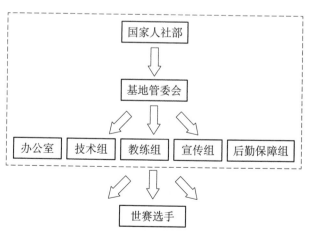

图 2 世赛基地组织架构图

3. 参加比赛的意义是提升人才培养的能力

通过参加世界技能大赛我们在学习借鉴大赛先进理念和经验的同时，应该致力于研究如何更好地将其融入到我们的职业院校实训教学中去。在世界技能大赛上摘金夺银不应该成为我们的唯一目标，而是研究如何借助世界技能大赛，不断提升人才培养的能力。竞赛不应只成为少数人的"游戏"，参加比赛取得成绩和名誉的同时，职业院校更应该深究比赛带来的潜在教学助推力及开展围绕比赛进行的教学质量提升方面的研究。以世赛理念和技术标准为引领，提升职业院校高技能人才培养水平，以世界技能大赛为平台，推动职业院校教育教学质量全面提升。

三、依托世界技能大赛平台搭建实训教学平台

世界技能大赛的竞赛理念、技术标准、比赛规则、工作流程和组织方式都代表了当今职业技能领域发展的先进水平，依托世赛平台搭建的中国集训基地，经过多年的参赛及赛后总结，对技术文件、技术标准有了深刻的研究，世赛集训团队的建设逐渐完善，形成了一套卓有成效的人才选拔培养机制。依托世界技能大赛平台，借鉴世赛中国集训团队建设经验，以赛促教、以赛促建搭建职业院校实训教学平台，建设一支高水平、综合型的实训教学团队。

1. 以世赛为平台的实训基地建设

世界技能大赛代表职业技能发展的前沿水平，其考核模块设置、考核机型选择均具有一定的代表性。以印刷媒体技术项目为例，数码印刷这些年来发展迅速，在整个印刷市场上占据的份额也越来越大，所以相应的数码印刷权重在世赛中所占的比例也越来越大（最初的几届印刷媒体技术项目甚至是没有数码印刷的），而模拟印刷、专色墨调配等项目比重逐步减小。根据世赛对于新技术、新技能、新设备的要求，引进世赛考核设备海德堡 SM52、理光数码印刷机等一系

列大赛相同设备及其他辅助软硬件设施，并参照世赛对于考核场地的设置，真实模拟世赛场景搭建实训基地平台，硬件设施齐全的实训基地平台，是保障职业院校学生实训实习的前提基础。

2. 世赛技术标准、技术文件融入到专业课程标准、实训教学

世赛技术文件详细地描述了对各参赛项目选手的综合素质要求，包括技能要求、职业道德与素养、环境与安全等。每项要求都有专门的文件具体详细地说明，对课程开发设计和课程标准编制有很大的借鉴之处。技术文件是由各国技术专家根据该项目技术发展现状、发展趋势等，一起研讨出的一份关于下一届大赛的技术方向、出题范围的文件。每一届世赛对选手的技术要求都不是千篇一律的，都是根据行业最新的发展需求，制定竞赛考核范围。按照世赛的要求职业院校应进行科学的规划，将新技术引入到课程标准中，研究新技术、新标准，设计新的课程体系，包括课程建设、资源库建设、实训基地建设等。44届印刷媒体技术项目比赛过程中，世赛专家组在胶印模块换了一种考核方式，将印刷企业对于印刷品的质量控制要求融入到了世赛考核过程中，令很多选手措手不及。起印OK样质量要求色彩颜色达标70%、套准达标、无明显重大弊病(如干版)。任何一项出问题不准许生产，也就是说三项中任何一项达不到标准，直到时间结束OK样都交不出的话作为零分处理。此次改革并没有新技术，只是把企业对于交付样的标准融入了，要想开机生产成品，必须要达到客户要求并按签样起印。此项改革更加贴近了企业标准，而每当世赛结束后，职业院校在实训教学中应该将世赛考核过程中的改革及其他新方式考核、新技术要求融入到日常训练要求中。

3. 世赛考核题目转化为相关课程的学习任务

世赛比赛题目的设立很具有代表性，将考试样题与正式试题转化为学习任务设计。世赛竞赛题目是由世赛项目专家根据行业技术工人实际生产工作而设立的，考虑了工作任务的代表性、技术工艺的先进性、使用材料的新颖性等，与企业发展和技术革新紧密相连。印刷媒体技术项目施工单包含了对于工艺、质量、材料、安全与规范、环

境保护等方面的要求，在实训教学过程中将世赛题目稍加转化，将世赛在考核方面的要求融入到日常实训学习任务中去，对学生施以技能水平提升训练，能有效提升技能训练效果。印刷媒体技术项目中胶印的考核方式有很多，如单面四色产品印刷、单面四色产品印刷（中间换版）、单面四色产品两色叠两色印刷、专色产品印刷、正面四色反面一色产品印刷等，总结历届印刷媒体技术项目施工单，可以将具有代表性的胶印考核方式转化到日常实训教学任务中。

4. 世赛的评分系统为教学评价提供借鉴

世赛考核过程中将每一个考核模块都细化了，将考核过程细化成一个个小的考核点并加以配分，以印刷媒体技术项目为例，最低考核点配分为 0.5 分，如图 3，胶印模块部分评分细则。世赛 CIS 评分系统是一个非常科学、精确的评价体系，该评分系统不光评价选手的技能，还评价选手的整个工作过程，例如选手对工具的使用与放置、安全防护措施的执行、环境保护意识与职业道德素养等。CIS 评分系统对选手完成过程的全面细致考核而形成的评价结果的方法，可以应用到实训教学专业教学评价中，对我们的一体化课程教学体系评价有着积极的借鉴作用。引用科学的评价体系世赛 CIS 评分系统

Aspect - Description	For Objective Assessment Only		Max Mark
	Requirement or Nominal Size	Add - (Extra Aspect Information)	
Adjusting and programming the Feeder and side guide and pap	Yes	No need help = 2 marks , Need help = 0.00 marks (30	2.00
Paper control	Yes or no	check the thickness - record	1.00
Adjusting the Delivery	yes/no	No need help = 0.5 marks, Need help = 0.00 marks	0.50
undisturbed automatic paper delivery during production run	nr of stops	0-1 stop = 2 marks, 2-3 = 1.0 marks, 4 or more = 0.00	2.00
Adjusting the powdering device	yes/no	Check powder level before printing	0.50
Mounting plates	Yes/no	No need help = 0.5 marks, Need help = 0.00 marks	0.50
Identifying and show OK- sheet to the experts before printing a	Yes/no	Also counter is set zero, Yes = 1marks , No = 0.00 ma	1.00
Monitoring and adjusting registrations during printing	Yes/No	Yes - 0.5 marks , No = 0.00 marks	0.50
Monitoring ink density values during printing	nr of times	More than 3 times = 1mark , 1-3 times = 0.5 mark, 0 tin	0.50
Delivery pile is suitable for following phases		No visible defiency, 1-5 shts -0.5 marks, +5 shts -1.0 ma	1.00
Cyan Density of Press OK sheet = to 1.55 +- 0.07 all spots in	nr of spots outside	0 spots out = 1.0mark , 1-7 spots out 0.5 mark, >7 spo	1.00
Magenta Density of Press OK sheet = to 1.50 + 0.07 all spo	nr of spots outside	0 spots out = 1.0mark , 1-7 spots out 0.5 mark, >7 spo	1.00
Yellow Density of Press OK sheet = to 1.45 +- 0.07 all spots	nr of spots outside	0= 1.0, 1-7 spots out 0.5, >7 spots 0.0	1.00
Black Density of Press OK sheet = to 1.85 +- 0.1 all spots ins	nr of spots outside	0 spots out = 1.0mark , 1-7 spots out 0.5 mark, >7 spo	1.00
Consistency of all six sheets - Cyan Density +- 0.07 all spots	nr of spots outside	0 - 25 spots = 1.0 mark, 26 - 50 =0.5 mark, >50 = 0.00	1.00
Consistency of all six sheets - Magenta Density +- 0.07 all sp	nr of spots outside	0 - 25 spots = 1.0 mark, 26 - 50 =0.5 mark, >50 = 0.00	1.00
Consistency of all six sheets - yellow Density +- 0.07 all spots	nr of spots outside	0 - 25 spots = 1.0 mark, 26 - 50 =0.5 mark, >50 = 0.00	1.00
Consistency of all six sheets - Black Density +- 0.07 all spots	nr of spots outside	0 - 25 spots = 1.0 mark, 26 - 50 =0.5 mark, >50 = 0.00	1.00

图 3 胶印模块部分评分细则

到实训教学中,不仅可以帮助我们科学地对学生进行评价,还能为我们培养更加切合企业需要的人才,提升人才培养的质量。

5. 借鉴世赛集训团队建设经验搭建实训师资队伍

中国加入世界技能组织以来,已经参加了 4 届世界技能大赛,很多项目积累了都较为丰富的参赛经验,慢慢搭建了一支技艺精湛、经验丰富、敬业奉献、精益求精的专家教练团队。一名走上世界舞台上的选手,不仅需要掌握高超的技能,还需要具备一定的英语、体能、心理等综合方面的能力。所以通常结构合理的世赛团队由技术指导专家、技术翻译、教练、企业专家、心理辅导老师等构成,针对选手进行技能、体能、英语、心理等全方面的培训,如技术专家组根据世赛技术文件及世赛论坛各国专家提议的下一届考题研讨制定出培训方案,教练组根据方案制定出合理的训练计划对选手实施训练,技术翻译负责选手专业英语与日常口语,心理老师定期开展心理培训。这种科学、全面的教练团队及培训方式,保证了选手的综合能力能在较短的时间内快速、全面地提升。参加比赛不是目的,单一化的人才培养模式也不是目的,目的是通过比赛引领让更多人受益,更好地促进职业院校人才培养,培养出更多的高技能人才。将世赛集训团队的成功建设经验转化到日常实训教学的师资队伍建设中,必能有效地提升职业院校人才培养的质量。借鉴世赛集训团队建设经验搭建一支结构合理的实训师资队伍,则可为学校、行业培养更多的高技能人才。

四、结语

生活在尊重技能、崇尚工匠精神的伟大时代里,会有越来越多的人改变"学而优则仕"的观念投身到技能劳动工作中来,职业院校承担着为国家培养更多的高技能人才的历史使命。作为为企业输送高技术人才的桥头堡,职业院校应以世界技能大赛为契机进行教学改革,提升人才培养的质量。世界技能大赛的竞赛理念、竞赛标准、竞赛文件、竞赛组织和流程等为职业院校高技能人才培养方式改革指引了方向,借鉴世赛选手培养方式的成功经验,研究如何将这种模式更好应用到职业院校人才培养模式上,促进职业院校教学改革和实训平台搭建。一个世赛获奖选手解决不了顶尖工业制造项目人才紧缺问题,只有培养了千千万万个世赛选手水平的学生才能真正助力中国工业的腾飞。

如何提升大学生"形势与政策"课获得感

郭 凯[①]

摘要：获得感是衡量"形势与政策"课教学质量的一个重要标准。提升大学生在"形势与政策"课上的获得感，需要做到理论与实践相结合、个人发展与国家发展相结合、知识讲授与道德教育相结合。学校要高度重视"形势与政策"课的教学工作、强化价值引领、创新教学方法、丰富教学内容，做到以学生为本。

关键词：大学生 "形势与政策"课 获得感

中图分类号：G641　　　　　**文献标识码**：A
作者简介：作者简介：郭凯，硕士研究生学历。上海出版印刷高等专科学校印刷设备工程系教师。研究方向：课程思政。

2018年4月教育部印发《教育部关于加强新时代高校"形势与政策"课建设的若干意见》，强调"形势与政策"课是融理论性、针对性、教育性于一体的一门高校思想政治理论课，是帮助大学生正确认识新时代国内外形势、深刻领会党和国家事业发展的历史性变革、取得的历史性成就、面临的历史性机遇和挑战的核心课程，是第一时间推动党的理论创新成果进教材、进课堂、进学生头脑的权威平台，也是

① **【基金项目】**本研究成果受2018年度"上海出版印刷高等专科学校高等教育研究所"课题资助。
本文发表于在《人民论坛》，2018年9月。

引导大学生准确理解党的基本理论、基本路线、基本方针的重要
渠道。

"形势与政策"课在大学生
思想政治教育中担负重要使命

"形势与政策"课是高校思想政治理论课的重要组成部分,是
对学生进行形势与政策教育的主渠道、主阵地,在大学生思想政治
教育中担负着重要使命。首先,进行形势与政策教育是国际国内
形势深刻变化的要求。目前,我国面临着复杂多变的国内外环
境,形势的变化要求我们加强形势与政策教育。其次,加强形势
与政策教育是提高大学生素质的需要。大学生正处在世界观、人
生观、价值观形成的关键时期,容易受到各种社会思潮的影响,通
过"形势与政策"课的学习,可以帮助大学生增强辨别是非的能
力。最后,加强形势与政策教育是实现人才培养目标的需要。
"形势与政策"课能帮助大学生更好地理解党和国家的路线、方
针、政策。

目前,在高校"形势与政策"课的教学过程中还存在一些不足,影
响着大学生在"形势与政策"课上的获得感。首先,一些学校对于
"形势与政策"课的重要性存在认知偏差。高校的"形势与政策"课
多由辅导员来承担具体的教学工作,然而辅导员平时的事务性工
作较多,没有足够的时间来准备"形势与政策"课的教学。其次,教
学人员不足且缺乏专业的培训。"形势与政策"课涵盖的知识范围
广,又具有较强的时效性。课程教学要求较高,若不加强相关培
训,教师很难具备一定的教学水平。同时,在教学方法、教学态度
等方面,一定程度上还存在着影响大学生在"形势与政策"课上的
获得感的因素。

提升大学生"形势与政策"课
获得感需要做到"三个结合"

理论与实践相结合。讲好政治理论是上好"形势与政策"课的基础,也是"形势与政策"课教学创新的前提,为了使学生更好地理解理论,高校还应加强课外实践。只有经过实践,学生才能更好地理解和掌握理论。例如在讲抗战胜利纪念活动这个专题的时候,学校可以组织学生到抗战遗址参观,并进行现场教学,让学生深刻体会抗战的激烈和残酷,珍惜来之不易的和平,更好地领会全民族抗战的伟大意义,并组织学生讨论,深化对主题的理解。

个人发展与国家发展相结合。把个人理想与中国梦紧密结合在一起,才能实现自己的价值。比如,在进行"改革开放40周年"专题讲解的时候,让学生对家乡旧照片与新照片作对比,并通过故事的讲述,让每个学生感受到改革开放带来的巨大变化,认识到个人的发展离不开国家的发展,个人的命运同国家的命运紧密相连。只有国家发展了、强大了,人民才有更美好的生活。国家的发展为个人的发展提供了机会,个人的发展是国家发展的前提。要让学生充分认识到只有积极投身于国家的建设,才能够实现自身的价值。

知识讲授与道德教育相结合。"形势与政策"课不仅要把知识点讲深讲透,更要引导学生用马克思主义的立场、观点和方法来分析问题和解决问题,树立正确的世界观、人生观和价值观,具备透过现象看本质的能力,实现知识传授和价值观引领的统一。

不断提升"形势与政策"课的教学效果

高度重视"形势与政策"课的教学工作。为了更好地提升"形势与政策"课的教学效果,高校可开展形式多样的教学竞赛、教学评比活动,激励教师创新教学方式、提高教学实效性。学校应制定相应的教学管理规定,保证"形势与政策"课教学的规范性。

强化价值引领,紧跟主旋律。"形势与政策"课需要加强社会主义核心价值观的引领。社会主义核心价值观是中华民族的精神之"钙",是当代中国的兴国之魂。通过讲深讲透社会主义核心价值观的内涵和本质,让大学生认识到社会主义核心价值观符合中国国情和传统文化,是人民所想、时代所需的精神支柱。自觉运用社会主义核心价值观武装头脑,并抵御各种负面思潮的冲击,有利于大学生坚定文化自信。

要以学生为本,突出学生的主体地位。"形势与政策"课的讲授对象是学生,教学工作的出发点和落脚点是学生的需求。在注重思想引导和价值引领的同时,要多从学生角度思考问题,做好授课内容调查分析。对于他们关心的问题,我们要讲深、讲透;对于他们迷惑的问题,我们要帮助厘清;对于他们感兴趣的问题,我们要调动他们的积极性。

采用小班教学,调动学生积极性。目前,由于"形势与政策"课的师资有限,很多高校采取大班授课。大班授课存在一定程度的弊端,学生难以真正参与课堂互动,导致其积极性不高。因此,采用小班授课是高校努力的方向,小班教学不仅能加强教师与学生之间的互动,调动学习的积极性,而且能够深化教学内容。

改进考核评价体系,建立全面、多元的考核评价体系。为调动学生的学习主动性与积极性,培养学生的创新精神,高校应加强对学生课程学习的考核,除了考试的形式,要更加侧重对学生综合素质的全面考察,培养学生的实践能力以及对问题的思考和钻研能力,充分发挥学生的创新精神和创新能力。考试的试题应适当增加开放式题型,重点考察学生独立思考问题的能力和理论联系实际的能力。

创新教学方法,丰富教学内容。随着时代的发展,教学方法也要适应时代的变化和要求。"慕课"作为从国际一流大学发展起来的一种全新的知识传授模式和学习模式,在我国得到了一定程度的普及。

在"形势与政策"课的教学中利用"慕课"可以集中优势资源,开发共享优质课程,从而提高"形势与政策"课的教学质量,提升学生的获得感。此外,还可以借鉴"翻转课堂",利用"线上"和"线下"相结合的教学方式。在"翻转课堂"的模式下,学生首先观看"形势与政策"课的视频,然后再进行课上讨论、互动,从而将知识内化于心,外化于行。在教学内容方面,"形势与政策"课教学要做到常讲常新,通过建立一个贯穿大学教育全过程的课程教学体系以及建立"形势与政策"课的教学资源库,不断扩充相关的案例和视频。"形势与政策"课还需要建立一支高水平的教师队伍,保证"形势与政策"课的教学质量。针对每年更新的内容,加强对教师的培训,培训可以分专题进行,分成国内形势专题组、国际形势专题组、发展成就专题组、社会热点专题组等,组成各专题的讲师团,并适当聘请一些相关领域的专家作为兼职教师,以更好地提升教学水平。

参考文献:

［1］《习近平:把思想政治工作贯穿教育教学全过程》,新华网,2016 年 12 月 8 日。

［2］《教育要提高群众满意度扩大受益面》,中国教育新闻网,2017 年 4 月 29 日。

印刷包装专业知识点技能点体系数据库的构建[①]

杨晟炜

摘要:研究以"知识点"和"技能点"为核心的体系结构对于制定专业人才培养方案,制定课程大纲和授课内容、实施课堂教学、进行教学质量评估、学生能力评估等有着重要作用。本文对印刷包装专业知识点、技能点的三个维度和体系结构进行分析,并在此基础上构建了印刷包装专业知识点技能点体系数据库。

关键词:知识点　技能点　数据库

作者简介:杨晟炜,博士,上海出版印刷高等专科学校印刷包装工程系专业教师。

一、前言

"知识点"是课程教学中的基本单元,"技能点"是掌握某项技能所需的相对独立的最小单元。在高职教育和应用型本科教育中研究以"知识点"和"技能点"为"微教学单元"的教学策略,对于制定专业人才培养方案,制定课程大纲和授课内容、实施课堂教学、进行教学

---

① **【基金项目】**本研究成果受 2018 年度"上海出版印刷高等专科学校高等教育研究所"课题资助。

　　本文发表于《上海包装》,2019 年 4 月,第 290 期。

质量评估、学生能力评估有着重要作用。[1]

目前各大高职院校开展教学资源库的建设工作证明了信息化对于教学手段改造的迫切性。但目前专业教学资源库建设也存在着一定的问题,主要表现在:

(1) 对于课程的知识点和技能点梳理不足

在制定培养方案和教学大纲的过程中,并没有将每门课程所包含的知识点和技能点进行梳理,因此可能会出现同一个知识点在不同课程中重复或缺失一些知识点技能点的现象,从而造成课程之间的衔接不足,或培养体系中部分环节的缺失。

(2) 对于知识点和技能点的研究不足

在对知识点和技能点的研究过程中,通常只关注知识点和技能点的名称或描述,但对于知识点和技能点的相关属性,例如知识点技能点的层次,是否需多次讲授或存在于某门课程中时,需讲授到何种程度等,均没有体现。

(3) 知识点技能点之间的联系不够

目前的知识点和技能点都还是一门课程中的知识点和技能点,不同课程之间的知识点和技能点之间的相互关联、某个知识点和技能点的前序和后续知识点、技能点等均没有涉及,造成知识点技能点各自独立,不能形成一个谱系。[2]

基于以上原因,本文对知识点和技能点的属性、不同课程间知识点和技能点的交叉谱系关系进行分析,设计印刷包装专业知识点技能点体系数据库的模型,对于课程甚至于专业培养方案体积的架构有着较大意义。

二、 知识点技能点体系结构研究

对知识点、技能点体系结构的研究主要包括知识点、技能点的划分维度研究和结构关系研究。

1. 知识点、技能点的三个维度

构建知识点、技能点体系的基础是对知识点和技能点进行抽象分析和合理描述，根据实际教学中的需求，我们对知识点、技能点从粒度、掌握层次、分类三个维度进行划分。

（1）粒度

粒度是从知识点技能点所包含的内容多少进行描述的维度，虽然知识点、技能点是教学过程中的最小单元，但在制定专业人才培养方案体系、课程体系时，我们需要从整体和细节上分别进行考量，因此需要对知识点、技能点进行不同粒度的划分。在本项目中我们将知识点（技能点）划分为一级知识点（技能点）、二级知识点（技能点）和三级知识点（技能点）。其中一级知识点（技能点）包含的内容最多，粒度最粗。

（2）掌握层次

掌握层次从教学过程中学生对该知识点、技能点的掌握程度进行描述。同一个知识点在不同专业、不同课程中也可能有着不同的掌握程度，例如 ICC 色彩管理流程，在色彩原理与应用课程中，学生只需要知道有这个概念就可以，但在色彩管理课程中，则需要掌握其具体的原理和操作流程。

本项目中将知识点划分为了解、熟悉和掌握三个层次：

"了解"表示对该知识点有所认识，但这种认识可能是局部的或点状的，无需记忆，当谈及这些知识时，能意识到自己知道；

"熟悉"表示能够理解该知识点的概念和主要内容，需加以记忆；

"掌握"表示在理解的基础上，完整叙述该知识点的全部内容，能够找到与其他知识点之间的联系，将点状知识点连成线，并解决实际问题。

技能点划分为了解、掌握、熟练掌握三个层次：

"了解"表示对该技能点有所认识，无需实际操作；

"掌握"表示能够理解该技能点的运用方法，经过练习和模仿能够完成某项任务；

"熟练掌握"表示在掌握的基础上,脱离模仿,独立完成某项任务。

（3）分类

分类是从专业教学角度对知识点、技能点进行描述。主要分为通识基础类、通识核心类、通识扩展类、专业基础类、专业核心类、专业扩展类六种类型。其中通识类主要针对通识课程,专业类主要针对专业课程。

2. 知识点、技能点的结构模型

知识点、技能点的结构应当是在具有层次关系的树状结构基础上,增加知识点间的一些联系,从而构成一个以树状结构为基础的网状结构。[3]在整个知识点结构模型中,知识点之间的联系是最为重要的,我们可以把知识点之间的联系归纳为以下四种:

父子关系:父知识点包涵一系列子知识点。父知识点往往是一些子知识点的概括。父子关系更多地存在与类似于一级知识点与二级知识点这样不同粒度的知识点之间。

兄弟关系:同一父知识点下的子知识点之间的关系,它们比较相近,关联比较密切。

顺序关系:某一知识点的顺序知识点是指在学习这一知识点之前须具备或学习的知识点。它们是学习这一知识点的基础。依赖关

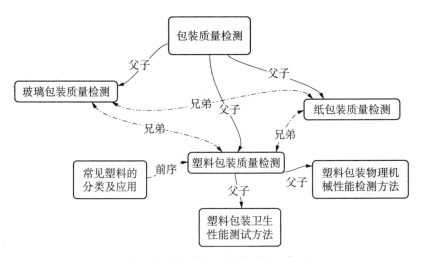

图1 知识点、技能点结构模型示意图

系可以很好地描述前序和后续关系。

参考关系：与某个知识点相似的知识点，这些知识点对学习某个知识点有着重要的参考价值。

父子关系和兄弟关系是两种最为重要的关系，它们是构建知识点树状结构的基础。而依赖关系和参考关系丰富了知识树的内容，用这两种关系来描述知识点间的关联关系。这样就构成一个具有简单的语义网络形式的知识点结构模型。在这样的模型基础上，将特定学科的知识点罗列出来，并按照知识点间的关系组织起来，就可以方便地构建出这门学科的知识点结构图。

在人脑中，知识存储结构是一种知识点网络结构。人们在分析和解决问题的时候，并不是顺序地搜索人脑中所有的知识点，而是根据问题本身，联想某些知识点，这种联想可视为在知识点网络上进行搜索。因此，人记忆中保持的信息量大小与知识的有序化、网络化程度有关，采用网络结构来组织知识是符合人的认知方式的。

三、知识点技能点体系数据库的构建

1. 数据库选型

当前数据库主要分为关系型数据库和非关系型数据库两大类。

关系型数据库指采用了关系模型来组织数据的数据库。关系模型指的就是二维表格模型，而一个关系型数据库就是由二维表及其之间的联系所组成的一个数据组织。

非关系型数据库指非关系型的、分布式的，且一般不保证遵循ACID原则的数据存储系统。非关系型数据库以键值对存储，且结构不固定，每一个元组可以有不一样的字段，每个元组可以根据需要增加一些自己的键值对，不局限于固定的结构，可以减少一些时间和空间的开销。

关系型数据库和非关系型数据库都有它的特点，其中关系型数据库的优点在于：二维表结构是非常贴近逻辑世界的一个概念，关系模型相对网状、层次等其他模型来说更容易理解，使用方便且易于维护。

非关系型数据库的优点在于成本低，查询速度快，存储格式是键值对的形式、文档形式、图片形式等，可以存储基础类型以及对象或者是集合等各种格式，且非常容易水平扩展。

针对未来基于该数据库的平台应用功能考虑：

（1）平台的业务逻辑和功能需求还会不断扩展，例如：知识图谱的构建、知识库的构建等，对于数据结构的扩展和改动会比较大；

（2）平台的最终目标是形成知识点、技能点的点谱模型，数据量会比较大；

（3）平台中的专业、课程、知识点之间存在一定的关系型联系，因此也需要用到关系型数据库中的部分功能。

本文采用了非关系型数据库中的 MongoDB 数据库进行数据库构建。MongoDB 是一个介于关系数据库和非关系数据库之间的产品，是非关系数据库当中功能最丰富、最像关系数据库的。它支持的数据结构非常松散，是类似 json 的 bson 格式，因此可以存储比较复杂的数据类型。Mongo 最大的特点是它支持的查询语言非常强大，其语法有点类似于面向对象的查询语言，几乎可以实现类似关系数据库单表查询的绝大部分功能，而且还支持对数据建立索引。

2. 数据库的构建

在关系型数据库的建立中，有三个基本的概念，分别是数据库、数据表和记录。数据库是整个软件或者应用的数据总集，数据表用来反映某一个数据的关系，记录指的是数据表中的一条内容。在MongoDB 数据库中对应的也有三个概念，分别是数据库、集合和文档，分别与关系型数据库中的数据库、数据表和记录对应。

本项目的数据库名称为 sppc_graph，根据本项目的需求，结合我校教务系统中对于专业、课程等关系处理，本数据库建立了专业、课程、培养方案、知识点技能点四个集合。各集合中所包含的主要字段包括：

表1　专业集合主要字段说明

名称	定义	说明
major_id	专业编号	
major_name	专业名称	
major_nickname	专业简称	
grade	年级	
level	培养层次	全日制、中高职贯通
department	所属系部	

表2　课程集合主要字段说明

名称	定义	说明
course_id	课程编号	
course_name	课程名称	
curriculum	课程性质	公共必修、专业选修等
type	课程类型	纯理论、理论＋时间等
credit	学分数	
period_total	总学时	
period_theory	理论学时	
period_practice	实践学时	

表3　培养方案集合主要字段说明

名称	定义	说明
major	所属专业	对应专业集合的 major_id
semester	开课学期	
course	课程	对应课程表的 course_id

表4　知识点技能点集合主要字段说明

名称	定义	说明
id	编号	
type	类型	知识点、技能点
name	名称	
description	描述	
particle	粒度	一级、二级、三级
level	掌握层次	了解、熟悉、掌握等
category	分类	通识基础、专业核心等
parents	父节点	表示父子关系
sibling	兄弟节点	表示兄弟关系
forward	后续节点	表示顺序关系中的后序
backward	前序节点	表示顺序关系中的前序
reference	参考节点	表示参考关系

四、小结

本文所研究的知识点、技能点数据库的构建,抽象出了知识点、技能点之间的联系,建立了知识点、技能点数据库,本文的研究成果能够有效梳理专业、课程中的知识点、技能点图谱,为课程建设、培养方案制定、人才培养做好决策。

参考文献

[1] 张春飞、孙元、王成喜. 基于知识点拓扑结构的个性化学习模式研究[J]. 教育教学论坛,2018.10(41):186－187

[2] 薛昕惟、赵小薇等. 专业课程群知识图谱可视化平台的设计与现实[J]. 实验室研究与探索,2018.7(37):102－105

[3] 罗学明、陈一. 我国包装产业大数据知识图谱的构建[J]. 包装学报,2018.4(10):88－93。

教学管理

高职高专院校教学全面管理体系的构建[①]

王彩虹　付婉莹

摘要： 本文分析了我国高职院校教学管理的现状，通过把经济学上的全面管理体系与高职院校的教学管理规律相结合，从教学管理的基本规律出发，构建高职教学全面管理体系。依据现代经济学管理思想，以高职院校学生需求为核心，提出决策系统、计划系统、实施系统和改进系统。

关键词： 诊改　高职院校教学　全面教学管理

作者简介： 王彩虹，博士，上海出版印刷高等专科学校讲师。付婉莹，硕士，上海出版印刷高等专科学校副教授。

在经济时代的当下，经济可持续发展急需大量技能型人才。技能人才必须依靠高职院校的教育来培养，因此高职教育是给社会输送人才的加工厂。我国高职教育受到各方面内、外部环境压力，教育者和教学管理者专注于如何提高技能型人才的培养的质量，本文提出了将经济学上的管理方法用到高职教学管理上可以提高人才培养的质量。教育部办公厅为了在全国高职院校推进教学工作的诊断与

① **【基金项目】：** 本文系上海出版印刷高等专科学校高等教育研究所课题主体性成果（编号：SPPCGJS-2017-03）、印刷设备应用技术（印刷商务）骨干专业建设（编号：YA1-0322-18-02-01y)和生产性印刷电子商务实训室项目。

本文发表于《中国集体经济》，2018年第2期。

改进制度,提出了"诊改",全称为"诊断与改进"。高职院校要根据自身的办学理念、办学定位、人才培养目标、质量监控体系等方面查找不足并不断提高教学质量的工作过程。

一、高职院校教学管理体系存在的问题

1. 高职院校教学管理乏力

随着现代教育教学的发展,传统的教学管理理念不能满足教育质量提高的要求。在教学过程当中,学生可以看作是经济学上的消费者,也是经济学上的生产者。在老师和学生的共同积极互动下生产出教学"产品",同时学生又是产品的消费者。把教学过程作为经济学上生产过程,它是无形的,而且无法按照标准教学统一。教学过程根据课程、授课的学生、授课的地点不同而变化。我们不能用简单测验方法量化教学的质量和价值去评价教学的质量。在传统的教学过程中,教师在课堂上的教学起主导作用,而学生的"学"确实是被动的。学校非常注重教师自身素质和业务能力,却忽视了学生学习方法、学习的态度、学习环境等方面的改善。传统教学管理方式通过"学校—系部—老师"的行政组织,按着国家教育的政策实施教学,主要依靠增加教师、教学投入等要素提高教学质量。这种传统管理模式不能满足当代教育教学多样性的要求。教学上的教育教学方针的单一性不能满足各个专业的培养需求,管理方式不能充分调动教师的积极性。传统的教育管理方法中,只有上层管理机构才可以制定管理目标,教师作为具体执行者,却不能参与教学培养目标的制定。教育管理方法主要依靠行政手段逐级执行管理者的决策,通过行政约束力来管理教师、教学实施以及教学计划的执行。传统的教学管理方法是以"目的—标准—实现"为主要模式。

2. 高职院校未系统制定教育计划

各部门一般按照自己的培养目标分别制定各自的计划,并没有系统地考虑各部门的共同教学需求。教学计划并未结合各系部情况与职能部门的职责制定教学计划体系。各个部门和系部缺少相互的协调,接收到的学校的总体教学质量要求是被分解的。传统的教育教学计划体系建立在教学总目标初步分解的基础上,并没有对各职能部门和系部做有机整合。各职能部门和系部教学安排缺乏紧密衔接。分解的教学计划把整个教学体系也进行了拆分,使教学资源不能充分利用。传统的教学管理只重视提高教学各项投入,不断增加教学投入,而并不关心教学投入效率的高低。这样有的部门教学投入不足,有的部门教学投入高却利用率低。教学计划由于非常重视教学环节以至于与教学过程的结合不够紧密。以"目的—标准—实现"为教学模式的现行教学管理模式过于注重教学环节,忽略了教学质量的过程性。在现行的教学模式下学校制定的教学工作计划,以结果为重,忽视过程。学校培养的学生达不到教学要求不可能重返学校重新生产,造成了成本管理的增加、高不合格率、错误未能及时纠正等问题。

3. 高职院校教学管理力度不够

在教学过程中,系部和教师是专业建设、课程建设和日常教学的工作安排的具体执行者,是教学质量提升的保障者,而目前的教学管理组织架构是教学计划的制定者却不是系部和教师,不利于提高教学积极性。教学管理者根据总体教学目标制定培养目标与教学内容,层层下达,系部教师被动执行教学计划,教师不认同上面传达的这种教学目标,未能全心地投入教学,出现消极怠工的现象。"目标—执行"的多层教学管理,教学实施的力度不够。教学目标的实施是在各级部门间逐级展开"目标—执行"的教学管理模式,把学校教学培养目标按照"校级教学总体目标——系部(教研室)分目标——个人(教师、学生)分目标"逐层拆分、下达。在这种模式下培养目标的信息会出现不连续和误解等问题。各部门培养目标之间的联系通过行政管理方法维持,上层管理部门与各系部缺乏联系。教学监督的作用不能充分发挥,评价制度不够完善。督导只是起到监督的作用,而没有起到导学的作用!

二、构建高职院校教学管理系统

(1) 建立全面教学管理思想,在"教师和学生"为顾客基础上建立全面教学管理系统。

由于教学管理的老师和学生、管理的过程、管理的目标等因素非常特殊,再加上对高职高专院校的教学需求发生了变化,传统的行政教学管理模式不再适应当代教学管理的需求。高职院校教学管理系统需要在现代教学管理学思想指导下,在全校开展和建立以"教师和学生顾客"为中心的全面管理系统的观念。根据高职院校教育目标与高职院校的特殊性,把高职院校的"教师和学生顾客"分为内部顾客和外部顾客,如图1所示。

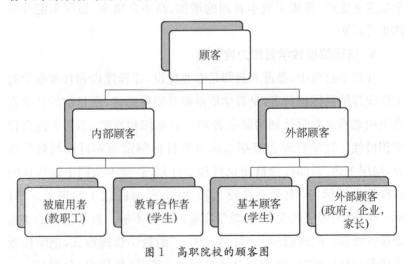

图1 高职院校的顾客图

高职院校的内部顾客主要是指学校内部的教职工和教学的对象学生,外部顾客主要指教学管理者、行业企业、家长等。全面管理系统首先要求学校确定自己的顾客是谁,从经济学角度来说学校要做到让顾客满意。因为学校的发展是以学生和教师的发展为核心的,所以学校要让顾客满意,最基本的就是让学生和教职工满意。这样,高职院校首先要区别看待顾客,不同的顾客满足不同的需求,协调各部门的教学工作,树立经济学上的实现顾客价值的教学管理思想。学校通过重新整理教学目标与学校发展定位、管理方针和管理过程来建立这种管理思想。

(2)建立扁平化教学管理组织结构,满足不同教学质量需求。

由"学校—系部—老师、学生"组成的传统教学管理组织结构属于层级管理结构。高职院校通过利用信息管理平台,搭建扁平化的教育教学管理组织结构。扁平化组织结构如图2所示。

各级教学部门通过教学管理信息平台可以进行多方面、有效、流畅的信息传递和处理。扁平化

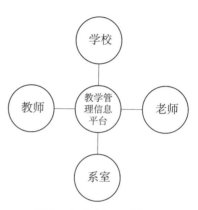

图2 扁平化组织结构图

教学管理组织结构有效地减少了管理部门,管理更快捷,降低了管理成本,而且系部教师和学生能准确获取、及时处理教学计划,有效监督教学质量,为教学管理者制定客观的教学目标提供可靠的依据。

(3)建立以教师和学生为基础的决策管理系统。

高职院校的决策管理内容有教学与行政两部分。行政管理权通过各级的行政管理部门通过层级的组织结构来实施,主要是给决策系统提供指导和保障。教学管理权主要是由学校、系部组成的教学指导委员会行使。在决策管理系统中教学管理和行政管理的角色非常明确,各尽其职,能充分发挥两者的积极性,这样能够提高教学管理决策的水平。全面教学管理以教师和学生顾客为中心,组织决策必须以教师和学生顾客为出发点,在管理决策结构的上层。以教师学生为顾客的决策管理系统是一个倒金字塔的决策管理结构,如图3所示。全面管理的倒金字塔结构是根据学生、老师的需求,制定培养

目标和计划。学生、老师是学校的最基本的顾客,所有的教学活动都应该围绕着学生和老师展开工作,所以学校决策系统最上层是老师和学生。倒金字塔教学管理结构充分发挥了以教师学生为顾客的全面教学管理思想,搭建了全面领导、各部门参与、互利、基于教学质量的现代教学管理系统。

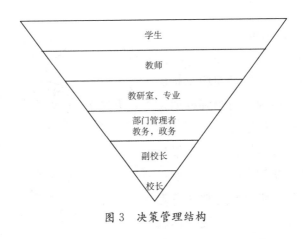

图 3 决策管理结构

二、总结

为了研究和解决高职高专院校教学管理问题本文提出了全面教学管理系统。通过分析当前我国高职高专院校教育管理上存在的诸多问题,从经济学上的全面管理思想出发,和高职高专院校教学管理过程中出现的各种环节相结合,构建了高职高专院校全面教学管理系统,树立以"教师学生"为顾客中心的全面教学管理观念,搭建扁平化教学管理结构,健全以学生和老师为中心的决策管理系统,加强教学教育管理的改进。

参考文献
[1] 张晓京、张丽嘉.基于全面质量管理的教学质量体系建设与实践[J].中国大学教育,2008(6):68—70.

［2］张静、孟文庆等.构建科学高效的质量监控体系保证教学质量可持续稳步提高［J］.高等理科教育,2008(6)：63—66.

［3］周立波.从大学生语音常见错误谈高职英语语音教学［J］.网络财富.2009(11)：102—104.

［4］张典兵.高校教学质量管理存在的问题与对策［J］.内蒙古师范大学学报(教育科学版),2006(9)：34—36.

［5］陈凡.高校内部质量保障:作用和成效——基于联合国教科文组织"IQA"项目案例的实证分析［J］.中国高教研究,2016(9)：26—27.

高职院校教学预警机制构建研究
——以上海出版印刷高等专科学校为例

郭扬兴①

摘要：高职院校教学预警机制构建，对于提高高职院校教学质量有着重要意义。本文从教师的教、学生的学、教学管理部门的管理三方面出发，分析教学预警的关键指标。再从制度建设、数据收集、信息发布、问题处理等方面提出构建教学预警机制的主要措施。

关键词：教学预警　机制构建　高职院校

作者简介：郭扬兴，上海出版印刷高等专科学校工程师，硕士。研究方向：高等教育、教育技术。

预警，指在灾害或灾难以及其他需要提防的危险发生之前，根据以往总结的规律或观测得到的可能性前兆，向相关部门发出紧急信号，报告危险情况，以避免危害在不知情或准备不足的情况下发生，从而最大程度地降低危害所造成的损失的行为。[1]

高职院校教学预警，指高职院校根据过去和现在的相关数据、情报和其他资料，运用逻辑推理和科学预测的方法技术，对某些威胁教学质量的关键因素做出科学的估计和推断，并发出确切的警示信号，

---

① 【基金项目】本研究成果受 2017 年度"上海出版印刷高等专科学校高等教育研究所"课题资助。

本文已发表于《神州》，2018 年 9 月，第 27 期。

提前了解教学质量状况和教学运行态势,以便及时采取措施,防止和消除教学质量下滑。[2]教学工作是学校的中心工作,研究高职院校教学预警机制构建,对于提高高职院校教学质量,加强教学管理,健全高校教学质量监控与保障体系有着重要意义。

一、教学预警的关键指标

要构建科学的教学预警机制,应先合理分析教学预警的主要内容。教学运行管理是一项涉及面广、周期性强的系统工作,管理环节较为繁琐。因此,需要在深刻理解教学运行管理工作的基础上,准确分析教学运行过程中的重要因素,形成教学预警的关键指标。笔者认为,应当从教师的教、学生的学、教学管理部门的管理三方面内容入手,对教学预警的关键指标进行深入剖析。

(一) 教师的教

1. 教师发生教学事故情况

由于任课教师、教学辅助人员(统称教学人员)的直接或间接责任(在非不可抗拒因素的情况下),导致影响正常教学秩序或教学质量等消极后果的事件,属于教学过失或教学事故。发生教学事故表明教学运行秩序受到负面影响,容易造成教学质量下降,因此是教学预警的关键指标。

2. 任课教师调停课次数

调停课次数是日常教学运行是否有序的一个重要标志。当一个学期的具体教学安排确定后,就成为教学正常运行依据。任课教师调停课次数过多,必然会对整体的教学运行秩序造成冲击,直接影响教学效果。将任课教师调停课次数纳入预警指标,还应区分教师上某门课的调停课次数,以及上所有课的调停课次数总数。这两种情况都应作为教学预警的统计分析内容。

3. 课堂教学质量评价结果

课堂教学是课程的主要教学形式,是教学运行过程中的核心环节。课堂教学质量评价应以教学督导评教为主,结合同行专家评教、学生评教,对教师课堂教学质量作出全面客观的评价。不同类型的评教方式应有明确、合理、连贯的评价标准,这样得出的评教结果才能科学用于动态监控与分析。同时,应充分考虑不同类型课程的分类评价,如公共平台课、专业课、思政课、外语课、体育课等课程。

(二) 学生的学

1. 学生上课出勤情况

学生上课出勤情况是学生学习表现是否良好的重要体现,也是平时成绩的主要依据,是课程成绩的组成部分。当学生出勤次数少于所规定的次数时,甚至会影响学生的考试资格。所以,根据学生考勤记录及平时成绩进行相关分析,预测学生本学期学业成绩的走向,并在学生出勤次数即将达到限制次数前,预测学生可能出现的不及格课程门数。

2. 学生学业成绩情况

学生某门课的成绩一般分为平时成绩和期末考试成绩,各占一定比例。当学生某部分成绩出现异常时,应及时向学生发出预警,提醒学生。同时也向任课教师发出预警,请任课教师及时干预。

3. 学生所获学分累计情况

学生所获学分累计达到专业培养方案的规定要求,方能毕业。当学生所获学分累计距目标值相差一定值时,应该向学生发出预警,以帮助学生提高认识,及时补救。同时,向二级系(部)发出预警,请二级系(部)及时干预。

(三) 教学管理

1. 培养方案课程开课率

培养方案课程开课率是本学期实际开设的课程与培养方案中规

定的应当于本学期开设的课程的比值,其中细分的指标包括按照各种课程类型统计的课程开课率,包括通识类课程开课率、专业必修课程开课率、专业选修课程开课率数据等。培养方案课程开课率的情况直接反映了培养方案的落实与执行情况。[3]

2. 期中教学检查结果

期中教学检查是学期进行至一半,教学管理部门组织对二级系(部)教学情况的一次综合检查。检查成员则主要由教学督导组成。当期中教学检查发现问题后,教学管理部门应及时将有关信息反馈给二级系(部),并决定是否作出预警。

3. 期末考试命题与成绩分析

在考试中,尤其是对于基础理论、基础知识与基本技能的考核过程中,如果一门考试的题型过少,其对于考生的能力考察是不全面的,并将直接影响到考试的效度。[4]所以,有必要对于必修课程期末考试试题类型与分值权重结构进行分析。此外,教育统计学统计规律表明,学生的智力水平,包括学习能力、实际动手能力等呈正态分布,因而正常的考试成绩分布应基本服从正态分布。

二、构建教学预警机制的实践

上海出版印刷高等专科学校作为国家示范性骨干高职院校,在教学预警机制构建方面作了实践探索,取得了良好成效。

(一)重视制度建设,为教学预警工作提供有力保障

学校相继制定了各类规章制度,为教学正常运行保驾护航,也为教学预警工作提供保障依据。学校制定了《教师教学工作规范》《学生学籍预警制度实施办法》《学生学籍管理规定》《教学督导团工作条例》《关于开展学生网上评教的通知》《规范执行排课、调停课的暂行办法》《学生课程考核管理办法》《教学事故认定与处理办法(试行

版)》等,对象涵盖了教师、学生、教学管理部门等,内容覆盖了教学运行管理的整个流程。

(二) 加强数据收集,为教学预警工作提供有效分析

学校注重教学预警关键指标的数据收集工作,通过各种信息化渠道收集教学运行过程中的重要数据,建立数据分析机制,保持分工明确的数据分类汇总、逐级上报的工作流程与渠道,确保数据的完整性和准确性。如通过学生上课考勤系统收集学生上课出勤数据,统计出勤次数与迟到情况;通过学生网上评教系统,收集学生对课程及任课教师的评价数据,进行全校课程及教师的排名;通过督导评教系统,收集督导对课程及任课教师的评价数据,进行全校课程及教师的排名;通过调停课流程系统,收集教师调停课数据。

同时,通过日常监控、期中教学检查与教学工作考核,对教学预警的其他关键指标进行数据收集与分析,为教学预警工作提供数据支撑。如对教师教学事故情况的日常监控,对课堂教学质量的日常督导,对期中教学检查工作的推进,对期末考试情况的全面总结等。

需要强调的是,应注重教学运行过程数据的动态比较分析,通过对教学预警关键指标数据的收集,实现教学运行不同周期的数据分析比较,对学校教学运行状态作出趋势描述,从而为学校教学管理提供决策依据。

(三) 规范信息发布机制,使教学预警工作有序开展

通过数据收集与分析后,教学管理部门将达到预警要求的信息及时发布至二级系(部),再由二级系(部)根据预警内容及时告知所涉及教师或学生。建立定期发布与不定期发布两种渠道,将教学预警指标的数据分析结果及时公布。

定期发布的信息包括教学运行数据总体统计与分析结果,如每月发布各系(部)的教学事故次数、调停课次数、学生出勤情况整体统计结果等。

不定期发布的信息,如某门课的督导评教分数过低,则将评教具体结果及时告知任课教师所属系(部),由系(部)帮助该任课教师进行反思与改进;学生某门课的出勤次数偏少,则及时告知学生所属系(部),由其辅导员或班主任及时提醒与跟进。

(四)健全问题处理机制,使教学预警工作取得实效

对于教学预警发现的问题,建立健全问题处理机制。从制度建设角度出发,完善教学质量监考与保障体系,确保学校对教学运行过程实施有效监控和质量保障,保证教学质量的稳步提高。从处理措施角度出发,对于预警工作中暴露出的问题环节采用不同的具体措施,在准确分析产生问题的原因基础上,在教学经费投入、师资队伍建设等多方面进行处理。如学校《教学事故认定与处理办法(试行版)》规定根据教学事故发生的情节和后果,将教学事故分为教学过失、一级教学事故、二级教学事故和三级教学事故四个等级。不同等级有不同处理办法,教师、二级系(部)和教学管理部门都有不同的应对措施。对一级教学事故责任人,由所在部门予以批评教育,并在部门范围内通报批评;对二级教学事故责任人,予以全校通报批评,扣发部分岗位津贴,两年内取消申报高一级专业技术职务的资格;对三级教学事故责任人,予以全校通报批评,当年度考核为不合格,扣发部分或至全年的岗位津贴等。

参考文献

[1] 杨明基.新编经济金融词典[Z].北京:中国金融出版社,2015.

[2] 成丙炎、夏玲.高职教学质量预警系统建构研究[J].职业技术教育,2009(26):62—64.

[3] 孙园植.高校教学运行质量控制关键数据研究[J].白城师范学院学报,2014(6):50—54.

[4] 中华人民共和国国家标准——质量管理体系基础和术语[M].北京:中国标准出版社,2009.

优化和改善高职院校资产管理的探索
——基于信息化建设基础①

何文婷

摘要：本文系统归纳了当前高职院校资产管理存在的问题，剖析比较深刻，并将这些问题与学校实际情况相结合，从硬件与软件方面，即系统升级与制度、人员完善相结合的角度提出改进的意见与建议。

关键词：高职院校　资产管理　硬件　软件　制度

作者简介：何文婷，研究生，上海出版印刷高等专科学校后勤保卫处。

近几年，上海出版印刷高等专科学校职业教育事业得到了迅速发展，办学规模逐年扩大，教育经费不断增加。学校为了在提高办学水平的基础上增强自身的竞争力，物资采购的规模、设备设施的使用极速增加，设备的种类及采购的模式日趋复杂，资产管理工作的难度越来越大。在高校的总体管理工作中，资产管理是整个学校行政管理的重要组成部分，对于学校的整体工作活动起着至关重要的作用，为学校的教学工作、行政管理工作以及生活后勤等方面都提供了重

① **【基金项目】**本研究成果受 2017 年度"上海出版印刷高等专科学校高等教育研究所"课题资助。

　　本文发表于《中国集体经济》，2018 年第 27 期。

要的基础保障。随着学校发展规模的不断壮大，对资产管理工作的要求也在不断提升。

近两年上海出版印刷高等专科学校对于 CRP 系统投入了很大的人力与物力成本，智慧校园信息化建设已取得标志性成果，信息化水平整体上了一个台阶；但是资产管理目前使用 AIFI 系统，该系统为单机版系统，无法满足上海出版印刷高等专科学校智慧校园信息化建设整合资产数据需求。本文研究的主要目的是利用上海出版印刷高等专科学校智慧校园信息化建设成果，结合现代化资产管理的需求，设计开发出一个适合于资产管理的系统。该系统将全面实现资产的申购、审批、采购、入库等工作流程管理，并能够对台账和日常管理进行动态跟踪，从而大大提高了上海出版印刷高等专科学校固定资产管理工作。

一、资产管理工作在国内与国外的现状

以美国固定资产管理模式为例，其对固定资产的定义为："建筑物、设备或土地等因交易、事件或事项而获得或控制的长期有形资产。"其管理理念是控制和问责。美国联邦政府管理和预算办公室（OMB）颁布的 A‒21 通告规定了其固定资产范围：使用年限一年以上，购买价值超过 5000 美元。

美国固定资产管理主要包括九个环节，分别是需求管理、采购评估、采购计划、采购预算、询价及采购、存档管理、使用管理、评估报告及报废，其中最为关键的是采购、使用和报废。美国的资产管理的核心目标是发挥设备的最大使用潜能，政府将给予对设备进行再利用的部门较高的信用评价以激励设备再利用。

我国的《中央行政事业单位固定资产管理办法》规定各部门资产管理的主要任务是：建立健全各项管理制度，合理配备并节约、有效使用固定资产提高固定资产使用效益，保障固定资产的安全和完整。

各部门固定资产的管理和使用应坚持统一政策、统一领导、分级管理、责任到人、物尽其用的原则。国务院机关事务管理局要求各级国家机关、事业单位和团体组织对纳入政府采购目录内的设备必须严格执行政府采购，通过各省、市的政府采购网进行统一购置。要求设置专职的资产管理员，对本单位的固定资产进行统一有规划的管理并对固定资产的使用遗失等负安全责任。资产的使用人在退休、离职或工作调动前必须办理资产交接手续，同时要求对固定资产管理员定期进行培训。

在资产管理软件市场上，还是由部分发达国家开发的网络化管理系统产品占主流主导地位，比如美国的 MAXIMO 系统，国内的资产管理软件尚未成熟，仅占 10% 左右的市场。

目前，许多高校已经在使用不同版本的资产管理系统，逐步实现资产管理的数字化、信息化、网络化。华东地区资产建设优秀案例，当属上海理工大学建设最具有代表性。目前上海理工大学资产管理系统经过多方面多维度建设，已全面覆盖资产日常管理、资产全生命周期管理需要，已全面解决学校普遍所遇到的问题。

二、资产管理工作中存在的问题与不足

高校固定资产管理普遍存在下列问题：1. 资产管理系统中的台账、资产卡片与实物不相符合。2. 设备的存放地点不清楚，无法清楚知道某个地点上存放多少固定资产。3. 申请固定资产报废不及时，资产账和财务账上无法及时核销，拆卸下来的实物与资产账上的实物卡片不相符。4. 对于设备的移动、调拨、维修等缺乏跟踪管理，没有历史记录。

近年来，随着上海出版印刷高等专科学校的不断扩招、购买的设备的逐年增加，学校的固定资产的总额呈现不断上升趋势。资产管理也趋向多元化、复杂化。校园信息管理系统（CRP）的应用是一个

大趋势,在此方面已取得一定的成绩,通过 AIFI 资产管理软件基本可以实现资产的全方位管理,但是仍然存在若干问题需要完善与改进。

上海出版印刷高等专科学校目前资产管理存在的问题:1.目前采用的资产管理系统是之前教委指定的 AIFI 系统,是一个单机版的资产管理系统,资产管理部门在使用该系统的时候消耗了大量的人力、物力和精力,还达不到预期的效果,非但不能及时掌握固定资产的分布及使用现状,还造成大量的资产闲置、浪费的情况;2.缺少仓库管理员,由于人手和场地等原因,没有专职的仓库管理员,也没有专门存放报废或待报废的设备,无法对学校新购尚未领用和待报废的设备进行实时的监管;3.线上管理与线下管理脱节,学校所购置的大型设备只是在购进时在电脑上登记入库,后续的使用情况和设备状况缺少一个动态的监察,直到报废在系统上做资产处置,这样容易造成设备使用缺少监管、无法发挥其最大价值的问题。

三、优化和改善过程中遇到的问题

基于信息化建设基础上优化和改善学校资产管理流程的探索和研究过程中,主要需解决以下几个问题。

1. 与 CRP 校级数据中心无缝集成,保障数据源头唯一,避免"信息孤岛"。

近年来,由于功能模块要求不同,学校陆续建设了若干个第三方系统,比如教务系统、实验室管理系统、人事系统等,各系统分别采用不同的数据标准和数据库,由此形成了多个"信息孤岛"。首先要解决的是资产管理系统中数据重复管理的问题,要求与 CRP 校级数据中心数据和资源实现高效共享,及时更新协同数据。资产管理系统严格按照依据 CRP 校级数据中心数据标准规范以及上海市财政局下发的《上海市市级行政事业单位国有资产管理信息系统管理规程》

设计开发。

目前资产管理系统已与 CRP 校级数据中心无缝集成,实现资产业务数据实现同步共享,循环流动,不断加工处理,使数据始终处于激活状态,保障数据源头唯一,从而确保数据的真实性、实时性、规范性和安全性,以提高管理决策的准确性。

2. 资产数据上报

教育部上报报表包括:单位固定资产情况表、普通高等学校教学、科研仪器设备增减情况表、固定资产分类统计表(一)、固定资产分类期度增减变动情况表、固定资产分户期度增减变动情况表、行政事业单位国有资产情况统计表、资产盘点汇总表、资产情况表。

国资委上报报表包括:教学科研仪器设备表、教学科研仪器设备表增减变动情况表、精密贵重仪器设备表、教学实验项目表、专人实验室人员表、实验室基本情况表、实验室经费情况表。

市财政局上报报表包括:新增卡片、增值卡片、报废卡片。

教育部、国资委、市财政局的资产分类的编码不一致,如何打造"学校—院系—使用人"三级资产业务动态管理平台,实现一键上报财政、国资委、教育部等主管部门,同时保证上报数据真实性、实时性、规范性。

之前,资产管理部门采用教育部 AIFI 系统登记校内资产信息,再登录其他主管部门系统重新登记校内资产信息,造成了资产管理部门工作效率降低以及主管部门无法真实地、实时地掌握资产情况。

基于各主管部门资产编码及分类规则,梳理教育资产分类、国标资产分类、财务资产分类相互之间的映射关系,设计一套符合教育资产分类、国标资产分类、财务资产分类以及特殊资产分类的标准规范。资产管理系统严格按照财政局、国资委、教育部上报报表格式,实现一键生成报表上报,实现与财政局、国资委、教育部资产系统有效对接。

3. 资产精细化及实时动态化管理

这几年由于骨干院校建设和新校区建设等投入,每年采购的仪器设备不仅在金额上翻了几番,在数量上也不断增长,设备的更新率不断提高。但是由于目前上海出版印刷高等专科学校还是使用单机版的 AIFI 系统管理模式,且资产管理部门由于人手有限等原因,目前主要的精力还只能集中在数据的录入和卡片打印等工作上,工作强度大,重复劳动,数据更新不及时。由于人工手动输入经常会出错,准确性较差,无法实现固定资产信息的实时、动态的管理。

根据《上海市市级事业单位国有资产管理暂行办法》"人人都管物,物物有人管"的要求,鼓励全校教职工参与资产管理工作。资产管理系统涵盖物品申购、验收入库、台账管理、资产调拨、日常管理、资产报废等模块功能,同时系统基于 B/S 架构,与 CRP 校级数据中心无缝集成,实现固定资产信息实时、动态的管理。

4. 实现对设备的历史信息动态跟踪管理

资产职能部门管理与各部门占有使用相互脱节,致使缺乏对设备使用和维护的历史信息的动态跟踪管理,从而造成资产使用率低下、遗失、盲目采购等问题出现。

针对资产申购、验收入库、资产调拨、资产借用、资产维修、资产报废等业务流程进行优化改进,将资产职能部门管理与占有使用部门参与到资产管理中,实现"人人都管物,物物有人管",完善资产全生命周期信息。

四、资产管理工作的优化与转变

资产管理正式迈入网络化、精细化管理阶段。资产管理系统的建设不仅提高资产管理部门的信息化水平和工作效率,而且推进上海出版印刷高等专科学校智慧校园建设步伐。以下是上海出版印刷高等专科学校资产管理工作的两个转变。

1. 由静态转向动态管理

之前的固定资产管理,往往只注重一个时间节点上的静态管理,只能反映资产卡片的基本信息和属性。而实际的固定资产管理工作是一个动态变化的过程，经常会发生设备的移动、调拨，通过新系统该设备的资产保管员就可以及时对其相关属性进行修改，从而使资产管理部门实时掌握设备的最新状态，实现设备购置、变动和处置等全生命周期的动态管理。

2. 由分散转向统筹管理

学校的固定资产数量多、情况复杂、涉及面广，通过人工分散的管理模式无法达到固定资产的管理与监督要求。当信息化手段与上海出版印刷高等专科学校的实际情况相结合，设计开发出一套适合上海出版印刷高等专科学校的资产管理系统，实现信息集中、统一管理、流程规范的资产管理模式，学校最终完成资产管理由单方面管理向全过程管理的转变。

五、CRP 建设合理化的建议

上海出版印刷高等专科学校资产管理部门将努力建设资产管理系统，实现资产管理数据与 CRP 系统中资产管理数据实时共享共用，业务功能协调统一。以下是 CRP 建设合理化建议：

1. CRP 建设业务推广

多年来上海出版印刷高等专科学校使用的是传统的单机版 AIFI 系统，教职工对该系统已经形成了习惯和依赖，新推广的 CRP 系统对大家来说是一个崭新的平台，教职工需要有一个循序渐进地理解与接受 CRP 先进的信息化管理模式的过程。CRP 推进办应联合其他职能部门加强 CRP 宣传工作以及系统培训工作。

2. 加强与第三方业务系统集成

第三方业务系统采用不同的数据标准和数据库，容易形成多个"信息孤岛"，针对已建成的第三方业务系统进行接口对接工作，针对待建成的第三方业务系统，应要求第三方公司与 CRP 系统进行对接。

参考文献

[1] 钟亮锋. 我国高校国有资产管理的研究[D]. 湖南大学,2009.

[2] 解堃、李文文、林全章. 无形资产管理系统的设计与实现[J]. 山东煤炭科技,2011,03(05)：283—284.

[3] 张晓琳、李辉. 基于 J2EE 的高校固定资产管理系统设计与实现[J]. 计算机技术与发展,2012,03(08)：177—180.

[4] 刘洋. 浅谈基于二级管理模式的固定资产管理系统的设计与实现[J]. 辽宁经济管理干部学院(辽宁经济职业技术学院学报),2014,02(02)：55—56.

[5] 周明. 基于 JSP 技术的固定资产管理系统的设计与实现[J]. 科技广场,2014,01(10)：59—62.

[6] 张国春. "新常态"呼唤资产评估转型升级[J]. 瞭望,2015(7)：58—59.

[7] 冯晓明、刘宇、于磊. 我国无形资产评估质量控制现状及存在的问题[J]. 会计之友,2014(20)：40—43.

[8] 王玉香. 公立高校固定资产全程精细化管理[J]. 会计之友,2015(9)：134—134.

[9] 王蓉. 高校固定资产绩效管理深层次问题与对策研究[J]. 教育财会研究,2015(2)：56—58.

[10] 张颖、王杰. 高校固定资产管理绩效考核的原则和指标分析[J]. 实验技术与管理,2014(7)：232—234.

[11] 张军民、连彦青. 高校国有资产管理信息化建设思考与实践[J]. 实验技术与管理,2017.5(34)：275—278.

[12] 袁明伦. CRP 系统下的高校图书馆运行机制调适[J]. 图书情报工作,2014.08(15)：58—63.

[13] 马杰一. 完善和创新高校资产管理的几点思考[J]. 黑龙江高教研究,2003.(6)：62—63.

[14] 汤敏洁、蒲芳、沈秋仙、陈加龙、杨建平. 高校资产管理信息系统平台的建设与应用[J]. 2012.06(6)：62—63.

[15] 张月琪、落巨福、接励. 关于高校资产管理队伍建设的思考[J]. 实验技术与管理,2014.03(3)：207—209.

[16] 王小斌. 高校资产管理探析[J]. 会计之友,2008.(9)：50—51.

[17] 倪建发. 新时期加强高校资产管理动因分析及策略思考[J]. 高等工程教育研究,2005.(4)：26—28.

[18] 张素琴. 电子化政府采购下高校设备管理新探[J]. 实验技术与管理,2009.5(26)：164—166.

[19] 闫春玲. 校园管理信息系统开发研究[D]. 天津大学软件学院,2002.

［20］陈绍煌.高校资产管理系统的设计与实现［D］.华南理工大学,2010.

［21］李芬红.高职院校资产管理信息系统的设计与实现［D］.西安电子科技大学,2013.

［22］巨佳.高校固定资产管理平台研究与开发［D］.西安石油大学,2013.

［23］王岳森.加强高校无形资产管理提升国家软实力［J］.中国高等教育,2014(21)：16—18.

基于诊改理念的实验室管理流程再造与实践①

孟仁振

摘要：高等职业教育实验实训课程的教学质量决定人才培养的质量。在高等教育大众化时代，实验实训室的数量得到了迅速扩张，传统管理模式、管理流程与快速发展的实践教学需求之间的矛盾与日俱增，传统实验实训室管理力量和管理模式已不能适应实践教学资源管理的需求，需运用诊改理念、制度保障以及借助信息技术的有力支撑进行业务流程的再造。文章探析了高职高专传统管理模式中存在的问题，并对实验实训室建设与教学进行流程再造的必要性和实现路径展开了分析。文中还分析了实验实训室管理流程再造过程中可能存在的两种认识误区。

关键词：高职高专　实验实训室建设与教学　流程再造　诊断与改进

作者简介：孟仁振，博士，上海出版印刷高等专科学校高等教育研究所助理研究员，研究方向：职业教育与区域经济研究。

　　职业教育作为一种重要的教育类型，在技术技能型人力资源开发中发挥着不可替代的重要作用。《教育信息化十年发展规划

① 【基金项目】：上海出版印刷高等专科学校现代大学制度建设专项校内课题（2016）；上海出版印刷高等专科学校高等教育研究所课题资助（课题编号 SPPCGJS－2017－11）。

（2011—2020 年）》中提到，职业教育信息化建设是教育信息化需要大力加强的薄弱环节，要充分发挥信息技术在职业教育各环节中的支撑作用。① 近年来，国家及各级政府加大了对高职院校在政策和经费上的支持力度，高职院校信息化建设水平呈现飞速发展的趋势。目前，校园信息化已经进入到数字校园建设阶段，正逐渐从分散的独立信息系统阶段跨入统一建设全局性信息系统集成阶段。②

在高等职业教育中，实验实训室是培养学生实践能力和创新素养的重要教学基地。实验实训课程是高职高专实践教学的核心，其教学质量直接影响着人才培养的质量，实验实训基地的建设和管理对于职业教育具有重大的现实意义。如何加强实验实训基地建设，进一步完善实验实训基地的管理，加强高职院校的技术技能型人才的培养是提升人才培养质量的当务之急。在高等教育大众化时代，由于高职高专办学规模的日益扩大，国家对高职高专的办学经费投入也大幅增加，高职高专院校近年来大规模购置了实验实训仪器和设备，实验实训室的数量得到了迅速扩张。在此背景下，传统的实验实训室管理力量和管理模式已不能适应实践教学资源管理的需求，需要在信息化技术的有力支撑下进行业务流程的再造。特别是在北京、上海这些大都市，因为办学空间相对紧张，常有几个实验实训室集中在同一物理地址的情况，一些学校基于"用时间换空间"的理念实现了办学空间使用效益的最大化。但是，这对这些地区高职高专院校的实验实训室管理提出了更高要求，传统管理模式、管理流程与快速发展的实践教学需求之间的矛盾与日俱增。

---

① 中华人民共和国教育部.教育信息化十年发展规划(2011—2020 年).
② 谢树晓、史丰堂.高职高专学校信息化建设的实践与思考[J].教育信息化,2006(23)：55—57.

1　高职高专实验实训室传统管理模式存在的问题

1.1　学校的实验实训室管理模式未实现智能化,工作信息化程度不高,缺乏诊改理念

实践教学任务下达与安排是高职高专院校实验实训教学的一项基础性工作。目前,多数高职高专院校,尚未建立统一的信息系统可以并行安排理论学分和实践学分的教学任务。实验实训室的课表都需要在教务系统的课表安排完成后进行二次排课方能完成。实践教学任务下达与安排、数据分析统计等仍沿用 EXCEL 等电子表格记录和统计,实验实训室的台账任务也只能依赖实验实训人员的记录。基础数据没有实现信息化,导致实验实训室教学安排困难,数据统计不够及时与准确,不能及时有效、准确无误地反映实验实训室教学运行以及管理运行的情况,也就更难以实现实时监督。信息化程度不高直接导致难以实施实践教学质量监控,不利于教学质量的诊断与改进。

1.2　未能建立部门之间的工作联动机制,资源与效率未实现"帕累托最优"

帕累托最优,也称为帕累托效率、帕累托最佳配置,以意大利经济学家维弗累多·帕累托(Vilfredo Pareto)的名字命名,是博弈论中的重要概念。帕累托最优是指资源分配的一种理想状态,是指在没有使任何人境况变坏的情况下,使得至少一个人变得更好。[1][2] 实验

---

① 于永华.帕累托定律在教学管理中的应用[J].安徽工业大学学报(社会科学版),2003,
　20(6):138—140.
② 赵颖.帕累托最优原理整合高职制药类专业实习基地模式初探[J].继续医学教育,
　2014,28(5):103—104.

实训室建设经费来源多头,涉及的业务流程较多,既有建设与教学、又有资产管理,各高职高专院校并非都建立了统一的实训中心进行集中管理。在传统的管理模式下,多个职能部门之间的信息共享程度低,容易出现信息孤岛,难以发挥协同效应。高职高专院校的现行管理模式存在着职能交叉、层级偏多的问题,实验实训设备的招标、采购、验收和报废事宜一般由资产管理部门负责;实验实训室教学的组织、运行、监控和管理一般由教务部门负责;实验实训教学计划的制定、实验实训项目的设计与实施以及实验实训室的日常维护和开放管理一般由二级教学部门组织开展;规划部门或教务部门或独立设置的实验实训中心牵头开展实验实训室的规划制定工作;实验实训室的安全工作又涉及到安全保卫部门。这些职能部门之间是平行关系,若不主动建立工作联动机制,各自为政,将会导致设备的重复购置,教学资源得不到有效合理配置,设备使用效率不能得到充分利用与发挥。各二级教学部门仅仅是在根据自身专业建设与课程需要基础上提出的实验实训室建设需求,而未进行通盘考虑,往往会重复建设实验实训室,造成巨大浪费。同时,高职高专院校实验实训室建设和管理因为涉及到多个部门的多种岗位,没有一个协同多个部门和角色的平台,造成信息交流受阻,相关职能不够聚焦,无法形成一个高效运行体系,实验实训室建设和管理的运行效率有待提高。

2 高职高专实验实训室管理流程再造理论与实践

2.1 流程再造理论概述

业务流程再造理论(Business Process Reengineering,简称BPR)起源于美国。1990 年,由美国著名企业管理大师 Hammer 教授和CSC 管理顾问公司的董事长钱皮提出,将业务流程再造定义为"流程再造是对企业的业务流程作根本性的思考和彻底的重建,在成本、质量、服务和速度等方面取得显著的改善,从而最大限度地适应顾客、竞争、变化为特征的现代企业经营环境"。① 流程再造理论的提出,对欧美等国家的管理理念产生了重大影响。实验实训室建设和管理流程再造理论是流程再造理论从企业管理领域向教育领域的一种迁移。② 国内外信息化建设成熟的高校也运用流程再造对学校进行管理变革。② 实验实训室管理流程再造的目标是实现实验实训室的数据共享、业务协同和流程规范,其过程坚持以服务师生和教学为导向,以信息技术为支撑,以提高效率为核心。高职高专实验实训室管理流程再造与普通本科院校相比,既有共性,又因高职教育自身与生俱来的高等和职业、教育和产业等双重属性,使得高职高专实验实训室建设与管理流程再造必须坚持教学中心、技能优先以及校企合作等历史传统和特有属性。通过对实验实训室建设和管理流程的再造可以改变传统的以职能、任务和角色为核心要素的管理模式,转变为以流程为中心的管理形态,更加关注和聚焦业务之间的关联。形象地说,就是要将原有的点状管理升级为网状管理。流程管理的核心工作就是要找到连接一个一个"点"(任务)的"线"(关系)。

2.2　高职高专实验实训室流程再造的必要性分析

实验实训室建设与教学需建立在信息化基础之上,且进行流程再造也是有必要的。

第一,实验实训室从申报、建设、验收到使用要经历一个"几上几下"的过程,而这些数据通过线下操作,虽然可行,但却缺乏数据记录。尤其在实验实训室申报过程中,因为申报与设备管理往往不在一个职能部门,这就导致管理部门对申报的设备等审核难以把关,缺

① 朱忠军、黎炜.基于信息化的高职院校教学管理流程再造研究与实践[J].中国职业技术教育,2014(19):8—10.
② 汪小洲、洪晓军、周国君.业务流程再造在美国高等教育中的应用及启示[J].高等农业教育,2006(10):9—92.

乏有效、快捷的手段检索判断申购设备的合理性，这就需要对信息化手段以及管理模式进行诊改。

第二，在编制实验实训室建设经费预算时，往往存在拟申报的经费与实际批复启动建设的经费在金额上存在一定差异，而且这两者之间还存在一定的时间差。如果不建立工作联动以及细致的流程管理，在实际工作开展过程中很容易造成失误，因而需要管理模式诊改。

第三，通过流程再造强化校企合作，并加强与创新创业教育结合力度，以达到增加设备利用率的目的。高职高专实验实训室资源主要服务于教学和培训，科研使用率相对偏低。这导致了高职高专实验实训室在未排课时使用率明显偏低，许多大型精密或价值昂贵的仪器设备空置率较高。而与此同时，大量处于创业阶段的小微企业困于资金所限，难以大批购置相关设备，形成实验实训室资源的供给需求不匹配，优质资源未能得到合理配置的现象。综合校企两方面的情况，高职高专实验实训室的建设、管理可以考虑与校企合作以及创新创业教育相结合。这就需要对实验实训室的管理制度和流程进行重新系统化设计，对校企双方的责任、义务和权利进行清晰界定。通过流程再造鼓励企业以校企合作的形式共建和使用校方实验实训室，同时，学生以参与项目的形式进入实验实训室，实现高职高专实验实训室资源的高效合理使用。

2.3　高职高专实验实训室管理流程再造的路径分析

高职高专实验实训室管理流程再造就是要促进高职高专实验实训室管理流程规范化、信息化、效率化，要建立起纵向（教学校长—教务部门—院系及教师和学生）、横向（教务部门与各部门）之间信息沟通和协作互动的制度化和有序化运行机制（如图 1）。[①] 流程再造过

① 文忠波、钟玉泉.高校教育管理流程再造与优化对策[J].科技进步与对策，2009(16)：153—156.

程需要在学校现代大学制度建设的顶层设计框架下展开,在学校各部门的大力协同下,对学校的管理制度进行建设、梳理、规范,对学校的流程进行再造。①

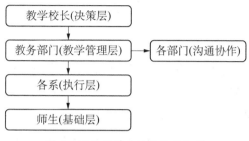

图1　纵向与横向协同运行机制

　　第一,管理模式诊改:运用诊改理念,通过流程再造改革管理模式。教学诊断与改进理念的提出与实践标志着高职教育的发展进入了质量时代,因而对实践教学管理水平提出了更高的要求。② 高职院校作为人才培养质量保证的主体,应按照多元诊断、重在改进的原则,构建常态化、机制化的内部质量保证体系和可持续的诊断与改进机制。目前,一些高职高专院校实验实训室的建设与管理仍存在着无制度可依、无流程可照的现象,但是要确保流程合理、科学有效,就应该随着时代变迁、环境变化,组织结构的调整而随之更新、优化与改进。高职高专院校在推进实验实训室建设过程中应根据人才培养目标推进建章立制工作,建立并完善实验实训室建设和管理工作制度和标准,构建质量保障体系,按照诊改理念对高职高专实验实训室管理体系进行关键点的诊断、不断对流程管理体系进行优化改进,从而保证质量管理的持续有效。流程再造须围绕质量优化这一目标展开,其实现路径应是一个流程梳理、流程规范、流程再造、流程优化的

① 赵宏、陈丽娅.基于PDCA循环的高校教学管理流程再造[J].现代教育管理,2015(2):76—80.
② 杨应崧.打造"两链",找准诊改的起点.中国教育报[N],2017-9-26(第011版).

持续改进过程。

图2　流程再造路径

第二,信息手段诊改:建立实验实训室智能管理系统,通过学校资源计划整合学校信息化资源,提高信息化水平、提升管理效能。实验实训室的管理工作主要包含实验实训室建设与教学。高职高专的实验实训室建设工作,应该包含项目建设与制度建设两个范畴。项目建设目前主要分为以下几个流程:项目申报、项目立项、项目启动、项目建设、项目验收。项目申报以及项目验收之前都需要按照评审规定进行专家论证。实验实训室建设的每个步骤环环相扣,需设置标准流程,并且将之融入信息化系统中。在实践过程中,上海出版印刷高等专科学校推行了一系列举措,实现了该模块的全流程管理。首先,开发了实验实训室智能管理系统,实现了网上申报、立项、启动、验收等全流程线上管理;其次,借助学校推行校园资源计划的契机,联通了资产管理部门,实现了实验实训室管理与实验实训资产信息库的无缝对接。当网上申报实验实训室时,申报的资产将会与资产信息库进行比对,为预算审核的业务部门提供参考,解决了业务部门在审核资产申购时难以判断的困难。通过流程再造并付诸信息平台,改变了以往的管理模式,通过流程再造理念建立了一个以服务师生为导向、以技术为支持、以高效为目标的现代化智能管理系统,提升了管理效率与水平(图3)。

第三,制度诊改:建立完备的实践教学制度,完善学校内控机制。制度建设是高职院校实验实训室建设工作面临的较为紧迫的问题。它是保障一所学校有法可依、秩序井然的关键。目前,结合全国正在推进的现代大学制度建设,高职高专院校实验实训室建设与管理制度建设工作还需要对以下几个问题进行完善:第一,制度涉及

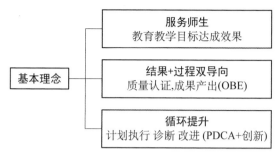

图 3　运用流程再造理念打造现代化智能管理系统

的范畴不够完备，一些重要问题的归属不够清晰。第二，制度的更新不到位，有些制度年代较久，没有及时修订。第三，需要结合学校机构改革，设置独立的实验实训室管理机构（如实验实训中心等），就实验实训室（包括机房、语音室等）的建设、管理以及实验员考核等进行统一归口管理或业务指导。第四，在现有实验实训室建设的验收指标基础上，构建整套科学、完备、充分体现建设成效的实验实训室绩效评估体系，从而保证实验实训室建设工作的可持续发展。

3　高职高专实验实训室管理流程再造过程中可能出现的误区

　　英国的一项调查数据表明：近一半的企业流程再造项目因为观念、制度或技术等方面的制约因素或认识误区，在实践过程中与初衷背道而驰，甚至出现了反作用。高职高专院校在推进实验实训室管理流程再造的实践过程中也不可避免地出现了一些问题。例如，学校的部分老教师以及行政部门管理人员由于制度执行的惯性，对传统的纸质操作方式和固有流程存在着某种路径依赖，这客观上形成了新制度和新流程推进的制约性因素。同时，在一些高职院校的实验实训室建设和管理流程再造过程中也出现了全面推翻原有模式的全面否定派。这种做法完全抛弃了原有流程中的有益成分，导致新旧制度和流程之间没有延续性。实际上,实验实训室管理流程的再造过程是一个传承、规范和创新相对立统一的过程,应该是对传统模式的扬弃,而非抛弃。

4　结束语

在大数据时代,实践教学也应顺应时代发展潮流。校园信息化的实施过程同时也是学校管理变革的过程。我国高等职业教育已经由规模扩张阶段进入内涵提升发展的新阶段。[①] 高职高专院校引入流程再造理论,重新审视、解决实验实训室建设与管理过程中不相适宜的各种问题。利用实验实训室智能管理系统与学校资源平台,整合资源,通过跨部门的业务流程再造,建设全方位、多角度的智能化管理平台。从教学运行角度看,可以使常规教学与实验实训室教学之间对接更为顺畅,为实践教学质量监督提供便捷;从建设角度看,可以实现实验实训室申报、启动、建设、验收全流程管理,简化程序,实现网上办公;从管理角度看,可以为管理部门提供大数据,可以通过排课记录、考勤刷卡记录统计实验实训室的使用率、设备的利用率、台账记录等。以往的实践教学管理模式缺乏动态评价—反馈—整改机制和数据挖掘机制,将信息技术融入实践教学建设与管理中,建立动态监控,对教学资源进行管理、对教学实施过程和教学质量进行分析、改进,做到即知即改,而非救火式管理。通过流程再造,优化精简业务流程,缩短响应时间,可以提高解决问题的效率并提升管理效果,同时,又可以将教学管理流程中的各个环节有机地组织在一起,形成良性的闭环系统,[②]消除部门间的壁垒,改变人员之间信息传递方式,提升高职高专院校的内涵建设水平。

---

① 李家洲、李仲妮. 我国职业教育体系现状与对策研究[J]. 职业教育研究,2012,(6): 15—17.
② 包秋燕、姜哲. 应用型本科院校实验教学质量保障体系的构建与实践[J]. 实验室科学, 2010,13(5): 53—55.

刍议高职院校数据治理建设①

杨　丽

摘要：高职院校在经历从"数字校园"到"智慧校园"转型的发展过程中，数据中心的建设显得尤为关键。本文通过对高职院校数据治理建设思路的探讨，阐述了开展数据治理对于学校实现治理能力现代化的重要意义。

关键词：高职院校　数字校园　智慧校园　数据治理

作者简介：杨丽，统计师，硕士，主要从事教育信息化和数据管理等方面的研究。

一、引言

教育部于 2015 年发布了《职业院校管理水平提升行动计划（2015—2018 年）》（教职成〔2015〕7 号，以下简称"行动计划"），"行动计划"提出要制订和完善数字校园建设规划，做好管理信息系统整体设计，建设数据集中、系统集成的应用环境，实现教学、学生、后勤、安全、科研等各类数据管理的信息化和数据交换的规范化。随着大数

① **【基金项目】**本研究成果受 2017 年度"上海出版印刷高等专科学校高等教育研究所"课题资助。
　本文发表于《现代职业教育》，2018 年第 28 期。

据时代到来,数字校园在数据治理和应用方面产生了许多新的需求,也遇到了一些新的问题,"互联网＋"环境下的大数据管理和分析将带来新的机遇,高职院校对传统数据治理模式的创新将助推学校信息化向更高阶段深入,完成从"数字校园"到"智慧校园"的发展转型。

二、高职院校数据治理建设路径探析

在数字校园建设阶段,高职院校纷纷建立各类应用系统,这些应用系统往往缺乏统一的整体规划,独立分散开发,数据没有统一标准,普遍出现了信息孤岛等问题。"信息孤岛"是指由于数据标准等原因,造成不同信息系统之间的数据无法兼容,从而形成了一个个的"孤岛"。[1]信息孤岛的存在,不利于提高决策效率和透明度,数据无法实现互联互通、互相分享、整合利用。数字校园的核心是集成和数据管理,要通过整合集成消除"信息孤岛",实现信息共享和数据一致。[2]在大数据时代,高职院校将运用大数据理念和技术提升学校现代化管理水平,有效地促进教育和技术的结合,加速学校建立"数据治校"的理念,迈入成熟的智慧校园阶段。

随着大数据理念在高职院校中的逐渐深入,大数据技术的有力支持,学校将强化数据治理思维,打通信息孤岛、建立统一标准体系的信息数据平台,实现学校数据治理中的共享性、可持续性,确保系统间的数据交互共享和业务联动协调,并从海量数据中挖掘数据背后的逻辑关系,提取和分析出有用的信息,实现智能化的决策管理。

1. 注重源数据采集

数据是最宝贵的资源,也是深入应用的基础,信息化建设的成功是"三分技术、七分管理、十二分的数据"。[3]随着系统应用的不断深入,对于录入到系统中的数据需规范审查,完善源头数据采集机制,从源头上保障数据质量。以学校基础信息库为基础,例如教职工、学生、课程信息,依托学校各级应用系统及数据统一共享交换平台,建立和完善跨部门信息共享机制,实现人员、课程、场地等信息的安全规范共享;建立数据质量监督机制,将安全共享相关信息与源头采集、监控信息结合起来。

2017年浙江的"最多跑一次"改革入选数字中国建设年度最佳实践成果,该项工程需要相关信息系统平台不断加大互联互通力度,打通数据推送和功能服务的通道,"最多跑一次"成功的关键在平台,核心还是数据,在数据源头上要加以把控,保证数据采集的完整性和准确性,实现数据共享。

2. 加强元数据管理

高校元数据的特点在于逻辑相对趋于集中,即将元数据管理作为统一的发布源,采用集中式的元数据管理模式,提供元数据的集中创建、维护、查询功能,不断趋于脉络化。[4]元数据可以帮助用户理解和使用数据仓库中的数据,是保证数据质量的关键,辅助数据管理者了解数据存储位置及其含义,从而最大限度地降低信息的复杂性。

随着大数据在高职院校中的广泛应用,要加强树立数据治理的理念,以数据治理理念引领教育治理现代化进程,数据将成为学校的核心资产,有效利用大数据技术,例如可视化分析、数据挖掘算法、预测性分析能力,可以对各个系统中产生的海量数据进行专业化处理,而经过深度治理后的数据能够在教学、科研、校园文化生活、社会服务和决策支持等多方面服务于学校发展,数据治理的精准性则将有助于提升管理服务的协同化、教学科研的智能化、决策支持的科学化。

三、结论

高职院校的活动,不管是教学、科研、社会服务还是内部管理,主要是一个数据的产生、传播与接受的过程,数据治理是一项系统工程,学校应制定数据治理原则,确保数据质量,在为用户提供方便、高效、安全的数据存储和访问的同时,也提供高质量的数据服务,引领学校实现"教育信息化带动教育现代化"的发展目标。

参考文献

［1］唐皇凤、陶建武. 大数据时代的中国国家治理能力建设[J]. 探索与争鸣,2014,(10):54—58.

［2］刘邦奇、孙曙辉. 智慧校园的融合发展与技术实现[J]. 现代教育技术,2018,28(1):73—79.

［3］宋嵘嵘. 刍议高职院校科研管理信息化建设[J]. 科技管理研究,2011,(13):95—98.

［4］余鹏、李艳. 大数据视域下高校数据治理方案研究[J]. 现代教育技术,2018,28(6):60—66.

面向出版专业的"理实一体化"实验室建设与管理模式探索①

印莲华

摘要："理实一体化"教学模式是提高人才培养质量的有效途径，本文以上海出版印刷高等专科学校出版专业为例，介绍了"理实一体化"实验室建设思路及运行情况，结合一体化教学实际提出实验室运行过程中存在的问题，并探索出实验管理模式改进措施。

关键词："理实一体化" 教学模式 实验室建设与管理

作者简介：印莲华，上海出版印刷高等专科学校出版与传播系教师。

高职教育中实践教学占据非常重要的地位，是培养学生专业技术能力的重要举措。"理实一体化"教学理念，广泛使用于我国高等职业院校教学实践中，多方实践表明"理实一体化"模式是提高人才培养质量的有效途径。[1,2]为保障"理实一体化"教学模式顺利开展，建设与该教学理念相匹配的教学环境尤为重要。实验室是培养学生实践教学及创新能力培养的场所，为实践教学提供空间及设备资源。本文以出版类专业为例，介绍以"理实一体化"教学设计为导向的专业实验室建设情况，并结合出版专业的教学特征及需求探索实验室

---

① 【基金项目】本研究成果受2018年度"上海出版印刷高等专科学校高等教育研究所"课题资助。

本文发表于《北京印刷学院学报》，2019年第2期。

管理优化方案,分析"理实一体化"教学模式下,出版专业实验室建设及管理中存在的不足及改进措施。

1 "理实一体化"教学模式

1.1 "理实一体化"教学理念

我国高职院校传统的教学,理论知识传授在教室进行,实践教学指导则安排在实验室,两者相对独立,不够连贯。结合国内外职业教育成功经验得出结论:将理论知识教学环节与实践技能指导环节交替进行,打破理论学习与实践学习时间空间的限制,是职业教育课程改革的必然要求与趋势。"理实一体化"的教学理念主张将理论传授与实习实训指导融于一体,将生涩的专业理论知识融入专业设备操作指导中,学生实习实训操作的同时消化理论知识,教师讲授与实践操作同步进行、有机融合,不仅调动了学生学习的积极性和主动性,还可丰富课堂教学形式,提高教学效率。

1.2 "理实一体化"教学实施存在问题及对策分析

传统的实验室以专业设备为主,仅用于实践指导教学,承担的教学任务较为单一,理论教学场所独立于实验室的设计,无法与"理实一体化"模式相适应,制约了一体化教学效果。因此,结合出版类专业建设及人才培养的特征,探索出理论实践一体化教学环境的建设方案,是教学场所与解决教学理念不相适应问题的首要任务。

2 出版专业"理实一体化"实验室建设

2.1 出版物制作一体化实验室建设思路

以我校出版专业为例,专业旨在培养具有人文素养、职业技能、创新意识的高技能应用型人才。为培养学生的专业技术能力,笔者所在专业团队结合本校学生特点、专业教学特色,经过前期调研学习、查阅文献等,[3]探索出理论知识传授与实践技能培养为一体的教学场所建设方案,即出版物制作一体化专业教室(实验室)。本实验室既是支持先进信息化教学技术的多功能教室,又是模拟专业实际工作环境的实习、实训场所,为了丰富课堂教学还设计了学习小组讨论的模块。其中,多功能教室学生工位均安装专业计算机,具备专业机房的功能,适应当下出版专业不断与信息化、互联网、新媒体等技术接轨的发展趋势。此建设方案可为"理实一体化"教学模式提供学习与工作空间一体化的环境。一体化专业教室的建立,彻底改变了因教学场地和实习实训场地不集中导致的理论教学与实践教学无法有机融合的现状,切实贯彻"理实一体化"教学理念。

"理实一体化"教学并非倡导理论教学、实践教学简单罗列,机械组合,而是要将理论教学与实践指导科学设计,实现有机融合。我校出版物制作一体化专业教室(实验室)建设宗旨在于满足出版及相关专业主要专业课程的教学需求,鼓励学生主动探索、自主学习。建设过程中,充分参考专业"理实一体化"教学环节设计设置相应模块,可组织理论知识教学、学生小组讨论、指导课程实训项目操作、展示实训作品等。

笔者所在团队将实验室建设大致分为教学区、讨论区和实训区,建设方案示意图如图:出版物制作一体化实验室,教学区为前期理论基础学习,为实践操作指导打下基础。实训区根据不同类别的专业课教学需求,分为六大模块:1. "图文输入"功能模块;2. "印制材料展示"模块;3. "出版物按需印刷"功能模块;4. "装订"功能模块(包含印后加工);5. "出版物交易现场模拟"功能模块;6. "学生作品展示"功能模块。以上模块设计,皆针对包括"网络编辑策划""出版资源管理(ERP)""按需出版模拟实训""毕业综合实践"等在内的出版专业核心课程教学需求而设。同时,实验室建设过程中,充分考虑到实验室维护及管理的需求,制定了相应的实验室规章制度,如按要求填写实验室使用记录、学生使用记录。根据课程学习进度,撰写相应的实训

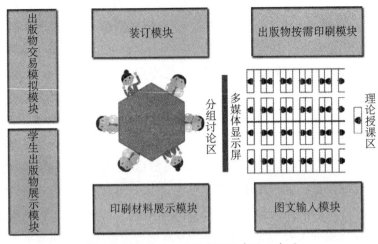

图　出版物制作一体化实验室布局示意图

报告。同时，结合信息化手段，进行实训教学管理工作。

2.2　一体化专业实验室运行现状

目前，笔者所在出版专业已有多门专业核心课程教学在出版物制作一体化实验室中完成，以专业核心课程"按需出版模拟实训"为例，授课教师采用"理实一体化"教学模式，为学生讲授图书整体设计、按需印刷等的课程基础知识，并融于相应实训项目指导中。实验室为"理实一体化"教学设计提供了场所保障，使"小组讨论""实践操作互动"等多种教学形式得以顺利实施，真正实现了理论知识学习与实践操作体验一体化双重并奏。

目前我校实验室排课及管理工作均在学校实验（实训）室建设与教学信息管理系统平台中完成，建成了实验（实训）室建设与教学信息管理系统。例如，需为"按需出版模拟实训"申请实验室及相关设备使用，实验室使用申请基本流程为：在"排课管理"—"教务排课管理"选项中找到该门课程，根据实际需求申请实验室使用时间。如果同时段申请冲突，还可实现"二次调课"，使得实验室资源使用效率实现最大化，上课考勤工作可结合门禁系统一并在平台中完成。另外，本门课程教学指导需使用图文输入设备、数字印刷机系统、无线胶装机、裁切机等相关专业设备，则需在"设备预约及管理"选项中找到相关设备完成预约、使用登记等流程方可使用。上述信息化管理手段大大提高了实验室管理效率，也为"理实一体化"教学模式提供了环境保障：①解决了"理实一体化"教学过程中，专业设备监管不及时的弊端；②结合门禁等考勤措施，节省传统点名考勤的时间，提高了教学效率；③"理实一体化"教学经常会采用分组讨论、小组合作等教学手段，我校实验室信息化管理平台可实现小组分批排课预约，使得实验室管理趋于科学化。

基于一体化专业实验室环境保障及信息化管理手段辅助，"理实一体化"教学得以更好地实施，并为教师教学设计改革及探索提供了更多可能，学生对本专业工作流程有更深刻的体会，真正实现理论与实际相互渗透。例如"按需出版模拟实训"课程实训项目依照实际按需出版工作流程设置，通过理论与实践一体化教学的方式，指导学生学习选题策划到按需印刷各个环节，并着重培养学生自主制作图书的技能。

3 实验室运行与管理模式探索

3.1 存在问题

结合"理实一体化"教学模式的需求，与之相适应的实验室物理空间建设已全部完成，并投入教学实践中，但在实际教学工作及实验室管理过程中仍发现一些不足，软环境建设有待加强：①课堂秩序维持难度增大。基于"理实一体化"教学模式的特征，理论教学及实践教学大多在同一空间完成，同时部分出版专业设备体积大、成本高，无法实现每个工位都配备，需采取小组授课的形式，势必造成课堂秩序管理难度增大。同时，由于学生掌握实训操作掌握的进度不统一，对任课教师把握课堂节奏、维持课堂效率提出更高要求；②专业设备监管难度增大。"理实一体化"教学模式不同于其他传统实训课程，传统实训课程操作指导时间段相对固定并集中，设备监管相对准确。而"理实一体化"教学知识点讲解与实践操作指导穿插进行，学生对仪器熟悉程度不一，难免会有设备误操作导致故障的隐患；③专业实验室管理人员不足。本专业"理实一体化"实验室具备教学区、实训区、讨论区等空间，与传统实验室相比可完成更多教学功能，校企合作项目、学生创新创业等很多丰富专业培养方式的工作均可在一体化实验室中完成，为给专业实验室使用提供技术指导及保障，应聘请相关专业的专业技术人员以提高实验室建设及使用水平。

3.2 解决方案探索

结合上述问题，笔者所在团队结合出版专业特征及部门实际情况进行了探索，以期改善"理实一体化"教学模式下实验室运行存在的问题：①提高学生专业技能、加强自主管理意识。之前在"理实一体化"教学过程中存在课堂秩序难管理及设备监管不足的情况，我们应培养学生的责任心及主人翁意识，鼓励学生利用课堂中学到的专业技能，参与出版物制作一体化实验室的运行维护。同时激发学生自主管理及实践专业技能的热情，从本质上解决教学过程中遇到的困难；②进一步加强信息化管理。本文在前面的论述中提到我校目前已全面采用信息化平台进行实验室管理，但部分功能尚未完全考虑到"理实一体化"教学的实际情况，教师团队可将教学中信息化手段辅助的诉求，反馈给专业教学管理软件开发团队，以提高信息化技术服务教学的水平。

参考文献

［1］李英、何宝文.基于工作过程开发的工学结合理实一体课程［J］.教育与职业,2013(21):132-133.

［2］申荣卫、台晓虹、黄炳义.以行动为导向的"理实一体"课程开发方法研究［J］.职业技术教育,2011,32(29):25-27.

［3］邹心遥.创新能力导向的高职理实一体化实训室建设［J］.实验室研究与探索,2017,36(04):225-228.

大数据在高等教育领域中的应用研究[①]

耿春喜　金　艺

摘要： 在我国大数据战略已经进入实施阶段，高等教育领域的大数据应用也已经提上了日程。从大数据自身的特征以及我国高等教育数据累计的现状来看，大数据在提升政府针对高等教育决策水平、推进高等教育教学改革、提升高校办学水平等方面均起到了积极的推动作用。尽管大数据应用进程不断加快，但是在发展过程中难免出现一些弊端，高等院校以及教育主管部门对大数据的应用还处于比较初级的阶段，大数据的应用水平还有待提高。

关键词： 高等教育　大数据　应用研究

作者简介： 耿春喜，助理工程师、学士。主要研究方向：网络技术、教育信息化、大数据、职业教育。上海出版印刷高等专科学校规划与科研处。金艺，硕士。主要研究方向：网络技术、教育信息化、大数据、职业教育。上海出版印刷高等专科学校规划与科研处。

　　计算机技术发展很快，网络时代的到来极大地改变了人类原有的生活和社会结构，大数据已经成为当前这个时代的重要标志之一。目前，大数据在人类社会的不同领域均得到了十分广泛的应用，尤其

---

① **【基金项目】** 本研究成果受 2018 年度"上海出版印刷高等专科学校高等教育研究所"课题资助。

本文发表于《电脑知识与技术》，2018 年第 36 期。

是高等教育领域在使用大数据这一关键技术后,产生了巨大的经济和社会效益,对于高等教育的发展产生了极大的推动作用。纵观世界高等教育史,每一次科学技术的进步和变革都将极大地推动高等教育的发展。在当今时代,高等教育的发展必然日益加快,与大数据的联系也将日趋紧密。

一、大数据的概念及特征

(1) 大数据是作为一种全新的社会现象,从本质上来说不算什么新技术,更不是人们所说的新产品,它只是时代发展到特定阶段的产物,是一种现象。也就是说,伴随着科学技术的不断发展,大数据已经成为社会发展和社会信息化的必然趋势,它也是当今时代的主流特征之一。

大数据的内涵非常广泛,它包括巨大的信息群体,能够无障碍地实现信息的交流和传递,在大数据的时代背景下,社会每一个方面都发生了翻天覆地的变革,人类发展的进程明显加快,未来的可能性也日趋多样。因此将大数据与高等院校的教学管理创造性地结合在一起,有助于实现高等院校的信息化发展,意义十分巨大;同时它可以将全国乃至全球的高等院校全部有机结合起来,为广大高等院校的师生交流和沟通,创建更大的舞台。这也意味着,传统的教学模式中空间和时间的限制将不复存在,对于人才的培养也打破了地域的界限。

(2) 大数据与其他新兴事物相比,有着自身明显的特征。具体来说,包括以下几点。第一,数据量大。根据 IDC 作出的预测,人类世界的数据增长每年均超过 50%,换句话来说就是每两年将增长一倍。以此推算预计到 2020 年,全球的数据量将超过 35ZB(十万亿亿字节),相比 2010 年,数据量增长近 30 倍。第二,数据种类繁多。大数据种类繁多,在编码方式、数据格式、应用特征等多个方面存在差异,多信息源并发形成大量的异构数据。其中10％的结构化数据直接存储在数据库中,其他90％的非结构化数据与人类信息密切相关。第三,处理速度快。从数据的产生到消耗,持续的时间很短,可用于生成决策的时间非常短。第四,价值密度低,但是商业价值高。通过视频这个例子我们可以看出,连续不间断监控过程中,可能有用的数据只有一两秒,但是具有很高的商业价值。随着信息技术及网络技术的发展,大数据的管理和开发受重视程度不断加深,采用的数据平台也更加先进,对于海量数据的处理分析速度也不断加快,也因此能够给各行各业提供更多更有效的数据资源。

从大数据的上述特征,我们可以得出这样的结论,在当今社会,高等教育如果想实现自身的快速发展,以及进一步提升自身的教育管理水平,就必须将大数据与高等教育有机结合起来,只有如此才能实现高等教育平稳快速发展。

二、大数据在高等教育中的体现

1. 资源共享得以实现

物联网和云计算技术的发展,为数据收集、传输、分析、共享提供了新的手段,有效推动了大数据技术的发展,使得大数据的应用得以覆盖高等教育领域。大数据技术的应用为优质高等教育资源的全球共享提供了有效的技术支撑,促进了高等教育公平以及个性化学习的实现。网络课程、"微课"、"慕课"、在线直播课堂等新兴教育模式的运用使得优质的教育资源在全球范围内得以免费共享,这是教育大数据带来的福利。师生在线互动,讨论问题,在线测试等也能顺利实现。

2. 学生个性化需求得以满足

教学实施有一个大的目标就是要实现因材施教,尤其是人类进入到工业文明后,这一理念得到了广泛的认同。然而,现实生活中我们很难实现这一要求。从小到大,我们接受的都是标准化教育,学生的个性化需求基本被扼杀,应试教育给了我们强大的考试能力的同时也让我们失去了很多。尽管教育主管部门为此付出了巨大的努力,希望能充分尊重学生的个性,但是受到现实资源的制约,从小学到大学基本都是大班制度,人数从 40~50 人不等。但是,随着大数据时代的到来,个性化学习的春天已经到来,因材施教不再是一句口号。学生终于可以脱离那种整齐划一、千篇一律的培养模式,每个学生都可以有自己的学习计划和奋斗目标。大数据对高等教育领域做出的最重要贡献就是对校园中学生数据的挖掘、整理和分析,能够全面地掌握学生的信息。通过这些信息能够充分认识学生,了解学生差异,了解他们不同的学习需求,进而开启不同个性化的学习资源,提供多种学习模式供选择,给予每个学生成长需要提供个性化指导将不再是梦想。

3. 学生行为得以实施有效监控

教育行政管理部门——诸如教育部、教育厅之类结构可以建立教育教学数据库,各大学可以建立相关子数据库,对学生的学业信息进行收集、整理、分析以及预测。举例来说,对于在线课程可以设置相关数据变量,对学生的课堂行为进行分析和监控,包括旷课、开小差等实时情况。如果学生达到某些设定值,那么系统就会自动发出警报,同时进行记录,最后作为课程评分的依据。当然,无论是线上还是线下均可以采用类似操作。

4. 学生的生活需求得以重视

有了大数据系统以后,可以针对学生的在校生活需求设置一个预警系统。经过多年信息化建设,我国高校普遍已经建立校园一卡通系统,现在完全可以通过校园一卡通来收集学生的信息,包括家庭收入、父母职业、消费习惯、课堂表现等等,以此为依托建立一个学生生活需求预警系统,来对学生的生活需求进行有效干预。举例说明,学校可以通过事先调查,以统计学的形式来计算学生使用一卡通消费的平均值,可以设定 60% 为警戒线,如果学生连续一周消费均低于这个水平,那么就可以判断这个学生生活出现了问题。这个时候就需要启动调查,数据反馈给辅导员,由他进行更深一步的了解,来确定学生消费水平突然降低的原因,以此来进行积极有效的干预,避免学生因为家中变故而出现意外情况。

5. 政府教育主管部门的投资行为得以更加科学和规范

政府的投资行为同样也需要规范,尤其是在做出决策的时候需要数据作为支撑。教育大数据是一个综合信息库,通过它可以对国家的各项教育投资进行评估,判断投资的有效性,以此来推动和促进教育事业的稳定发展。各地教育主管部门也可以依托数据库进行投资行为分析,合理分配教育投资,更好地利用每一笔资金,争取将每一笔拨款落实到最需要的地方。

三、大数据在高等教育领域中的发展方向

从高等教育领域来分析,大数据在提供教育决策支持、推进教育教学改革以及深化教育管理变革等方面都起到了显著的作用。但是如果要实现真的基于数据的决策以及管理,实现数据正向的融合与流动,还需求解决不少问题。比如,数据整合、技术支撑以及数据隐私和安全等。目前各教育主管部门和高校由于重视程度、基础条件、研究能力以及资金投入不同,大数据的应用发展水平也大不相同。如果要加强大数据在高等教育领域中的应用,充分发挥教育领域中海量数据的真实价值,应该需要从以下几个方面继续努力。

首先是要强化大数据意识,从意识形态着手,做好长远规划。各级教育主管部门以及高校的决策者们需要尽快树立大数据意识,推动信息化建设。建议教育主管部门依据国务院《促进大数据发展行动纲要》和教育部《教育信息化十年发展规划(2011—2020年)》等文件精神,出台教育大数据应用发展的指导意见;各高校也要依据国家、教育部和地区已出台的规划和纲要,谋划高校的长远规划和具体

实施方案。

其次就是要加大人才培养力度,提高大数据质量。高校是思维活跃、理念创新的场所,对于大数据的理解和应用也应该走在时代的前列。高校应该普及大数据理念,培养师生的大数据素养,努力培养更多大数据专业人才。21 世纪人才质量的高低才是决定一个行业竞争力的关键。作为一门新的领域,专业人才的缺失将限制大数据的发展速度。高校应该充分发挥人才资源优势,合理开设专业课程,加大培养人才力度,促进大数据专业的发展。同时应当调整教学和管理队伍结构,合理设置管理,引进大数据专业人才,提高学习大数据应用和开发水平。

第三推动校企联合,实施共同发展战略。在高校大数据应用方面,校企之间有巨大的合作空间,把高校的数据资源与存储在互联网公司、在线学习平台企业的数据结合起来,共同挖掘教育大数据的巨大潜力,推进高校教育教学改革和智慧校园的建设。

最后就是注重数据监管,保护个人隐私。大数据环境下,高校师生的个人数据能够被广泛、详实地收集和分析,数据安全面临巨大挑战。我们在期待国家完善法律法规的同时,还要建立规范的大数据使用方法和流程,做好对数据库的日常监管;加强大数据信息安全系统建设,积极应对网络攻击,提升大数据安全保障与防范能力。

参考文献

[1] 王左利. 校园大数据规划先行[J]. 中国教育网络,2014(1):59—60.
[2] 朱建平、李秋雅. 大数据对大学教学的影响[J]. 中国大学教学,2014(9):41—44.
[3] 赵玉洁. 大数据在高校教育信息化中的应用探究[J]. 中国教育信息化,2015(10):39—41.
[4] 贾同. 大数据:高等教育发展的新钥匙[J]. 当代教育理论与实践,2015(6):97—99.
[5] 杨宗凯、杨浩、吴砥. 论信息技术与当代教育的深度融合[J]. 教育研究,2014(3):88—95.

高职院校导师制人才培养模式浅析[①]

冯 艺

摘要： 导师制作为一种人才培养模式，有其先进的一面，也有其局限性，高职院校实施导师制人才培养模式有其必要性，本文对高职院校实施导师制的意义和需要注意的问题进行了探索和分析。

关键词： 导师制 培养模式

作者简介： 冯艺，硕士研究生，上海出版印刷高等专科学校工程师。研究方向：教育管理。

一、导师制的起源与发展

导师制是一种先进的人才培养模式，以人为本、因材施教是其核心宗旨。导师制不仅注重学生的学习情况，也同时注重学生的内涵修养。导师制于 14 世纪起源于英国牛津大学，由牛津大学新学院的创办人温切斯特主教威廉·威克姆首创，当时主要是以个别辅导的方式对研究生进行专业指导。进入现代后，导师制的特殊优势也逐渐吸引了国内部分学者的关注，部分高校开始进行小规模尝试。导师制引入国内初

① 【基金项目】本研究成果受 2018 年度"上海出版印刷高等专科学校高等教育研究所"课题资助。

本文已发表于《现代交际》，2019 年第 2 期。

期,绝大部分高校都是将其用于研究生教学,后来以北京大学、清华大学、武汉大学、浙江大学、暨南大学、上海大学等为代表的一批高校也开始尝试推行本科生导师制,但是高职院校中采用导师制的少之又少。

二、高职院校实施导师制人才培养模式的意义

近年来,随着国家高等教育政策的逐渐变化,高等教育逐渐从精英化走向大众化,普通高校特别是高职院校的准入门槛逐年降低,给高职院校教学质量和人才培养质量带来了沉重压力,如何提高学生素质,如何培养更多能适应激烈的社会竞争的优秀人才,成为广大高职院校必须面对的一个难题,高职院校作为高等教育重要组成部分,同样可以探索和尝试实行适合于自身的新型管理机制,将导师制和高职院校原有教学管理机制有机融合,走出一条具有鲜明特色的优秀拔尖人才培养之路。

《教育部关于深化职业教育教学改革全面提高人才培养质量的若干意见》指出,要坚持走内涵式发展道路,适应经济发展新常态和技术技能人才成长成才的需要,完善产教融合、协同育人机制、创新人才培养模式、构建教学标准体系、健全教学质量管理和保障制度,以增强学生就业创业能力为核心,加强思想道德、人文素养教育和技术技能培养,全面提高人才培养质量。[1]从文件精神中可以看出,在高职院校中引入导师制培养模式,是深化高职教育改革的迫切需求,可以大大加强教师与学生的联系,有利于指导教师和学生之间形成一种相互之间的责任感,形成"教师想教、学生想学"的良性循环,有利于培养出真正满足社会需要的高技能实用型人才,对于构建"学徒制"式现代职业教育的发展格局,具有深刻的理论意义和重大的现实意义。

1. 实施导师制对学生身心发展具有积极作用

实行导师制,从表面上看,是让每一个学生都找到一位引路老师,这个引路老师的引导是多维的,从学业水平上、从观念认知上、从

心理健康上、从职业规划上等等方向引导学生,导师和学生之间的理想关系是亦师亦友的。随着师生在平时学习生活中的交流次数增多,交流内容深入,导师可以逐渐掌握学生越来越多的学习情况和思想动态,能够针对学习中遇到的困难、职业上的困惑、思想上的波动、心理上的困扰等方面给予及时指导和帮助,让每一位学生得到全面、和谐、可持续的人生发展规划。

2. 实施导师制对师生的教风学风有积极作用

高职院校学生普遍学习基础比较薄弱,学习积极性和主动性较低,教师在教学中会遇到不少困难,长此以往,教师的教学热情会逐渐下降。深入推进导师制,是对教师教书育人"三识"的深入强化,"三识"即责任意识、质量意识和规范意识,是做教师的最基本职业素养。对于一名教师来说,"三识"就能决定他的教学风格和日常教学的用心程度,也能直接影响学生的学习热情和听课兴趣,教师的"三识"越强,学生的学生态度也会越端正,良好的学习习惯也会越容易养成,不知不觉中就能形成良好的学习风气。

3. 实施导师制对学生个性化培养具有积极作用

高职院校的学生生源是多元化的,有高中生,有三校生,还有中高职贯通生等等不同类型的学生,不同类型的学生知识基础也不同,上下跨度非常大,传统教学模式难以适应学生多元化的学习需求和社会多元化的人才需求。高职院校人才培养的特点决定了学生应当具备特定岗位所需要的"一技之长",因此,在对学生个体差异认知的基础上,实施导师制模式,因材施教、实行个性化培养,可以充分发挥师生双方的主观能动性和内在潜力,构建融洽师生关系。

三、高职院校实施导师制人才培养模式应解决的问题

1. 转变教师固有观念

在高职院校教师的普遍认知中,教师的职责就是上课,其他事情

都不用负责,管理学生是辅导员的责任,大学生绝大多数都已经成年,应该自由发展。而导师制的实施对广大任课教师提出了新的要求,教师们要在完成教学和科研任务之余,兼任学生的导师,学生从一名到数名不等,教师们要全面关心学生的学习、生活等各个方面,这些都给教师带来额外的负担,教师会有抵触情绪。当前许多高职院校在实施导师制的过程中,面临的一个共性问题就是教师对于导师工作的认识程度有限,没有非常准确地认识到导师制的意义、没有清晰明确的工作任务和目标,这些都将导致教师们不能很快地进行角色转换,不能尽快适应导师身份。

2. 提高教师自身修养,增加教师数量

师资结构和水平一直制约着高职院校的发展,在高职院校实施导师制过程中,这一制约也同样存在。教师的数量和质量,是导师实施的前提。教师也是人,时间和精力有限,如果教师数量不足,一名导师需要指导的学生太多,难免出现分身乏术的情况,对学生的教学和辅导不可能非常细致耐心,那么那些性格内向,不善交流的学生可能得到指导的机会就会少很多。如果仅仅片面追求导师数量,表面上每个导师都只有少量的学生,但是如果教师素质不高,滥竽充数,指导学生变成敷衍了事,反而浪费学生们宝贵的时间,而且大学阶段学生可塑性很强,假如个别教师师德低下,给学生带来负面影响,只会得不偿失。因此高职院校推行导师制的过程中,不但要保证教师数量,找到合理的师生比例,更重要的也要保证教师的质量,一方面实行严格的遴选制度,另一方面加强教师能力培养,提高教师的理论水平和专业技能,给学生提供更多优秀的导师。

3. 明确导师职责范围

导师制是班建制与辅导员管理模式的补充和完善。导师工作与辅导员工作是各自独立同时又有重叠的,二者相辅相成,共同作用于学生成长过程。辅导员的职责主要在常规管理工作和心理辅导工作两块,而导师则主要负责学生的学业规划、能力培养、职业规划和部分心理辅导等,二者工作的主要重叠部分就在学生心理辅导这一块。

大学时期是学生人生观、世界观逐渐定型的关键阶段,心理是否健康对学生的影响将是伴随其一生的。导师与辅导员应建立沟通机制,定期交流学生心理情况。导师还应在辅导员进行普遍教导的基础上,针对自己教导的学生进行个性化辅导,形成对学生的心理教育合力,保障学生心理健康。

4. 建立完善的质量监督体制和激励机制

在导师制实施过程中,教师要全面指导学生的学习和生活,等于是在原有教学工作外增加了很多额外的工作,很多导师并未形成工作惯性,积极性也不高,在实际工作中很容易懈怠,这时就需要建立完善的质量监督体制和激励机制,通过质量监督机制来对各位导师进行评价或评分。对于表现一般的导师,帮助他们找出缺点,加强培训,弥补不足;对于表现优秀的导师,通过激励机制进行合理的奖励,提高导师们的工作积极性。但是另一方面来说,导师的工作是一种主观性工作,他们的工作效果具反复性和长期性而且不容易量化,因此建立对导师工作的质量监督机制确实存在一定的难度,如果仅仅采用量化评价方法,无法保证评价的正确性和真实性,目前来说比较恰当的还是应该以激励为主要手段,通过合理的激励机制促生导师对学生发自内心的关心和重视。

参考文献

[1] 教育部.教育部关于深化职业教育教学改革全面提高人才培养质量的若干意见[EB/OL].(2015 - 07 - 29)
[2] 袁畅、石兰东.高职院校深入推进导师制的实践与思考——以黄冈职业技术学院商学院为例[J].黄冈职业技术学院学报,2015(2),14—16.
[3] 钟燕瑾.高职院校导师制人才培养模式的探索与实践[J].轻工科技,2016(8),150—155.

高职高专教学实验（实训）室绩效评估体系构建研究[①]

吴　娟

摘要：目前，高职高专院校以教学实验（实训）室为主，对其的绩效评估工作一直存在难点。本文讨论了绩效评估体系的设计原则，并结合第三方公司开展绩效评估的契机，对高职高专教学实验（实训）室的绩效评估体系的构建进行探索与研究。运用关键绩效指标设计方法，确定指标体系。该评价指标体系由实验（实训）教学，仪器设备使用，竞赛、科研与社会服务，实验室管理等4个一级指标、12个二级指标、25个三级指标组成。在指标权重上也紧紧围绕实验（实训）室教学，突出重点。

关键词：教学实验（实训）室　绩效评估体系　设计原则

作者简介：吴娟，硕士研究生，助理研究员，从事实验室研究与管理工作。

一、高职高专教学实验（实训）室开展绩效评估工作的难点

高职高专实验（实训）室与高校实验室所承担的任务与角色定位

① **【基金项目】**本研究成果受 2017 年度"上海出版印刷高等专科学校高等教育研究所"课题资助。

不太相同。往往,高职高专不叫实验室,更多要强调其"实训"特点。在调研上海市几所高职院校后,发现目前的实验(实训)室管理与绩效评估工作开展的难点主要如下:

1. 教学实验(实训)室的建设与管理工作多数在教务处或其他部门,成立专门部门的不多,这往往导致管理部门没有过多的精力与人力在开展教学与建设之外继续进行长远考虑的绩效评估工作。

2. 绩效评估需要建立在大数据的基础之上,但是目前高职高专实验(实训)室管理的信息化水平并不高,只做到实验室利用率的采集,而设备利用率的采集工作往往需要依靠较高的信息化水平作为保障。实验(实训)项目的开出率等大数据的采集便利程度直接影响到绩效评估工作的实施深度。

然而,经费投入后所产生的绩效是政府与学校最为关注的问题。开展绩效评估工作任重道远,十分必要。

二、绩效评估体系的设计原则

绩效评价标准的确定是一个严密而科学的过程,标准应当具有相当程度的普适性与稳定性。

1. 目标性原则

绩效是一个复杂的、多维的概念,不可能用一种方法来评测。不同目标指引下设计出的绩效体系可以完全大相径庭。教学实验(实训)室评价体系的设计以教学实验(实训)室的评价目标为出发点。不同的评价目的其评价指标的选用有很大差别,对教学实验室的评价既要考虑它的客观性,又要考虑它的竞争性。所以评价指标体系不但要求全面,而且还应具有可比性、易于量化计算。

2. 客观性原则

教学实验室的评价体系要符合实验(实训)室工作的客观规律,体现实验(实训)室的本质和特征,依据评估标准实事求是地进行评估。

评估结果要做到客观、公正,如实反映实验(实训)室的客观实际。

3. 整体性原则

对教学实验(实训)室的评价要考虑过程与结果、整体与局部。既要考虑它的定位与前期调研,同时要考查项目实施过程中经费使用是否合规,还有考虑验收后的使用与管理情况。因而,评价指标要体现这三个过程,同时指标的界定应当便于跟踪管理和监督。

4. 指导性原则

突出绩效评估的重点,在指标设计时需对绩效评估进行深入而细致的研究,细化指标。考虑通过该实验(实训)室项目建设,分别在功能实现、服务师生、提升学校影响力、社会服务等方面进行设计。但同时也需要明白,绩效评估只是手段不是目的,归根结底还是要达到提升实验(实训)室的绩效,将经费投入到有需要并且能对学校发展产生积极影响的地方。所以绩效评估体系就是指南针,指导的方向代表了学校管理的目的。

三、绩效评估体系的构建

2018年,上海市教育委员会委托会计师事务所对上海出版印刷高等专科学校2017年内部建设经费中的教学实验室进行绩效检查,在检查过程中,学校与第三方单位会计师事务所从多角度进行沟通,结合会计师事务所最终形成的绩效评价报告,促进了学校对绩效评估体系工作的进一步落实。

某会计师事务所绩效评估体系

一级指标	二级指标	三级指标	四级指标	指标权重(分)
项目决策 (10分)	项目立项	战略目标适应性		3
		立项依据充分性		3
	项目目标	绩效目标合理性		2
		绩效指标明确性		2

续　表

一级指标	二级指标	三级指标	四级指标	指标权重(分)
项目管理 (36分)	投入管理	预算执行率		4
	财务管理	资金使用情况	资金使用合规性	4
			成本控制有效性	4
		财务管理制度健全性		6
	项目实施	项目管理制度健全性		6
		项目管理制度执行 有效性		12
项目绩效 (54分)	项目产出	项目计划完成率		8
		验收合格率		8
		项目进度符合率		8
	项目效果	交付使用情况		8
		功能实现情况		8
		地点、空间资源情况		8
		影响力	利益相关方满 意度	3
			教育教学服务 促进作用	3

从上表来看,该会计师事务所的绩效评估体系分为四级指标,考虑了项目决策的占比。从这一层面的绩效评估而言,需要考虑项目立项是否符合地区的战略,具体而言就是是否与上海服务、上海制造、上海购物、上海文化四大品牌契合,是否符合文化创意产业是国民经济和社会发展的重要支柱产业的布局,是否为培养当前数字化、网络化背景下的文化创意产业融合发展的复合型应用技术人才而建设。

2017年上海出版印刷高等专科学校投入约1200万元经费支持了9个实验(实训)室项目。从此绩效评估体系来看,分别从项目决策、项目管理、项目绩效三个部分进行评估,考虑了项目实施的整体性,从前期立项,到项目实施,最后到绩效评估阶段,分别设计指标进行评价,贯彻了动态评估与整体把握的原则,同时也突出了项目绩效模块。尽管该体系可以借鉴,但并不适合高职高专院校内部直接使用。首先该体系评估的对象是学校实验室整体的情况,而对于学校管理实验室的部门而言,他们需要的是评估系(部)实验室的绩效情况,评估对象不同,自然具体的指标也需要进一步细化与明确。据此,结合实际情况,我们试图构建高职高专教学实验(实训)室的绩效评估体系。

上海出版印刷高等专科学校教学实验(实训)室绩效评估指标体系

一级指标与权重	二级指标与权重	三级指标	三级指标权重
实验(实训)教学(30分)	教学理念与改革思路(5)	实验(实训)教学改革	5
	实验(实训)教学管理(5)	实验(实训)项目管理	5
	实验(实训)开出情况(15)	开出率	5
		实验(实训)指导书	5
		学生实验(实训)报告	5
	实验(实训)考核(5)	考核或考试	5
仪器设备使用(25分)	仪器设备使用(25)	实验(实训)室使用率	5
		仪器设备在用率	5
		大型仪器设备维护	5
		仪器设备完好率	5
		实验(实训)室使用记录	5

续 表

一级指标与权重	二级指标与权重	三级指标	三级指标权重
竞赛、科研与社会服务（25分）	促进竞赛（7）	参加市级竞赛	3
		组织考证、市级竞赛	4
	促进科研（6）	发表论文	3
		科研项目	3
	实验（实训）室获奖（4）	获奖情况	4
	社会服务（5）	开展社会服务	5
	创新创业（3）	开展创新创业	3
实验（实训）室管理（20分）	实验（实训）室建设情况（15）	实验（实训）队伍建设	3
		经费执行情况	3
		项目进度符合率	3
		交付使用情况	3
		地点与空间资源	3
	软环境建设（5）	实验（实训）室规章制度张贴	2.5
		安全卫生	2.5
4 项	12 项	25 项	100 分

该评价指标体系由实验（实训）教学，仪器设备使用，竞赛、科研与社会服务，实验室管理等 4 个一级指标、12 个二级指标、25 个三级指标组成。在指标权重上也紧紧围绕实验（实训）室教学，突出重点。运用关键绩效指标设计方法，确定目标层（综合评估指标）→领域层（分类评估指标）→单项评估指标（具体指标）。总的说来，学校层面的实验（实训）室的绩效管理应该注重实验（实训）室的教学效益、科研效益和社会效益三个部分。所以，教学实验（实训）室的绩效评价体系也建立在这些原则之上。客观的绩效评价可以真实地反映教学实验（实训）室的发展状况，为学校的资源分配和实验（实训）室管理提供可靠的依据，对各实验（实训）室的教学与科研工作和发展方向

也能提供指导。

参考文献

［1］ 朱为国、孙全平、吴建华. 高校重点实验室绩效管理评价指标体系研究［J］. 高校实验室工作研究,2016(02)：82—83.

［2］ 武香香、张振强等. 高校共享科研实验室绩效评价机制探索［J］. 实验技术与管理,2015,32(2)：212—218.

［3］ 江波. 高校实验室绩效评价体系创新研究［J］. 实验室研究与探索,2014,33(6)：144—147.

［4］ 吴良、邹志宏等. 基于实验室智能管理系统的实验室绩效分析计算方法［J］. 实验技术与管理 2012,29(6)：193—196.

［5］ 斯蒂芬·P. 罗宾斯. 管理学［M］. 北京：中国人民大学出版社,1997.

［6］ 赵晶. 高校教学实验室绩效评价体系研究［J］. 实验科学与技术,2011,9(2)：146—147.

高职院校落实职称自主评审的困境及对策探究[①]

阮时敏

摘要：在大力发展职业教育的新形势下，高职院校落实职称自主评审改革受到了各方面极大的关注。作为一个新的政策探索，高职院校存在对自身类型特征把握不足、运行机制简单粗放的现象，导致在落实职称自主评审时发生导向偏差、实施失范和效果不突出的困境，本文将就此进行探讨，并提出相应对策。

关键词：高职院校　职称　自主评审

作者简介：阮时敏，硕士研究生，经济师，上海出版印刷高等专科学校人事处。

《国务院关于印发国家教育事业发展"十三五"规划的通知》（国发〔2017〕4号）、《关于深化高等教育领域简政放权放管结合优化服务改革的若干意见》（教政法〔2017〕7号）、《教育部2017年工作要点》等文件都指出要进一步落实高校的用人自主权，下放高校教师的职称评审权。

在高职院校层面，2014年，国务院下发《关于加快发展现代职业教育的决定》指出，要"扩大职业院校在专业设置和调整、人事管理、教师评聘、收入分配等方面的办学自主权"和"健全教师专业技术职

---

① 【基金项目】本研究成果受2018年度"上海出版印刷高等专科学校高等教育研究所"课题资助。

务（职称）评聘办法"。目前，福建、江苏、浙江、辽宁等地已逐步落实了高职院校的职称自主评审并初见成效：高职院校拥有了更大的选人聘人自主权，能够根据学校定位、建设目标、行业特点有针对性地选拔有用之才，从而激发了师资活力，有效地提升了人才培养质量，促进了院校事业内涵发展。

在看到积极意义的同时，我们也看到了这项政策在落实的过程中，存在着高职院校管理者对自身类型特征把握不足、运行机制简单粗放的现象，高职院校在实施自主评审的过程中仍然面临一些问题。本文将就此困境及其对策进行探讨。

一、实施困境

高职教育是既有高等性又兼具职业性的教育层次，以培养在生产、创新、服务、管理第一线工作的应用型高技能人才为目标，院校的专业建设、教育教学、科研服务和管理模式均有别于普通高校，在专业技术职务评审工作中也是如此。但就目前部分省市的实施情况看，面对这一全新的任务，无论是教育行政主管部门还是高职院校，尚未能很好地把高职教育特点融入自主评审全过程，造成院校在体系构建、组织评审、监督保障等各环节都不同程度地脱离高职院校师资队伍建设实际。

（一）体系构建的偏颇：评审导向偏离高职院校发展需求

高职院校在构建自身评审体系时往往参照普通高校，在对其指标和标准做简单降标处理后引为己用，注重容易量化的显性指标而忽略不容易量化的师德师风、职业素养、育人能力和实践能力等指标，使评审导向偏离了高职院校的发展需求。

其一是考核导向偏离高职院校事业发展目标。普通高校以知识研究和创新为目标，评审体系围绕科研成果的产出和水平为核心展开,以发表核心论文和主持纵向课题项目为依据;而高职院校是以知识应用为价值取向,侧重应用研究。高职院校套用普通高校的评价体系,过分注重教师科研方面的考核,强调对论文档次、级别和课题数量而忽略对教师教学和实践操作的能力考核,迫使教师为了晋升而突击发表论文、争取项目,将大量时间花费在理论产出,而非提高专业技能与实践水平等职业教育所需的能力上,这既不科学也不合理。

其二是评审指标不能涵盖高职院校教师岗位任职要求。高职院校以培养高技能人才为目标,这就要求高职教师既要有某一专业的深厚理论知识、行业背景,又要具有相当的专业实践技能,既要有普通高校教师组织教学、理论阐释的教师基本功,又要具有示范教学、产教结合、创新创业、服务社会的能力。但现行的考核指标多设置为学历学位层次、论文、科研项目层次及数量,未能体现对高职院校教师在师德师风素养、教育教学能力、专业实践应用能力、社会服务能力方面的要求。考核指标重学历轻资历、重科研轻教学、重论文轻实践,造成部分教师重个人成就轻教书育人、重科研工作轻教学实践,这与评审工作应体现的岗位任职导向是相违背的。

其三是评价标准不匹配高职院校的专业多元化。目前高职院校自主评审体系中的评价标准以统一的定性评价为主,没有体现对不同层次、不同专业、不同类型教师的差异性要求,评审往往"一刀切"。一是没有考虑到不同学科的专业差异;二是没有区别教学型、科研型等不同类型教师的层次差异;三是成果的定义单一,以论文和项目为主,未涵盖各种应用、实践性的成果形式,并以成果的数量和级别来简单作为标准,忽略了应用和效益的评价。

(二)实施过程的失范:治理运行机制尚不完善

高职院校在实施自主评审过程中,一定程度存在内部治理结构不完善、运行机制简单粗放的情况,造成了实施过程的失范。表现在:一为评审主体单一,一方面自主评审体系的制定与实施由行政部门主导，一线教师、专技人员参与度不足，造成对专业、学术的特点把握不充分，行政权力胜过学术权力与民主权力。另一方面是高职院校多采用同行专家评审为主要考核方式，这种方式要求专家在较短时间内通过申报者的书面材料对其能力水平做出判断，容易受到环境、材料及个人主观看法的影响，主观随意性较大，结果通常为定性评价，很难充分客观地全面评判申报人员的综合素养与水平。

二为流程实施缺乏规范。高职院校自主评审尚未实现常态化的工作节奏，通常以一年一评或一年二评的形式开展，突击工作的情况较为突出。由于工作程序复杂、评聘时间较短，容易造成为了赶进度而忽视某些程序的规范实施。另外评审过程的公开度和透明度亦有不足，目前一般在申报前和申报结果后有公示，而对于中间的环节、工作标准、工作进度等，普通教师很难了解。

三为监督保障机制不完善。如还未建立完善的评议专家的选择标准与方式、专家的评审工作流程、回避制度、工作人员的保密要求等，同时缺乏对评审过程中的风险环节的有效监控手段，如缺少社会评审参与，独立监督环节不够完善，尚未做到全过程公示等。

（三）评审效果的困惑：缺乏对评审结果的有效性的认知

评审效果即评审结果的有效性，指评审工作必须在尊重高职教育的发展规律、高职院校的办学规律上运行，组织科学合理，过程公开透明，评审结果公平、公正，能够得到大多数人的认可。评审结果公平有效，才能形成良好的职业发展导向，从而激励更多的专业技术人员发奋努力、积极创新、不断提高自身的教学科研水平，进而促进高职院校人才培养质量、办学水平的不断提高。

但是目前，多数高职院校尚未建立起完善的数据追踪、量化分析、质量监控和长效反馈跟踪机制，自然很难回答诸如评审结果是否能科学判断申报教师的全面水平，成为岗位聘任的可靠依据；申报人员对评审过程及结果是否满意；评审标准是否形成了良好的教师职业发展导向等这些问题。

缺乏对评审效果的客观认识和科学评价，一方面使教师对评审体系的意见建议得不到反馈和合理解答，长此以往将影响教师对评审过程公正性、评审结果有效性的认可；另一方面也不利于高职院校发掘现有评审体制中的问题，不利于评审体系的不断优化。

（四）结果公信的弱化：难以平衡不同背景下职业教育教师的发展差异性

高职院校实施自主评审的另一困境还体现在评审结果的公信力弱化，表现为不同地区、不同类型院校间的评审体系差异很大，系统间层次差异明显。越是经济社会和高职教育发达的地区，评审条件和要求越高，量化及硬性条件越具体，造成不同院校间对相似成果的认定和评审结果不尽相同，评审结果在院校间的通用性认可度不足，其权威度受到质疑，这势必会影响高职院校人才培养的标准化建设。

作为院校自主制定的标准、体系，也受到学校所处地域、行业的影响，带有鲜明的地区、院校特点。特别是在对高职院校而言非常重要的实践性能力的评价标准上，由于缺乏公认通行的标准，实践能力评价多以定性描述为主，可替代性强，各院校间的具体要求做法有很大差别。换言之，不同地区、不同行业、不同理念的高职院校对同一级别的职务评审标准可能差异较大。教师在本校通过评审取得的资格，在其他院校不一定能够得到认可；教师的能力业绩在某校达到了副高级的标准，而在另一所学校只能相当于中级的标准。这一方面体现了院校的发展差异和用人自主权，另一方面却削弱了评审结果的公信力，院校间标准差异过大，不仅可能造成不同院校间高职院校教师的随意攀比，还可能发展成为教师对职务评审工作的质疑，也将进一步加剧院校间发展水平的差异。

二、成因分析

自主评审使高职院校有机会开拓广阔的选人用人空间，但这项改革是一个复杂而庞大的工程,既有体制和政策方面的限制,又有历史背景和人为因素的困难,更有区域和院校层次的差异,种种因素造就了目前这项改革面临的诸多困境。总体而言,困境的成因可以被归纳为工作基础的薄弱和利益竞争的博弈两大方面。

(一) 工作基础的薄弱影响政策落实

高职院校实施自主专技职务评审的时间较短,离全面落实尚有一段距离,客观上有政府、主管部门的指导政策尚不完善、相关的理论研究也不深入的情况,而主观上高职院校自身的实践经验也积累不足,总体而言工作基础较为薄弱。

目前,教育行政主管部门的宏观政策仍将高职院校的职务管理纳入普通高等教育职务管理体系,未对其进行区分。相对独立的高职教师专业技术职务评审标准依然缺失,高职院校的自主评审仍主要以《高等学校教师职务试行条例》(职改字〔1986〕第 11 号)的精神作为业务指导,即条例第六章第二十三条的规定:"本条例适用于普通高等学校。原则上也适用于其他类型的高等学校。"与之形成对比的是,同样属于职业教育层面的中专技校,都有相对应并区别与普通中小学的教师职务管理办法,即《中等专业学校教师职务试行条例》《技工学校教师职务试行条例》。宏观政策层面的薄弱,是造成高职院校制定自主评审时标准困惑的政策本源。

其二是高职院校的数据积累少、评审样本小,造成理论研究的深度和广度都有所欠缺,相关的研究多从理论、宏观等方面进行定性分析,缺乏长期、科学、定量的比较研究,使高职院校缺少对评审质量监控的客观数据和不断优化评审体系的理论支持。

其三在于高职院校开展自主评审实践时间较短,在管理上欠缺组织经验,院校间缺乏必要的交流互通,致使学校对于可能的管理风险意识不足,缺少充分的评审质量分析基础,存在各院校闭门造车各自为政的情况。

（二）各方利益的博弈渗透评审机制

受到院校管理的行政化、学术权力功利化和岗位稀缺造成的激烈竞争因素影响，高职院校自主构建评审体系的过程和结果被各方利益的博弈所左右，某些程度上偏离了学术的本质。

其一是高职院校现行的职务评审话语权被由人事部门、相关的职能部门及主要行政领导和学术权威几大主要方面的少部分人所把持。在职务评审规则的制定、体系的构建、指标的确认、标准的设定过程中无不渗透着行政思维并体现了行政权力的主导。

其二是在评审过程中，专家、学术权威的主观评价主导了评审结果，再加上学术功利化、学术马太效应等学术失衡现象的影响，往往使评审或倾向于热门、流行的研究，或流于对成果数量而非质量的评价，或受到专家个人流派、观点的影响，造成评审结果公正性的偏差。

最后是专技岗位的稀缺造成激烈的竞争异化了评审的内涵。在现行高校薪酬体制中，职称晋升直接意味着经济利益的获得，但受到岗位额度的限制，教师职务晋升的竞争非常激烈。这使职务评审承载了许多学术之外的意义，不仅使参与其中的工作人员、申报人员和评审专家的压力倍增，也影响其执行的各个环节，出现了如"托人情""打招呼""排队通过"等现象。

三、对策探究

（一）把握高职特点做好顶层设计

机制构建的第一步在于理念标准和顶层设计，高职院校自主评审目前尚处在改革的初期，无论是教育行政主管部门还是高职院校自身，都需要进一步把握高职教育内涵，做好顶层设计，为此后的改革深化打下良好基础。

《国家中长期教育改革和发展规划纲要（2010—2020 年）》已指出要"完善符合职业教育特点的教师专业技术职务（职称）评聘办法"。教育行政主管部门应结合当前高等教育类型特点，充分把握高职院校的办学特点，重新修订国家层面的高等学校教师任职标准指导，进一步明确高职院校教师的职业特质和任职要求，加快制定职业类教师资格标准等，为高职院校层面落实自主评审明确工作标准。

"名师出高徒"，人才培养的质量取决于教师的水平与其发挥，学生的成长成才与教师的专业发展是密不可分的。高职院校应立足自身人才培养目标、把握师资队伍发展的正确导向，做好评审体系的顶层设计，科学设置考核各项指标及其权重。在进行职称评审体系顶层设计应突出体现高职院校实践型、技能型的指标，如社会服务技能、应用研究开发、产教结合项目等方面的考核指标，强化对教师实践技能的考核如教师指导学生实习和实训、学生参考各级各类技能大赛的成绩等。

（二）围绕专业特点实施分类考核

高职院校要确保自主评审的科学性，实施分层分类考核是关键。一方面，高职院校的专业设置有着鲜明的行业和应用特点，评审标准的制定要遵循学术的规律，如对文、理、工、艺术等不同专业，制定不同的基本要求，对艺术类可侧重其作品被收藏、参加展览等体现影响力的评判，对理工类可侧重考核其应用性、实践性指标如专利的数量，对文科类可适当增加论文级别数量的要求等。另一方面，对不同类型及不同层次的教师的考核标准应各有侧重。如对教学型、实践型和研究型的教师，其论文、教学的考核比重应有所区别。对于申报高级职称的教师，其考核指标应更侧重个人业绩、行业影响等专业发展性指标，而中初级的教师则更应关注教育教学技能、专业技能等专业基础能力指标。

（三）探索多元评审确保客观公正

高职院校应采取多元化的综合评审来确保评审结果全面客观，如采取量化评判与主观评审相结合的方式，增加述职、答辩等环节。此外，还应进一步加强评审过程的监控，如规范专家的遴选标准及程序、严格执行匿名评审或考虑实名制投票各种方式。

（四）推进科学管理保障评审质量

职称评审是院校管理人事管理体制中的一个部分，也是一项长期工作，牵涉到教师发展、岗位聘任、绩效考核等多方面因素。高职院校应立足全局树立系统性观念开展这一工作，不能只着眼于评审这一单一过程，而应从评前、评中、评后全方位做好制度保障，实现科学管理，如配套出台评审工作规范、监督保障制度、严格聘后考核退出机制等，并重视评审质量的追踪分析，方能确保评审工作的整体质量。

从宏观而言，学校的人才培养体现在两个方面，一是学生的成长成才，二是教师的专业发展。而职称评审的根本目的正是为了客观评价教师的专业能力和水平，使其能在合适的岗位上充分发挥其教育教学能力，最终服务于高技能人才培养这一中心任务。

参考文献

［1］俞启定、王为民.审视与反思：我国高职教师职称评审标准的套用问题［J］.教师教育研究，2013［1］.

［2］雷家彬.高职教师职称评价标准的比较研究［J］.高校教育管理，2016［4］.

［3］汪建华.高校教师职称评聘现状分析与对策探究［J］.教师教育研究，2013［5］.

［4］罗艳、刘琼.以教学能力为主构建高职院校教师职称评价标准合理性探究［J］.职业教育研究，2015［4］.

［5］卢淼.高职院校教师专业技术职务评聘制度的改革探究［J］.职教通讯，2015［23］.

校企合作

高职院校校企合作深化中的问题与思考[①]

徐　东

摘要： 解决好校企合作中遇到的诸如教育理念、政策法规、运行机制、利益保障等方面的问题，不断创新合作模式，拓宽合作领域，是促进校企合作深化和可持续发展的重要方面。

关键词： 校企合作　高职教育　人才培养

作者简介： 徐东，上海出版印刷高等专科学校副教授，研究方向：印刷工程和高等职业教育。

一、引　言

校企合作是指高职院校与企业相互合作，校企共同参与专业建设、人才培养方案的制订以及具体的教学活动环节，双方在产学研领域进行深入合作，充分利用各种社会资源，使得学校培养的人才符合企业发展的实际需要，达到学校、企业、学生、社会等多赢的效果。深化校企合作办学是高职教育实现工学结合人才培养目标，进一步提高技能应用型人才培养质量，促进我国高职教育改革和可持续发展的根本之路。本文从对当前我国高等职业教育校企合作中存在的问

---

① 本文已发表于《教育与职业》，2018年第3期。

题进行分析,探索问题的解决思路。上海出版印刷高等专科学校印刷技术类专业与多家印刷包装企业合作,在专业建设、课程建设、人才培养方案制订以及教学、实训等方面与企业进行深层次合作,通过工学结合的教学方式,学生真正掌握了印刷职业知识和技能,企业也得到了发展所需的人力资源。实践表明,高职教育中的校企合作办学模式遵循了职业教育的发展规律,促进了学校技能型人才培养质量的提高,共享了各种社会教育资源,解决了学校与企业人才培养规格的对接问题。

二、深度校企合作中存在的问题

深度校企合作的根本目的是使参与合作的学校、企业、学生、社会各方"互利多赢"。就目前校企合作的情况看,在深度校企合作的进程中,主要遇到以下问题:一是在政策层面,对校企合作缺乏激励政策和制度保障;二是在利益层面,参与各方的价值取向不一致,尤其是企业缺乏热情,使得校企合作深化困难;三是在动力层面,缺乏校企合作的原动力,尤其是企业参与的动力不足。这些问题如果得不到有效解决,校企合作将难以真正形成人才共育、过程共管、成果共享、责任共担的紧密型合作办学体制机制,将制约高职教育工学结合人才培养目标的实现。

1. 在深度校企合作上缺少相应的政策保障。由于国家还没有出台对开展校企合作的企业进行激励的政策,没有对校企合作中各方利益进行保护的机制(尤其是企业利益的保护),校企合作的深化缺少政策的激励和保障。在校企双方合作的过程中,往往会由于缺乏利益驱动和保障机制,最终导致校企合作各方,尤其是企业一方无利可图,使得深度校企合作处于艰难的境地。因此,国家对于校企合作的政策激励和制度保障将会是国家对于发展高职教育的强大的推动力。

2. 在深度校企合作中缺少共同的利益。深度校企合作需要解决好校企合作各方的利益，尤其是学校与企业的利益问题。校企双方的合作难于深化的重要原因是缺少共同的利益。因此，学校要更多地站在企业的立场上，了解企业在校企合作中的真正需求，考虑如何更多地体现企业的利益。

3. 在深度校企合作中缺少原动力。首先，在深度校企合作的过程中合作原动力的问题。其次，高职院校没有从企业利益出发，只是为了学生的实习和毕业生的就业安置，会导致企业很难真正参加到与学校合作中来。第三，合作模式的利益问题。能够体现出深化合作各方的利益合作模式设计是深度校企合作的关键。

三、深化校企合作的对策与思考

为了深化校企合作，并使合作能够可持续发展，结合我校在校企合作中的实践，笔者认为要从以下三个方面重点进行开拓。

1. 深化校企合作，创新合作动力机制。笔者认为，校企合作中高职院校的根本利益是要以企业的生产实际引领学校的教学，明确培养目标和人才规格，使"工学结合"真正得以贯彻。例如，我校在与上海某印刷集团的校企合作中发现集团大多数企业面临人力资源匮乏的问题。主要体现在符合现代印刷数字化生产作业的高级技能人才严重不足和在职的生产一线职工缺乏对数字化印刷知识和技能的掌握，使得近几年企业引进的数字化印前生产设备、数字化印刷加工设备由于缺少相应的高技能应用人才而不能为企业真正带来效益。我校的印刷技术专业在专业建设中也需要将反映印刷数字化技术生产和应用的内容体现到专业教育和课程体系中来。因此，校企双方有了真正的合作需求，合作才有真正的动力，合作才可以不断深入。学校与集团共同成立了校企合作办学理事会，由学校和集团及其企业各自委派高层共同组建和运行理事会。理事会主要负责学校的专业设置、培养计划、课程设置和教学改革方案等重大事项。

2. 建立校企"共育、共管、共享"的长效合作机制。首先是建立人才"共育"的专业建设制度。学校和企业人员共同探讨人才培养所面临的问题,把握专业建设思路和方向,为人才培养提供反映生产实际的真实素材。校企双方共同参与人才培养的全过程,共同开展专业建设。在对集团企业数字印前、印中、印后加工、数字生产流程管理等岗位能力要求、岗位需求、工作任务分析的基础上进行专业的课程设置,共同开发实训模块、技能考核标准及配套教材,实现课程教学内容及要求与实际岗位能力的紧密对接。其次,建立校企"共管"的实训基地建设和管理制度。校企合作"共管"实训基地的建设与管理是校企合作的重要方面,企业技术人员通过实训基地把实际生产中的技术工艺、管理、企业文化等企业要素融入具体的职业岗位和实训内容中,以全真的环境全方位培养学生职业能力和岗位素质。第三,建立校企"共享"的人才培育管理制度。在人才培养方面,通过校企合作,学校的专职教师既要参与教学工作,又要为企业和社会提供技术服务。而企业的技术专家和能手通过校企合作参与了教学,提升了将实际生产经验上升为理论的水平。再有,通过校企合作"共育"的学生,与企业的生产实际密切结合,达到了企业的岗位就业要求,也解决了企业发展中的人才瓶颈。

3. 共建人才培养标准,使深化校企合作规范有序。首先,按照国家劳动和社会保障部制定的国家职业标准体系和行业颁布的行业技术标准、职业鉴定标准,以及企业的职业岗位要求,校企双方共同构建人才培养质量标准体系。集团企业从学生入学的第一年开始,通过以集团(企业)命名班等形式双向选择定向培养学生。企业将这些学生视为企业的准员工进行培养和考察,学生毕业时,学生与企业再次进行双向选择。学校与集团企业一起,对定向培养的学生,根据企业岗位的实际要求,共同制定人才培养标准和考核体系,并由学校教师、企业专家、工程师、技师等共同参与到人才培养的质量评价中来。对学生的评价要结合学生的实际操作水平和工作实践能力来确定,体现客观性与真实性。其次,建立教师到企业践习的考评机制,教师在晋升高一级职称前,必须有一年以上到企业践习的时间,同时要通过校企双方的践习考核。第三,学校为企业技术人员参与教学出台了相应的激励政策和实施细则,让教师、学生与企业技术人员在校企合作中真正融为一体,从而不断深化校企合作。

四、结语

深化校企合作是提升高职院校办学质量、推动高职教育发展的必然选择,也是实现政府、学校、企业各方利益共享的一种先进的办学模式。如何深化适合我国社会主义市场经济体制的校企合作教育模式和运行机制,还有待进一步实践和探索。

参考文献
[1] 匡维."三螺旋"理论下的高等职业技术教育校企合作[J].高教探索,2010 (1).
[2] 王妍.基于校企合作的机械类高技能人才培养探索[J].教育与职业,2010 (17).
[3] 叶东.高职教育集团化办学视野中的校企合作探析[J].无锡商业职业技术学院学报,2010(4).
[4] 杨国良.高职教育校企合作行为的经济学分析[J].教育与职业,2010(2).

构建职教集团的囚徒困境分析^①

黄一涛

摘要：构建职教集团是职业教育发展的一大趋势，但职教集团是有具有"比较利益人"特征的多元主体构成的联盟组合，涉及到政府、行业、企业和学校。各主体间进行博弈，但必须遵循利益相关者权益平衡的原则才能达到共赢，否则就会陷入"囚徒困境"。为了避免陷入"囚徒困境"，可在职教集团中实行"四位一体"的公共治理模式。

关键词：高职院校　职教集团　博弈分析

作者简介：黄一涛，上海出版印刷高等专科学校讲师。研究方向：行政管理、教育管理。

随着《教育部关于以就业为导向深化高等职业教育改革的若干意见》(教高〔2004〕1号)、《关于全面提高高等职业教育教学质量的若干意见》(教高〔2006〕16号)和《2010—2020年国家中长期教育改革和发展规划纲要》三大文件分别提出"积极开展订单式培养，建立产学研结合的长效机制……要重视地方政府在高等职业教育规划和发展中的统筹、协调等作用，有条件的地区可以根据需要组建……各

---

① 本文系上海市高等教育学会课题"高职院校基于构建职教集团人才培养模式的博弈分析"(课题编号：ZCGJ49—09)的阶段性成果。

本文已发表于《中国职业技术教育》，2011年第3期。

具特色的'职教集团',探索产学研结合发展高等职业教育的新道路"和"大力推行工学结合,突出实践能力培养,改革人才培养模式……校企合作,加强实训、实习基地建设",以及"实行工学结合、校企合作、顶岗实习的人才培养模式";"调动行业企业的积极性,建立健全政府主导、行业指导、企业参与的办学机制,制定促进校企合作办学法规,促进校企合作制度化"。学术界对高等职业院校建构职教集团人才培养模式逐渐关注的较多。本文在以往学者研究基础上,引入经济学博弈论这一分析方法,探讨和分析目前高等职业院校职教集团这一人才培养模式的现状和对策研究。

一、职教集团的界定与博弈论

因为职教集团是一个多元主体的联盟组合,涉及的主体包括政府、学校、企业、行业、社会中介组织、社区、集团公司等,可以形成校际合作、校企合作、区域合作、中外合作、集团下属机构间合作等方式。[1]但根据"理性经济人的假说",这些主体具有自利性,其利益是一个客观的存在,这些主体之间不管是竞争还是合作,其行为最终都是利益所驱动的。就是政府都存在着"利他"和"自利"的双重动机。这些具有"比较利益人"特征的主体,其行为动机是复杂的、多元的、变化的,是自利和他利的结合,是多种利益诉求的比较与整合,最终属于一种公共治理,需要兼顾多元办学主体的利益,必须遵循利益相关者权益平衡的原则。

博弈论(game theory)又称对策论,是 20 世纪 20 年代由著名的数学家冯·诺依曼提出的。1944 年,他和摩根斯坦首次在《博弈论与经济行为》一书中提出了博弈模型。博弈论对人的基本假定是:人是理性的,或者说自私的,他在具体策略选择时的目的是使自己的利益最大化,博弈论研究的就是理性的人之间如何进行策略选择。博弈论的基本概念中包含参与人、行动、信息、战略、支付函数、结果和均衡。参与人可能是个人,也可能是团体,他是决策主体;行动是参与人的决策变量;信息是参与人在博弈中的知识,尤其是有关其他参与人特征和行动的知识;战略是参与人选择行动的规则;支付函数是一个数理概念,是参与人从博弈中获得的效用水平,是每个参与人真正关心的东西;结果是博弈分析者感兴趣的要素的集合;均衡是所有参与人的最优战略或行动组合。[2]以上概念中,参与人、行动、结果三者构成了博弈规则。

博弈论中一个重要的概念是纳什均衡,它是指这种在个人理性下的可自我实施的协议的均衡状态。在这种状态下,若其他局中人不改变其策略,任何一个局中人都不能通过改变自己的策略来增加自己的效用。换言之,在其他局中人的策略给定的情况下,某个局中人只能采取某个特定策略才能获得最大的支付,任何别的策略都不能使他获得的支付更高。生物学家加勒特·哈丁于 1968 年在《科学》杂志上发表"公用地悲剧"(the tragedy of commons)一文,成功地将博弈论中经典的"囚徒的困境"和资源耗竭结合起来,提出了"公用地悲剧"。他认为,在信奉公用地自由化的社会中,每个人都追求各自最大的利益。为我们揭示了理性经济个体的行为可能会导致集体公共物品的消亡。[3]

博弈论可以划分为合作博弈和非合作博弈,纳什、泽尔腾和海萨尼等的贡献主要在非合作博弈,现在很多经济学家在谈到博弈论时,一般指的也是非合作博弈,而很少谈到合作博弈。纳什的理论认为非合作博弈是接受公平博弈思想的 n 人博弈理论的直接应用,非合作博弈就是要找到一个均衡点,谈判就属于非合作博弈模型中的最大行动。[4]而合作博弈中,联盟(不只是单一参与人)如何实现而不需要其他参与人同意。[5]合作博弈和非合作博弈的区别在于人们的行为相互作用时,当事人能否达成一个具有约束力的协议,即合作博弈强调的是团体理性和公平、公正;非合作博弈强调的是个人理性和个人最优决策。博弈的划分可从两个角度进行:第一个角度是参与人行动的先后顺序,第二个角度是参与人对有关其他参与人(对手)的特征、战略空间及支付函数的知识。将这两个角度的划分结合起来，我们就得到四种不同类型的博弈：

表1　四种不同类型的博弈

信息　　行动顺序	静态	动态
完全信息	完全信息静态博弈； 纳什均衡； 纳什(1950,1951)	完全信息动态博弈； 子博弈精炼纳什均衡； 泽尔腾(1965)
不完全信息	不完全信息静态博弈； 贝叶斯纳什均衡； 海萨尼(1967—1968)	不完全信息动态博弈； 精炼贝叶斯纳什均衡； 泽尔腾(1975)； Kreps 和 Wilson(1982)， Fudenberg 和 Tirole(1991)

资料来源：张维迎，《博弈论与信息经济学》，上海三联书店、上海人民出版社，1996年版。

本文主要用的是完全信息静态博弈，即纳什均衡。完全信息静态博弈是一种最简单的博弈，在此博弈中，每个人是在不知其他人行动的情况下来选择自己的行动。

二、职教集团的囚徒困境及博弈案例分析

"囚徒困境"(prisoner's dilemma)是博弈论中一个经典模型，它反映了个人理性和集体理性的矛盾，是社会结构中普遍存在不合作现象的最好、最简单的抽象。在囚徒困境博弈中，机会主义或侥幸获取利益的动机，结果就是"个体对自身利益的追求将损害整体的利益"。"困境"主要体现在个体的理性导致双方得到的比实际可能得到的少。从个人的角度考虑，背叛是最好的选择，但双方背叛会导致不甚理想的结果。"囚徒困境"是和区域公共物品供给而产生的"外部性"和"搭便车"联系在一起的。"外部性"在这里是指一个地方政府经济活动的一部分成本或收益由该地区以外的其他地方政府甚至

社会来承担或分享,而在这过程中受到损失的一方是无法向另一方索取补偿的。如果承担的是收益,那么就是正的外部性;如果承担的是成本,那么就是负的外部性。所谓"搭便车",通俗地讲就是逃票乘车,是指某些个体参与了公共物品的消费,但却不愿意承担公共物品生产的成本支付。例如在构建职教集团中,也存在着这样一种博弈的情况。如果各职教集团成员都出钱出力出人出物,职教集团的建设和发展会"柳暗花明又一村"。问题在于,如果甲方出钱出力乙方不出钱出力,甲方得不偿失,而乙方可以搭便车享用甲方为职教集团努力后的益处。所以,每一方的选择都是不出钱不出力,这种纳什均衡使得所有人对职教集团建设置之不理,而最终全体受损。

职教集团涉及的主体包括政府、学校、企业、行业、社会中介组织、社区、集团公司等,为方便分析假设只有主体甲和主体乙,其构建职教集团的关系包括合作、不合作,下表为主体间的博弈分析。

（1）目前放任状态下的博弈均衡（不合作,不合作）

表 2 职教集团主体间博弈的效用细分表

选择	效用分析	效用值细分		效用值	
		主体甲	主体乙	主体甲	主体乙
甲、乙合作	合作环境改善,利于职教集团发展	40	40	20	20
	公平分担治理成本	−20	−20		
甲合作乙不合作	甲单独承担治理成本	−40	0	−30	30
	合作环境稍微改善	20	20		
	乙享受低成本高效益	−10	10		
乙合作甲不合作	乙单独承担治理成本	0	−40	30	−30
	合作环境稍微改善	20	20		
	甲享受低成本高效益	10	−10		
甲、乙不合作	合作环境恶化职教集团建设陷入困境	−20	−20	−20	−20

表3 主体间的博弈

		主体甲	
		合作	不合作
主体乙	合作	20,20	30,−30
	不合作	−30,30	−20,−20

从表3可以看出,在这一博弈中每一参与人都有一个优势策略:当甲选择合作时,乙合作得20,不合作得30,因此选不合作;当甲选择不合作时,乙合作得−30,不合作得−20,因此选不合作。可见无论甲选择什么行动,乙的优势策略均为不合作。同理,甲的优势策略也为不合作。因此,此博弈的优势策略均衡为"不合作,不合作",这一结果对双方来讲都劣于"合作,合作",也是双方损失之和最大的。这也说明了为什么在无外来因素(政府机关)介入的情况下职教集团构建的困境。打破这种非合作均衡,只有通过外力的介入来促使职教集团主体间合作博弈的形成。

（2）外来因素干预下主体间的博弈均衡（合作,合作）

假设外来因素通过奖惩机制对职教集团主体间合作产生影响,双方合作时,外来因素不做干预;一方合作一方不合作时,奖合作方30,惩不合作方−50;双方都不合作时,各惩−20。如表4。

表4 外来因素干预下职教集团主体间博弈的效用细分表

选择	效用分析	效用值细分		效用值	
		主体甲	主体乙	主体甲	主体乙
甲、乙合作	合作环境改善,利于职教集团发展	40	40	20	20
	公平分担治理成本	−20	−20		
甲合作乙不合作	甲单独承担治理成本	−40	0	0	−20
	合作环境稍微改善	20	20		
	乙享受低成本高效益	−10	10		

续　表

选择	效用分析	效用值细分		效用值	
		主体甲	主体乙	主体甲	主体乙
	外来因素干预：奖甲罚乙	30	−50		
乙合作甲不合作	乙单独承担治理成本	0	−40	−20	0
	合作环境稍微改善	20	20		
	甲享受低成本高效益	10	−10		
	外来因素干预：奖乙罚甲	−50	30		
甲、乙不合作	合作环境恶化职教集团建设陷入困境	−20	−20	−40	−40
	外来因素干预：罚甲罚乙	−20	−20		

表5　外来因素干预下职教集团主体间的博弈

		主体甲	
		合作	不合作
主体乙	合作	20,20	−20,0
	不合作	0,−20	−40,−40

　　从表5可以看出，由于不合作的成本升高，两个主体进行博弈的优势策略均衡为"合作，合作"。它既实现了参与人在给定约束条件下自身效用最大化的目标，又实现了整个职教集团的利益，这也体现了外来因素干预的必要性，笔者在下文中将依次进行制度设计。

三、走出职教集团的囚徒困境——构建
"四位一体"的公共治理模式

职教集团的健康稳步发展对职业教育的发展具有举足轻重的作用。职教集团各主体合作质量的好坏直接影响到职业学校学生技能水平的高低。然而,在现实中,无论是地方政府、学校还是行业企业对于职教集团的重要性却没有足够的认识,从而影响到职教集团的实际效果。本文运用博弈论对职教集团的参与主体进行分析,从理论上论证了只有主体间的真诚合作时才能真正发挥"1+1>2"的效果,达到决策多方的共赢。职教集团是具有非营利性质的、多元的治理主体,是典型的利益相关者组织。"从广义上来划分,职教集团利益相关者主要包括四大类,政府、职业学校、行业与企业,即职教集团的治理主体。""而治理的主要内容之一就是要协调多元主体之间的利益关系,形成多元治理模式。治理的核心在于'协调',强调用普遍联系的观点看问题,采用网状思维和多点思维模式。"[6]在治理的语境下,"这些主体相互依存,以共同的价值观为指导,为达成共同目标进行协商和谈判,通过合作的形式来解决问题。博弈论认为,当博弈各方协调一致去寻找有利于共同盈利的战略时,就会出现协同性均衡状态"。[7]而职教集团利益相关者之间就存在这种博弈关系,所以本文提出构建"四位一体"的公共治理模式。

1. 政府主导——发挥政府在构建职教集团中的统筹作用

《国家中长期教育改革和发展规划纲要(2010—2020)》中指出:"政府切实履行发展职业教育的职责。把职业教育纳入经济社会发展和产业发展规划,促使职业教育规模、专业设置与经济社会发展需求相适应,统筹中等职业教育与高等职业教育发展。健全多渠道投入机制,加大职业教育投入。"这充分展示了国家重视政府在职业教育发展中的主导作用。政府要了解职业院校和其他职业教育资源,可以对行业、企业参与职教集团提供决策参考;政府可以直接参与职教集团发展规划,把社会发展目标与职教集团目标更好地结合起来;政府还可以用政策、制度以及本身的权威协调集团内部各参与主体间的多元利益需求和矛盾,规范集团和各主体协调、健康、平稳发展;同时,政府也可以为职教集团提供有力的政策支持和资金支持。为职教集团创造良好的发展环境,是政府和有关部门应尽的责任,也是职教集团健康发展的基本保证。

2. 行业指导——发挥行业在构建职教集团中的指导作用

行业组织对职教集团的发展有着十分重要的作用。2005 年出台的《国务院关于大力发展职业教育的决定》明确了行业主管部门和行业组织在发展职业教育中的职能:"在国家教育方针和政策指导下,开展本行业人才需求预测,制订教育培训规划,组织和指导行业职业教育与培训工作;参与制订本行业特有工种职业资格标准、职业技能鉴定和证书颁发工作;参与制订培训机构资质标准和从业人员资格标准;参与国家对职业院校的教育教学评估和相关管理工作。"国际经验表明,依靠行业引领发展职业教育是发达国家发展职业教育的重要途径。在德国"双元制"职业教育运作机制中,行业协会是关键的环节。德国《职业教育法》规定:每个行业协会都应设立一个职业教育委员会,作为专业决策机构,并赋予它组建职教机构、制定规章制度、认定培训资格、审查培训合同、确定培训时间、组织技能考试、仲裁"双元制"双方矛盾、监督咨询行业协会等职责。职业教育是与行业联系最紧密的教育类型,具有鲜明的行业特色。国家应进一步强化行业主管部门在职业教育中的角色定位,赋予更多的管理权限,解决行业企业参与职业教育的现实困难,充分利用和发挥行业主管部门和企业的优势,将对我国职教集团的健康发展起到积极作用。

3. 学校运作——发挥学校在构建职教集团中的主体作用

高职院校作为职教集团的牵头组建单位,要发挥其龙头作用。其作用或者可以开展的工作主要体现在:一是多层次合作办学,推动专业建设和教育教学创新;二是加强校企合作,推进教育教学模式改革、促进产学研结合和推进人才培养模式改革;三是促进优质资源共享,实现互惠互利,包括实训基地的共建共享、优质教学资源的开发共享等,实现人才优势互补和促进就业互补;四是承上启下地发挥高职院校在职业教育整体格局中的的主体作用,向上,提高水平,部分发展成为有中国特色的本、硕、博层次的高职院校;向下,加强与中职的互联,寻求共赢。从而真正构建起职业教育畅通的"立交桥",使各层次的职业教育相互依存。

4. 企业参与——发挥企业在构建职教集团中的关键作用

如何调动企业深度参与职教集团工作,最大限度地发挥企业的作用是"四位一体"公共治理模式的关键。《国家中长期教育改革和发展规划纲要(2010—2020)》中指出:"调动行业企业的积极性。建立健全政府主导、行业指导、企业参与的办学机制,制定促进校企合作办学法规,推进校企合作制度化。鼓励行业组织、企业举办职业学校,鼓励委托职业学校进行职工培训。制定优惠政策,鼓励企业接受学生实习实训和教师实践,鼓励企业加大对职业教育的投入。"所以说,企业在构建职教集团中发挥关键作用,企业应为职教集团提供实践实训实习服务、资金支持、决策咨询和监督评价等人力物力财力智力方面的支持。但在市场经济条件下,"利益机制是推动职教集团发展的根本动力和良性运转的纽带。从企业参与职教集团的动因来看,他们的终极目的是为了自身的利益特别是经济利益而来,是一种趋利行为。国家应当允许和鼓励企业通过参与职业教育获取合理利润。企业可以单独或与院校合作建立高标准的大型实习实训场所,通过提供培训和证书考评获取相应利润。企业可以直接投资职教集团,通过扩大招生规模、提高办学质量,获得合理回报。企业可以通过资金注入,主导职业职教集团运作,获取相应利润。"[8]

参考文献

[1] 丁继安、吴建设.建构基于职教集团的高职院校办学新模式[J].中国高教研究,2008(10).
[2] 张维迎.博弈论与信息经济学[M].上海:上海人民出版社,1996.
[3] Hardi G.,The Tragedy of the Commons [J]. Science,1968(162).

［4］［5］哈罗德·W.库恩.博弈论经典［M］.北京：中国人民大学出版社，2004.

［6］孙健、王明伦.试论职教集团的治理［J］.职业技术教育，2010(10).

［7］保罗·A.萨缪尔森、威廉·D.诺德豪斯.经济学［M］.北京：北京经济学院出版社，1996.

［8］张旭翔、崔永华.基于"四位一体"模型的职教集团运行机制探析［J］.高等职业教育—天津职业大学学报，2010(1).

基于移动课堂视角的
校企深度合作育人模式研究

——以上海出版印刷高等专科学校为例[①]

杨丽娜

摘要：传统课堂模式下的校企合作育人难于走向深入，在智能环境和教育信息化加速发展的背景下，学校通过与行业企业合作共建、共享移动课堂资源，可以实现学校、企业、学生、社会的"互利多赢"。

关键词：移动学习　教育信息化　慕课　移动课堂　教育 APP

作者简介：杨丽娜，硕士，上海出版印刷高等专科学校助理研究员。

一、移动课堂引入校企合作的背景

传统课堂由于受时间、空间等限制，难以满足信息社会快速发展对人才培养提出的更高要求。随着互联网、信息技术的飞速发展，智能移动设备的普及应用及良好的交互性，开启了人们可以随时随地学习、终身学习的大门。世界各著名大学，纷纷开展各种模式的移动

① 【基金项目】本研究成果受 2017 年度"上海出版印刷高等专科学校高等教育研究所"课题资助。

本文发表于《大众文艺》，2018 年 11 月。

学习研究项目,并已在移动学习软件开发、平台设计、网站建设、学习心理和效果研究等多领域取得了突破性进展。[①] 为适应智能化教育环境对现代教育提出的新要求,2018 年 4 月教育部印发了《教育信息化 2.0 行动计划》,该计划提出构建"互联网＋教育"大平台,实现信息化教与学覆盖全体师生。国内部分高校已开始使用移动教学资源辅助教学。2014 年清华大学把推进在线教育工作作为学校面向未来的战略部署,推出"学堂在线",完成了 1500 万美元的 A 轮融资。同年,教育部在线教育研究中心成立。北京大学自主研发了移动课堂系统,可以让北大师生用 Google Android 手机或移动终端点播北大视频资源库的教学视频,在线观看北大网络教育电视台 15 个教室的教学实况。[②]

2017 年 8 月,在《教育部关于进一步推进职业教育信息化发展的指导意见》中提出的重点任务是:"着力优化人才培养模式,建设适应信息化教学需要的专业课程体系,用信息技术改造传统教学。"该意见中还指出,"推广远程协作、实时互动、翻转课堂、移动学习等信息化教学模式,最大限度地调动学习者的主观能动性,促进教与学、教与教、学与学的全面互动,进一步提高教学质量与人才培养质量"。这一指导意见对职业教育改革传统教育教学模式提供了明确的指引。为提高高职高专院校人才培养质量,培育出符合行业企业用人标准的人才,需要开发一整套贴近行业企业一线、反映工作任务实际、以任务驱动、项目实施为过程的移动教学课程辅教辅学,通过各种实训实习操作,使学生可以学以致用,最大限度地提高学生的工作胜任度。

以"移动课堂"为关键词在中国知网上检索,共有 140 条相关文献,以"移动学习"为关键词在中国知网上检索,共有 4919 条相关文献;关于"移动课堂"和"移动学习",国内外学者有着不同的理解,目前尚未有统一和明确的定义。本课题中"移动课堂"是指"将移动设

① 武姝婷.大学生移动学习现状研究[D].南昌:南昌大学,2009.
② 杨公义、王胜清.北京大学移动课堂设计与实现[J].中国教育信息化,2017(7).

备连接无线网络进行的相关课程或知识的学习","移动学习"泛指"使用移动设备进行随时随地的学习"。[1]

相较于传统课堂,移动课堂能够为具有不同学习需求的学生提供个性化、自主性、多样性的服务,使学生能够在多样化的学习环境下有效、便捷地自主安排学习,学习资源还可以在最大范围内高效共享。"以'学堂在线'为例,清华大学《财务分析与决策》课程,选课覆盖面已高达全球 201 个国家和地区,覆盖 18 万学子,传统的教学方式一年最多覆盖 60 个学子,对比下来,有人将其喻为'线上一年等于线下千年'。"[2]

职业教育功能是"使人与职业相结合"[3],使受教育者顺利完成从学生、实习生到职业人的角色转化。职业教育活动是一个开放、连续性的过程,不仅发生在学校,还发生在企业或社会的其他环境下,而且贯穿于人的职业生涯全过程。这就需要超越具体的学习场所的物理空间形态,使学校和企业紧密联系起来,整合校企教育资源,校企合作共建专业"移动课堂"教育培训资源,其中应包含国家职业资格标准、行业企业生产一线案例或项目、最新行业动态、技术动态和工艺等信息,使学生可以体验行业企业真实的工作环境,掌握基于工作任务或项目需要的各项技能,这样才能适应信息化迅速发展背景下对人才培养提出的更高要求,实现学校、企业、学生、社会的"互利多赢"。

二、上海出版印刷高等专科学校 校企合作移动课堂建设过程

第一阶段　教育信息化工作启动,上海版专移动课堂建立的前期准备过程

① 徐敏娟.移动学习——未来学习的重要组成[J].浙江省教科院,2016(4).
② 赵婀娜.教育视界:在线教育热的"冷"思考[N].人民日报,2015-8-6(18).
③ 孙善学.从职业出发的教育[J].教育与职业,2011(22).

2006 年 10 月,教育部办公厅成立了教育信息化工作办公室,随后在全国各地教育部门政策指导下,各地区高校陆续开启了教育信息化建设工作。

2008 年,在上海市教员委员会资助下,上海出版印刷高等专科学校(以下简称版专)在上海市高职高专院校中建立了第一家课程中心信息平台。这一平台从 2008 年开始运行,支持全校所有课程在 PC 端网络环境下建设和运行,开放所有师生账号。通过学校出台激励措施、对教师开展分批培训,版专各系部教师逐渐了解并接受了这一辅助教学的平台。从 2008 年至 2011 年,教师在课程中心信息平台上共建设了 102 门校级重点课程、9 门校级精品课程、20 门省部级精品课程、3 门国家级精品课程。截至目前,在版专课程中心信息平台上共建课程网站 207 个,总访问数 281 万人次。

这一阶段的课程建设侧重于接受和推广,鼓励教师转变观念,改变教学习惯,将多年积累的课程资料从课本搬到平台中,实现知识共享。有些教师已习惯使用课程中心平台辅助日常教学,包括公布课程相关的教学资料、布置作业、进行网络考试等。但课程中心平台资源主要侧重于课程资源展示,师生互动模式相对单一,仅限于 PC 端的作业互动、答疑、论坛和在线考试,企业用户没有参与到系统中,移动课程建设尚未启动。

第二阶段　高校教师积极参与信息化教学,移动课程资源不断丰富完善

国家启动了高等职业教育示范校建设后,从 2010 年开始了高等职业教育专业教学资源库建设。2011 年,版专被教育部确定为国家高等职业教育专业教学资源库建设单位,版专联合安徽新闻出版职业技术学院等 18 所高职院校和上海烟草包装印刷有限公司等 32 家行业(企业)单位,组建了项目建设团队,正式启动了国家级"印刷与数字印刷技术"高等职业教育专业教学资源库网络课程库项目,经过三年的建设,共完成了职业信息、专业建设标准、网络课程、行业培训、虚拟素材和行业专家信息 6 类资源建设任务,于 2014 年通过验

收。在这期间,从 2012 年初开始版专启动了校级专业教学资源库中网络课程库项目建设,2012—2017 年共建设 95 门校级资源库课程。2018 年又启动了"2019—2021 年度专业(学科)建设项目和专业教学资源库课程建设项目申报工作"。

版专的资源库建设在 Blackboard 平台上,已建设课程总数 1323门,累计访问量 2823 万人次,经过这一阶段的建设,移动课程资源已覆盖印刷工程与包装设计、出版传播与文化管理、艺术设计与影视动漫 3 大专业群,校内 6 个系、2 个部和 1 个实训中心。资源库原本定位于"能学、辅教",引导企业和社会参与职业教育,使优秀教育资源向企业和全社会辐射,促进学校、企业和社会三方的信息交流和信息共享,但资源库建设中却出现了以下问题:资源库应用忽视师生互动,缺少对学员在线学习的反馈处理,"不能跟踪学生个体的学习动态,难以即时掌握教学效果,更没能充分利用互联网时时、处处、人人的优势,使教师与学生、教师与教师之间、学校与企业之间难以形成群体交流互动模式"①。截至 2018 年 5 月,在版专的注册用户数为25553 名,活跃用户数只有 220 人,"未能吸引企业和社会的积极参与,来自产业的新知识、新技术以及对于人才的实际需求等动态信息难以为教师和学生所用"②。可见,要加强校企间的深度融合,需要对目前的 BB 平台进行改造升级,增强互动交流功能、吸引企业用户的加入。在这一阶段,版专网络课程资源已建设得相对完善,教师的信息化水平已有较大提升,但使用智能移动设备辅助教学的教师尚属少数。

第三阶段　版专开始进入对移动课程的探索使用阶段

由于已建立的课程中心和 BB 平台课程资源平台存在的学生、教师、企业互动性弱,难以吸引企业和社会参与等问题,从 2017 年开始

---

① 童卫军、姜涛.高等职业教育专业教学资源库平台建设研究[J].中国高教研究,2016(1).

② 童卫军、姜涛.高等职业教育专业教学资源库平台建设研究[J].中国高教研究,2016(1).

版专各系部已开始探索并投入使用基于移动端的新平台。影视艺术系在智能移动端上建立了启影移动课程 APP，目前共有 22 门课程投入使用，今年又开始建设一门中外合作办学移动课程；印刷包装工程系引进的"微信课堂移动化平台"上已推出 14 门主干课程，目前正在试用阶段。此外，该系还引进了德国斯图加特媒体大学的"包装技术"、美国罗切斯特理工大学的"印刷过程控制与标准"数字化资源建设课程；艺术设计系的"字体设计"慕课在线课程在 2017 年建成，已在东西部高校课程共享联盟上线；影视艺术系的"交互式页面语言"已完成建设在线课程。

"慕课"是现在国内高校广泛使用的移动课堂资源，我国"慕课"数量已居世界第一位。版专从 2015 年开始在校选课中启用，从最初试用 4 门课程、选课人数 417 名，到这学期选课课程门数已达到 30 门、覆盖选课学生 1467 人。"美国哈佛大学教授罗伯特·略教授曾指出'慕课'是在线教育的初始阶段，现在我们已经处在后'慕课'时期。"①后慕课时期，将移动学习和慕课相结合，更加注重交互性和学习反馈的各种移动课堂平台将成为主要的辅教辅学工具。

三、上海版专与校企合作企业共建移动课堂

1. 与教育公司合作，对已建设的在线课程进行改造升级

"经过多年的探索实践，信息技术对教育的革命性影响已初步显现，但与新时代的要求仍存在较大差距。数字教育资源开发和服务能力不强，信息化学习环境建设与应用水平不高，教师信息技术应用能力基本具备但信息化教学创新能力尚显不足，信息技术与学科教学深度融合不够。"这是《教育信息化 2.0 行动计划》中对我国当前阶段教育信息化发展水平的准确定位。与此相关的在行业企业中，企

---

① 高岩."后'慕课'"时期移动学习发展的实质及其应用[J].辽宁工业大学学报(社会科学版),2016(2).

业在对员工的培训课程体系化建设和实际的需求相比,仍有较大距离;建立在校企间深度融合基础上的优质课程资源共享,仍处于起步阶段。

针对版专已建立在BB平台上的资源,设计公司正在根据学校要求进行主要以学习者为中心,增强交互性和过程管理的移动端修改设计。此外,版专可以根据教育部发布的《网络学习空间建设与应用指南》为指导,选择一家教育产品公司对所有已建网络课程进行基于移动端的、侧重师生互动的课程设计,对选择的教育产品,需要考虑今后用户在线互动大量增加后,开发在线教育工具进行辅助交流。教育公司对教育市场有着更加敏锐的观察,便于聚集整合教育资源。目前教育市场注册用户数最多的移动课堂APP分别是:北京超星尔雅教育科技有限公司的"学习通"、北京智启蓝墨信息技术有限公司的"蓝墨云班课"、清华大学的"雨课堂"和"学堂在线"、中国大学"MOOC"等。这些教育APP较好地满足了教育的交互需求,学生和教师不再局限于短暂的课堂时间和固定的上课地点,教师可以通过移动端提前发布上课要求,上课过程中和结束后,师生之间都可以进行互动交流,教师可随时获取每个学生的学习过程数据,及时作出反馈;教师可以根据学生的反馈情况,制定个性化学习指导;APP支持教师分发作业或测试、学生提交,同时教师端不仅能实现数据的获取,还可以进行统计与分析;支持课程团队建设和管理课程、支持班级成员共同讨论话题;教师可以将课程相关知识点、课件、视频、照片等资源放在课程资源中供学生随时取阅。

2. 学校主动联系企业,建立移动课堂教育培训资源库

党的十九大对职业教育深化产教融合提出了明确要求。近日,教育部等六部门联合印发了《职业学校校企合作促进办法》。新时期深化产教融合的具体办法是:学校在实施职业教育过程中,通过与企业合作研究、共建机构、共享资源等方式将企业的先进技术和优秀的企业文化融入到共同育人的教学资源和教学过程中,"推进专业教学对接产业发展,推广产业新技术新技能,提升职业教育课程技术含量,增加技术技能人才培养的有效供给"。①

企业的可持续发展需要建立智能化的人力资源培训课程体系。传统的人力资源培训方式受时间、空间、实施条件等因素的制约,在员工培训的系统性、周期性上均有欠缺。学校主动与具备条件的企业开展多种形式的合作:

(1)学校深化"引企入校"改革,面向社会需求主导,吸引优势企业经验丰富的人员参与学校教材编写、课程建设、实习实训等环节。学校还可以购买行业企业的前沿技术课程。"鼓励规模以上企业在职业学校设置职工培训和继续教育机构。企业职工培训和继续教育的学习成果,可以依照有关规定和办法与职业学校教育实现互认和衔接。"②

(2)版专应根据三大专业群建设需要,主动与具备条件的企业开展合作,提供企业需要的课程、师资等资源。根据行业、企业用人标准,帮助企业选择教育产品公司开发移动课程 APP,建立移动学习平台,培训内容可以围绕典型工作任务、工作过程、职业活动、行业企业前沿技术资源展开,将培训知识点、案例、课件、视频等资料分类、分级放到学习平台,使学员可以随时、随地获得培训需要掌握的知识点,还能不断巩固加强,提高培训效果。在产学合作基地,教师深入企业,将合作企业真实的工作环境、生产流程等内容进行拍摄,后期加工成适合教学的视频,将视频资源加入到移动课堂中,学生通过对企业的在线课程学习,可以初步掌握生产实习的要求,为在企业中更进一步的深入学习奠定扎实基础。

---

① 马树超、郭文富. 高职教育深化产教融合的经验、问题与对策[J]. 中国高教研究,2018 (4).

② 教育部等六部门. 职业学校校企合作促进办法. [EB/OL]. 2018 - 02 - 12 http://www. moe. gov. cn/srcsite/A07/s7055/201802/t20180214_327467. html.

他山之石

德国职业教育质量保障特点及其启示[①]

付婉莹　王彩虹

摘要：基于对德国职业教育的参观考察及相关文献研读，阐述德国职业教育的发展概况，以德国教育体系架构为切入点，重点介绍德国的双元制职业教育特点及优势，提出德国的双元制职业教育给我国职业教育的几点启示。

关键词：职业教育　双元制　启示　德国

作者简介：付婉莹，上海出版印刷高等专科学校副教授，于2016年6月公派出访德国。研究方向：职业教育办学模式研究；王彩虹，上海出版印刷高等专科学校，博士。研究方向：职业教育实践教学。

综合比较各国职业教育模式，德国对职业教育高度重视，并且得到全民的认可，具有极高的吸引力和影响力。研究德国职业教育的办学模式，对厘清我国职业教育具有借鉴和启发作用。

---

① **【基金项目】**：本文系上海出版印刷高等专科学校高等教育研究所课题主体性成果（编号：SPPCGJS-2017-03）；印刷设备应用技术（印刷商务）骨干专业建设课题（编号：YA1-0322-18-02-01y）研究成果；生产性印刷电子商务实训室项目（编号：YA1-0316-18-02-01y）研究成果。

本文发表于《中国集体经济》，2019年第1期。

一、德国职业教育概况简介

德国政府视职业教育为关系民族生存、经济发展、国家振兴的根本大计,不仅建有完备的职业教育管理和运行的法律体系,而且创设弘扬工匠精神的"匠人体制"。德国相继出台一系列法律法规,如《职业教育法》《职业教育促进法》,保障了职业教育作为国家的基本职业教育制度地位。《培训员资格条例》《实训教师资格条例》等,对学校的专业培养目标、课程设置、学制的长短、办学经费来源、教师所具备的资格、进修培训、考核办法、相关管理制度等作了详细的规定。此外还有《青年劳动保护法》《企业基本法》等。德国人认为,生产的技术和设备可以用钱买到,但发明这些生产技术和设备的人却是可遇不可求的。按照德国职业教育法,就业者必须先接受正规的职业教育,达到相应的资格水平才能获得进入劳动力市场,从事相关社会职业资格,不经过正规职业培训,不能上岗工作。

二、德国职业教育体系架构

德国新版职业分类由五个分类层次、两个维度和四个要求等级构成。他们分别是:由德国劳工局和劳动市场与职业研究所主导,分层构建五级序号,共划分 10 个职业领域(Berufsbereiche)、37 个职业大类(Berufshauptgruppen)、144 个职业中类(Berufsg ruppen)、700 个职业小类(Berufsuntergruppen)和 1286 个职业细类(Berufsgattungen)五个层次;职业专业性(Berufsfachlichkeit)和要求等级(Anforderungsniveau)两个维度;[1] 四个要求等级分别是:助手与初等的职业活动(简单的、复杂程度不高的日常活动);专业指向的职业活动(复杂的、较为专业指向的活动,至少需两年或三年的职业教育培训);综合专业的职业活动(复杂性更高、需专门化知识的活动,至少需要经过师傅或技术员培训）；高度复杂的职业活动（至少需要高校毕业证书）。[2]并不是每个职业小类（第四层次）都覆盖职业细类（第五层次）的四个要求等级，在700个职业小类中，45.6%只包含一个要求等级，29.1%涉及两个要求等级，21.1%包括三个要求等级，只有4.1%囊括了四个要求等级。[3]

三、德国双元制职业教育的特点及优势

1."双元制"教育的内涵

"双元制"职业教育的德文单词是"Dualsystem"，是企业与职业学校"双元"，为德国年轻人提供职业能力培养和专业理论知识的职业教育模式。集政府、学校企业和行业协会多方力量办学，校内实训基地由政府投入建设，校外实训基地由行业协会牵头，政府同企业一起出资建立，称之为跨企业培训中心，其布局模仿生产现场，教学内容完全以企业需求为导向，教学做一体化，直接学习企业工作流程、内容和方法，做到与企业无缝链接。这些接受双元制职业教育者的身份，首先是企业的学徒工，其次才是在校的学生。

2.双元的职业教育体系

学生在学校接受普通文化知识及专业理论知识培训，在企业接受职业技能的培训，与国内不同的是，德国职业教育以企业为主，学生在企业和在学校的时间比例为7：3，充分整合学校与企业的资源优势，建立理论与实践有机结合的课程体系，职业学校负责理论课教学，企业负责实训课教学，双方保持有效的沟通和合作。职业学校学生的学费由企业和国家共同承担，学生入学需要与企业签订培训合同，企业不仅承担其培养费用，另外还要给学员发培训津贴。德国企业认为，培训费用的投入就是企业的一种投资。通过在企业的培训，可以使未来的员工提前熟悉企业文化，适应工作岗位的要求。

3. 实用为本位的教学模式

职业院校的学生在学校主要是接受文化理论教育学习,在企业或跨企业培训中心接受的是实践操作培训。学校的文化理论教育强调实用性,并要在实践中得到及时转化使用。企业用于教学的场地分为教学实习车间和用于日常实际生产的技术生产车间。企业先进的设备和完整的生产过程是可持续发展的,也是学校内部实训室所无法企及的。学校的教学培养计划与企业的培训计划相辅相成,紧密配合,协调发展,其理论课程与专业课程的比例为4∶6。双元制的教学活动以学生为主体、课程设置以职业活动为核心。教学内容要求培养学生的理论基础宽而深、实践经验和综合实践技能广而专。在理论知识教学中,更强调责任感、事业心、与人交往配合能力、独立承担工作的能力、系统思维能力、跨专业的理解能力等非专业素养的培养,塑造具有极强的团队协作与整体联想思维能力的复合型人才。

4. 严格的考评机制

行业协会组织考试委员会制订考试大纲,对学生进行最终的考核,获得相关职业资格证书的前提条件是必须通过行业协会组织的考试。考核分为中间考核(培训期满18个月)和结业考核(笔试6小时,实操12小时)两部分,考核内容涵盖书面考试和实际操作技能。学徒工要成为该工种上的合格技工,得到国家承认的岗位资格证书就必须通过以上考核。

德国的职业教育文凭考试与工作现场密切关联,充分反映出劳动精神和技术技能应用水平、教育资格与职业获得的紧密相连。这种真正的教考分离评价办法和劳动力在取得就业资格上的高度标准化管理机制,使德国职业教育文凭有效、通用及不可缺少,因考评体系严谨公正,德国双元制职业教育证书在德国及欧盟国家得到普遍认同和通用。

四、德国双元制职业教育对我国职业教育的启示

政府支持,行业企业深度参与办学是德国双元制模式成功办学的关键所在,对我国职业院校办学具有学习和借鉴作用。

1. 从政策和法律层面加快现代职业教育体系建设

我国发展职业教育的当务之急是奠定职业教育体系的基础框架,从政策和法律层面构建现代的职业教育体系。随着中国制造2025强国战略的提出,国家开始调整政策和法律,扩大职业教育覆盖面,政府加大对职业教育的投入力度,构建新型职业教育体系,提高技术技能型人才的培养质量、加强校企深度合作和教师的培训、进一步提升职业院校学生就业能力,尤其对特殊人群的职业教育与其监测评估指标等提出建设性举措,使重视职业教育在富民强国中的重要作用成为共识。

德国职业教育可以满足不同层次不同人才的需求,选择接受不同的职业教育类型,从简单的社会培训到研究生的技能型教育,从社会上的培训机构到双元制的院校,学习之路四通八达、选择面广,构建并形成普职融通、中高本衔接的人才培养立交桥。

2. 提高职业教育质量的前提是培养优秀的教师

德国职业院校的教师基本是终身制,可以享受公务员待遇,工作稳定,时间灵活,但成为一名教师确属不易。来看看德国一个教师的历练过程:19岁取得高中毕业证书,经过三到三年半的职业培训,再经过五年大学学习未来所教授的专业课程,取得大学文凭后还需要实习两年,与此同时还要学习教育理论课程,如教育学、心理学等,获得教师资格证一般要到30岁左右,而成为与州文化教育部门签约的正式教师则要33到35岁了。经过这十多年的锤炼,不管是职业操守还是职业水平都堪称优秀。

3. 加强校企深度合作,根据社会和市场需求调整专业培养计划

积极推进校企深度合作,根据产业结构和社会人才需求的变化

趋势来确定专业体系的主体框架,设置专业重点面向生产、服务与管理第一线。设计人才培养计划要依据就业岗位对人才专业知识和能力素质的要求来进行。请行业、企业等用人单位参与教学过程,从社会需求出发办学,充分发挥行业企业作用,改变传统的以学校和课堂为中心的人才培养模式,建立以就业需求为导向、校企深度合作、工学密切结合的实用型人才培养模式;推行为企业"订单式"培养、定向委托培养、探索项目为导向,任务驱动型,顶岗实习、工学交替等多元化模式,提高学生实践操作能力的教学模式。

4. 构建开放灵活的现代职业教育体系

德国的现代职业教育体系大体包括基础教育、职业教育、高等教育和进修教育四大类,完整而开放灵活,各种个性特长、学识水平的学生均可进行自主选择,也可以随时分流,在各类教育之间可以相互沟通,真正形成一条良性循环的人才成长链。学生在几种教育之间随意切换,比如:结束基础教育后的每一个阶段,学生都可以从普通的学校转入职业学校学习,而职业学校的学生经过一定时间的文化课补习也可以进入高等院校学习,职业类博士与学术类博士并存。

参考文献

［1］［3］BA Bundesagentur fuer Arbeit. Klassifik ation der Berufe 2010-Band1：Systematischer undalpha betischer Teil mit Erlaeuterungen［Z］. Nuernberg，2011：16、41.

［2］谢莉花、苗耀华、余小娟. 中德两国职业的比较研究［J］. 职教论坛,2017，(1)：70—79.

高职院校产教融合：美国社区学院校企协作项目的启示①

肖纲领　罗尧成　赵月月

摘要： 作为美国社区学院系统与产业界规模最大、程度最深的融合，社区学院校企协作项目（项目群）在全国层面有制造业职业技能认证体系，注册学徒制人才培养模式，制造业创新中心、制造业共同体工程等形式。在各州区域性层面有"美国未来的技能"倡议，"从学院到职场"项目等形式；其保障机制包括政府对于产教融合提供的政策资金援助，形成多方主体协同的产教融合体制机制，成立推进产教融合实施的相关载体组织；对国内高职院校产教融合的启示是统筹产业发展与高职院校办学规划，强化产教融合的政府政策资金支持，深化产教融合组织内涵与功能建设，形成多元参与的产教融合体制机制。

关键词： 高职院校　产教融合　社区学院　校企协作

作者简介： 肖纲领，上海出版印刷高等专科学校规划与科研处，助教，硕士。研究方向：高等职业教育原理；罗尧成（1974—），上海

---

① **基金项目：** 本研究成果受上海出版印刷高等专科学校高等教育研究所课题"高职院校产教融合深化实施与规律"（课题编号：SPPCGJS-12，项目负责人：肖纲领），"上海市教育法学人才培养计划"2018年度研究项目"高职院校教师'校企双聘'用人机制的政策保障研究"（人才编号：2015JYFXR010，项目负责人：罗尧成）以及上海市教育委员会实施现代大学制度建设首批试点项目（项目编号：沪教委法〔2014〕20号，项目负责人：陈斌）研究资助。

本文已发表在《职业技术教育》，2018年12月，第35期。

出版印刷高等专科学校规划与科研处处长,研究员,博士。研究方向:高校教育管理、高校人才培养研究;赵月月(1993—),上海理工大学管理学院教育与经济管理专业在读硕士研究生。研究方向:高等职业教育原理。

21世纪以来,美国高度重视国民技术技能的培养。从2001年到2015年,全美制造业者协会每四年发布一次《技能鸿沟报告》(Skills Gap Reports)[1],白宫就业与竞争力顾问委员会于2011年颁布《美国经济复兴路线图》(*Map to Renewal:Invest in Our Future,Build on Our Strengths,Play to Win*)[2],联邦政府于2012年发布《致力未来——重塑职业生涯与应用技术教育的改革蓝图》(*Investing in America's Future:A Blueprint for Transforming Career and Technical Education*)等文件,[3]对美国重视制造业技术技能危机和技能鸿沟,有效倡导全社会重视技术技能起到了极大的促进作用。基于这些宏观产业发展背景,美国社区学院校企协作项目(项目群)成为社区学院系统与全美产业界之间有史以来规模最大、程度最深的一次全面融合。[4]同时,美国社区学院系统和包括企业、行业组织、行业培训机构等主体的产业界之间正朝着"共生群落"方向稳步迈进,联邦商务部部长佩妮·普利兹克(Penny Pritzker)曾用"共生群落"比喻社区学院系统/企业界的良好协作关系。研究美国社区学院校企协作项目(项目群)有关内容,有利于推进国内高职院校的产教融合,实现高职院校人才链与产业链的有机衔接,提升技术技能人才培养水平,并助力行业产业转型和经济社会发展。

一、美国社区学院校企协作的主要内容

(一)全美层面实施的校企协作项目

美国社区学院涉及的全国性校企协作项目,多为规模较大,具有示范与引领作用的项目及"项目群"，主要是由联邦及各州政府重点扶持下，主要有制造业职业技能认证体系、注册学徒制人才培养模式和制造业创新中心、制造业共同体工程。

一是制造业职业技能认证体系。为解决美国制造者面临的技能差距挑战，促进全国各地制造业教育的复兴，在美国国家制造者协会（National Association of Manufacturers）支持与主导下，美国制造业研究中心（The Manufacturing Institute）通过与领先的制造公司、盖茨基金会和鲁米纳基金会（Lumina Foundation）合作，在制造工程师协会、美国焊接学会、国家金工技术研究所以及制造技能标准委员会等机构的参与下，推出了技能认证系统，通过其多种工具包，帮助全国各地的雇主、教育工作者和社区实施技能认证。[5]技能认证体系以先进制造能力模型（Advanced Manufacturing Competency Model）为基础，包括几个层次：核心和基本技能要求涉及制造业的多个方面，主要包括个人效能（员工的准时性、责任心与主动性等）、工作技能（批判性思维、团队合作能力与问题解决能力等）、阅读、写作、数学和定位信息的基本应用技能；其次是关键的全行业技术能力（critical industry-wide technical competencies），涉及安全、质量保证、维护安装和维修、生产和可持续制造等；第三个是职业特定技能（occupationally specific competencies），与机械加工、焊接、制造、自动化、流体动力、机电一体化和物流等领域的关键行业认证相匹配；顶部则是管理和专业的职业技能，涵盖了各种专业认证，通常与学士学位和高级学位相关联。[6]

二是注册学徒制人才培养模式。美国注册学徒制（Registered Apprenticeship），指经过注册的学徒，按照一定培训计划，在合格讲师和熟练工人的指导监督下，学习理论知识和生产技能，并参加生产实践劳动，获得"熟练工种"资格认证、相应岗位就业机会或进入更高层次学校深造的一种职业教育人才培养模式。[7]该模式可追溯至1937年。2008年美国出台了注册学徒制"新政"，奥巴马政府于2014年提出了注册学徒制的"2014振兴计划"。该人才培养模式的成效在当下越来越凸显,甚至最新的研究表明,美国的学徒制可以为数百万工人提供晋升中产阶级的道路。[8]

三是制造业创新中心、制造业共同体工程。制造业创新中心(Manufacturing Innovation Institute)和制造业共同体(Manufacturing Communities)是美国制造业复兴的重要工程,受到奥巴马政府的高度重视,目标是形成制造业创新与发展协作国家网络,以推动产学研各方的通力合作。2014年,奥巴马总统宣布了轻量级现代金属制造创新研究中心和数字化制造与设计创新研究中心两个新的公私制造业创新机构,以及四个研究中心申报为国家级高级复合材料制造创新研究中心的新竞争;[9]2015年奥巴马政府还启动了以新纺织为主的制造创新研究中心的申报工作。同时,美国共有12个社区学院被确立为制造业伙伴关系(IMCP)倡议投资的一部分,这些共同体将从11个联邦机构获得13亿美元的长期经济科学发展援助。[10]这些社区学院参与的制造业创新中心和共同体,有利于将公司、社区和其他学术及培训机构、联邦机构联合,开展投资和生产领域的关键技术的合作,弥合应用研究和产品开发之间的鸿沟。

(二)区域层面实施的校企协作项目

在区域层面,美国也有很多跨社区学院和企业的协作项目,这区域类型的企业协作项目,也成为与社区学院有关的重要产教融合方式,其中最典型的是"美国未来的技能"倡议和"从学院到职场"项目。

一是"美国未来的技能"倡议(Skills for America's Future)。该倡议由白宫于2010年发起,由行业主导,其目标是显著改善社区学院的产业伙伴关系,建立全国性的网络,最大限度地促进劳动力市场的发展战略、就业培训计划与就业安置等。该倡议得到了普利茨克房地产集团(Pritzker Realty Group)主席/首席执行官潘妮·普利茨克(Penny Pritzker)和阿斯彭研究所(Aspen Institute))首席执行官Walter Isaacson等企业管理者的参与承诺,同时包括PG&E、GAP公司、麦当劳、联合技术和埃森哲在内的领先公司,已经准备好成为美国未来的技能的一部分，并为之作出努力。[11]以盖普公司（Gap Inc.）为例，其于 2010 年承诺，将在七个城市推出名为"社区学院差距"的新试点项目，为社区学院学生提供战略性就业和职业技能，以帮助他们就业，并于 2011 年从社区学院招收 1200 名学生，占其每年招聘的 5％；同时，该公司向全国社区学院大学生提供 100 万美元的内部课程和培训材料。

二是"从学院到职场"项目（College to Career，C2C）。美国各城市社区学院开展了多种多样的"从学院到职场"项目，以芝加哥市为代表。该市"从学院到职场"项目于 2011 年正式启动，旨在实现城市学院系统"与职业相沟通"，促进其学校在人才培养诸多环节的全面变革。该项目强调以课程体系设计与技能证书开发、课程教授、学生实习求职及设施共享三方面开展校企合作为抓手，从而促推芝加哥城市学院系统（City Colleges）与高级制造业、餐饮与酒店服务、医疗保健、信息技术、货运物流、商务管理与专业服务六大行业领域一百余家企业的产教融合。到 2015 年，共有 6 所城市学院参与了"从学院到职场"项目，为其应用型人才培养路径奠定了良好的基础。芝加哥市"从学院到职场"项目于 2013 年受到世界银行组织（World Bank）的赞赏，[12]可见该项目的社会实践价值。

二、美国社区学院校企协作的保障机制

（一）政府对于产教融合提供的政策资金援助

美国社区学院校企协作项目的有效开展，首先与政府提供的政策指导和资金援助有极大关系。一是法律政策的制定。如国家层面的制造业创新中心、制造业共同体工程，就得力于奥巴马政府相关政策的推动；而佐治亚州的青年学徒制，也是基于 1992 年佐治亚州联合大会通过的法律，以及 1993 年发布的《为了将来的工作》（*Jobs for the Future*)的报告。而且,2018 年,基于特朗普政府的推动,美国教育与培训管理部门正准备完成一项关于学徒制项目的提案法规,以减少学徒制项目注册的政府壁垒,并提高雇主、工会和贸易团体等第三方的自主权,制定他们自己的学徒指导方针。[13]二是政府经费资助。美国社区学院的校企协作,得到了政府较多的资金援助,甚至还发起了"校企协作专项资金"资助项目,资金由教育部与劳工部共同管理。如 2013 年,丹佛社区学院、格里菲斯技术学院等 9 所社区学院与州内制造业企业协作开发的"助力科罗拉多高级制造业项目(Colorado Helps Advanced Manufacturing Program)获得 2500 万美元的补助。[14]但就学徒制项目来看,2014 年,奥巴马政府为其提供了 1 亿美元竞争性拨款;[15]2017 年,特朗普政府承诺在未来的五年里创造 500 万的学徒机会,2017 年的预算提案确认 9500 万美元用于学徒项目,比 2016 年增加了 500 万美元。[16]

(二) 形成多方主体协同的产教融合体制机制

美国社区学院的校企协作项目之所以取得较大的发展,与其利益相关主体的多元协同有极大关系。无论是全国性校企协作项目,还是区域性校企协作项目,企业、社区学院、政府以及相关行业组织,均在其中起到了重要的作用。以美国注册学徒制为例,其成功实践和规模发展,很大程度上源于其机制的有序运转。其内部主要由学徒工、企业雇主、社区学院、州立学徒制事务局和一站式就业指导中心五个基本要素组成。这些要素在美国学徒制法规和劳工部的监管下,共同协作完成注册学徒制的课程计划:社区学院提供理论课程教学;私立企业雇主则是经费资助的主要来源;州立学徒制事务局负责协调劳工部与本州注册学徒制培训的开展,并承担本州学徒制协议的注册、结业证书的发放等工作;一站式就业指导中心附属于学校或社区的就业服务中心,主要负责个体就业指导和单位招聘服务信息提供。[17]多元主体的参与,有利于各利益相关者承担各自校企协作职能,发挥社区学院校企协作的协同效应。

（三）成立推进产教融合实施的相关载体组织

美国社区学院的校企协作，基于多元主体的参与，与成立相关的实施载体组织不无关系。典型案例是雷克兰社区学院 AWT 联盟（Alliance of Working Together，简称 AWT）。该联盟于 2002 年由俄亥俄州的制造行业企业联合雷克兰社区学院、奥本职业中心（Auburn Career Center）等在雷克郡（Lake County）成立，目的是振兴俄亥俄及俄亥俄东北地区制造业。该联盟现有来自雷克郡的成员近 200 家。联盟的指导委员会和工作委员会成员均由社区学院和企业双方人员共同担任。其主要工作特点包括：使命明确一致、共担服务社区责任、成员竞合发展、培训系统开放兼容、校企协同育人招工。[18]通过该联盟多年的努力，对于社区学院的校企协作起到了很大的作用，尤其是实现了大量资源的聚集。可见，载体组织对于社区学院的产教融合起到了重要的推动作用。

三、美国社区学院校企协作的经验启示

（一）统筹产业发展与高职院校办学规划

从美国社区学院涉及或参与的校企协作项目来看，其目的主要是为了制造业的复兴。美国社区学院校企协作项目及"项目群"的形成，离不开政府对全世界产业发展与竞争的正确认知，以及将国内制造业及相关产业发展规划与社区学院办学、人才培养的有机统筹。当前，我国有《国民经济和社会发展第十三个五年规划纲要》《国家中长期人才发展规划纲要（2010—2020 年）》及行业产业发展规划，对于高职院校的办学和人才培养有参考价值，但整体而言，产业发展规划与高职院校办学及人才培养规划的紧密融合互动关系还未有效形成，仍然存在产业发展与高职院校办学"两张皮"的现象。这就要求首先政府有关部门联合,对国内各个产业的未来发展趋势进行正确的估计和规划,在此基础上,对高职院校的办学和技术技能人才培养加以规划,并有效配置与调整高职院校专业建设、课程设置、师资队伍配备以及教学资源等各项要素,真正实现产业发展规划与高职院校办学及人才培养规划的统筹与融合。

(二) 强化产教融合的政府政策资金支持

美国社区学院的校企协作项目之所以得到了良序发展,其重要的保障措施是政府的政策和资金支持,其制造业职业技能认证体系注册学徒制人才培养模式、制造业创新中心、制造业共同体工程以及"美国未来的技能"倡议等内容的实施,以奥巴马为首的联邦政府均以政策文件来倡导与指导,并辅之以必要的资金支持,使得社区学院校企协作项目成为美国制造业发展的重要驱动力。国内高职院产教融合的实施,也要以政府的法规政策和资金支持为前提。《国务院办公厅关于深化产教融合的若干意见》(国办发〔2017〕95 号)作为统筹国内高校开展产教融合的核心文件,指出要"落实财税用地等政策""强化金融支持",[19]当前的实践中,高职院校开展产教融合真正享受到这些政策规定的还偏少,政府对高职院校开展的特色产教融合项目进行财政拨款及资助还处于摸索起步阶段。因此,国内高职院校产教融合的深化,一方面需要政府进一步加强高职院校产教融合政策的优化出台,细化财政拨款与资助政策;另一方面需要政府切实实施财税与金融政策,并加强资金补助,为高职院校产教融合的实施提供强有力的资金保障。

(三) 深化产教融合组织内涵与功能建设

从美国社区学院校企协作的实施来看,不少项目之所以顺利开展,得力于一定的组织载体及其良好功能的发挥,如雷克兰社区学院AWT 联盟。当前国内高职院校的校企合作也建立了一定的载体组织,如职业教育集团、校企合作理事会、专业职业教育联盟等,但是从运行来看，这些组织机构的功能还十分有限，多为虚拟性质，以年会、发布招标课题等形式进行简单的合作，与产教融合的要求还有不小差距。这就要求在产教融合的背景下，强化已有的高职院校校企合作载体组织内涵与功能建设，通过人力配置、结构优化和功能发挥等举措，真正将高职院校校企合作组织载体转向产教融合与协同深化，充分调动这类组织进行内涵深化建设的积极性，提升现有的职业教育集体、联盟与理事会等组织载体在产教融合中的组织、协调与推动作用。

（四）形成多元参与的产教融合体制机制

美国社区学院的校企协作，多以项目甚至是"项目群"的形式加以开展，已经形成了良好的项目协作体制机制，尤其是注册学徒制形成了学徒工、企业雇主、社区学院、州立学徒制事务局和一站式就业指导中心多元主体参与的良好协作体制机制。国内高职院校的产教融合，要达到"融合"的良好效果，离不开政府倡导的高质量、高规模项目，确保高职院校的专业建设及人才培养与政府产业发展规划具有同步性，更离不开企业、政府、社区学院、行业组织以及其他利益相关者有效参与其中，形成多元主体参与产教融合的体制。具体来说，要在协作互需的动力机制、互动的协作机制、多赢共享机制、评价机制等方面下功夫，加强理念文化、体制机制、模式创新、专业对接与课程深化等方面的融合，[20]真正实现"人才共育、过程共管、成果共享、责任共担"的多元参与的良好产教融合效果。

参考文献

[1] The Manufacturing Institute. Skills Gap in Manufacturing[EB/OL]. [2018 - 06 - 12]. http://www. themanufacturinginstitute. org/Research/Skills-Gap-in-Manufacturing/Skills-Gap-in-Manufacturing. aspx.

[2] President's Council on Jobs and Competitiveness. Map to Renewal: Invest in Our Future, Build on Our Strengths, Play to Win [R]. Washington. D C: 2011.

［3］ U. S. Department of Education. Investing in America's Future：A Blueprint for transforming Career and Technical Education ［R］. Washington，DC：2012.

［4］［12］王辉.校企协作助推产教融合：美国社区学院校企协作"项目群"的兴起[J].高等教育研究,2015(3)：102—109.

［5］ The Manufacturing Institute. Workforce：Skills Certifications［EB/OL］. ［2018 - 06 - 20］. http：//www. themanufacturinginstitute. org/Skills-Certification/Skills-Certification. aspx.

［6］ The Manufacturing Institute. Manufacturing Competency Model［EB/OL］. ［2018 - 06 - 22］. http：//www. themanufacturinginstitute. org/Skills-Certification/Competency-Model/Competency-Model. aspx.

［7］陈圆.美国注册学徒制的演进轨迹与最新举措[J].职业技术教育,2015(19)：74—78.

［8］ Caroline Preston. Apprenticeships could provide a path to the middle class for millions of workers，new study says［EB/OL］. ［2017 - 11 - 29］. ［2018 - 06 - 24］. https：//hechingerreport. org/apprenticeships-provide-path-middle-class-millions-workers-new-study-says/.

［9］ MEGAN SLACK. Manufacturing Innovation Institutes：Putting America at the Forefront of 21st Century Manufacturing［EB/OL］. ［2014 - 02 - 25］. ［2018 - 06 - 26］. https：//obamawhitehouse. archives. gov/blog/2014/02/25/manufacturing-innovation-institutes-putting-america-forefront-21st-century-manufactu.

［10］ First 12 manufacturing communities through the investing in manufacturing communities partnership program announced［EB/OL］. ［2014 - 03 - 28］. ［2018 - 06 - 27］.

［11］ The White House. President Obama to Announce Launch of Skills for America's Future［EB/OL］. ［2010 - 10 - 04］. ［2018 - 06 - 28］. https：//obamawhitehouse. archives. gov/the-press-office/2010/10/04/president-obama-announce-launch-skills-america-s-future.

［13］ The Bureau of National Affairs. Outlook 2018：Job Training Agency Owns Trump Apprenticeship Push［EB/OL］. ［2017 - 12 - 28］. ［2018 - 07 - 03］. https：//www. bna. com/outlook-2018-job-n73014473661/♯.

［14］ Colorado Community College System. Colorado Helps Advanced Manufacturing Program［EB/OL］. ［2014 - 12 - 11］. ［2018 - 07 - 04］. https：//www. cccs. edu/resources/workforce-reports/trade-adjustment-assistance/colorado-helps-advanced-manufacturing-program/.

［15］ The White House. FACT SHEET：President Obama Launches

Competitions for New Manufacturing Innovation Hubs and American Apprenticeship Grants［EB/OL］.［2014 - 12 - 11］.［2018 - 07 - 08］. https：//obamawhitehouse. archives. gov/the-press-office/2014/12/11/fact-sheet-president-obama-launches-competitions-new-manufacturing-innov.

［16］ Kevin Breuninger. Trump wants 4. 5 million new apprenticeships in five years — with nearly the same budget［EB/OL］.［2017 - 06 - 15］.［2018 - 07 - 12］. https：//www. cnbc. com/2017/06/15/trump-wants-a-10-fold-increase-in-apprenticeships-in-five-years-with-the-same-budget. html.

［17］ 陈鹏.美国注册学徒制：演进过程与内部机理［J］.职业技术教育,2011 (21)：45—47.

［18］ 黄琼、张勇、HUANGQiong 等.互益性组织助推产教融合——雷克兰社区学院整合利用资源的启示与借鉴［J］.湖北职业技术学院学报,2015(4)：27—31.

［19］ 国务院.国务院办公厅关于深化产教融合的若干意见(国办发〔2017〕95号)［EB/OL］.［2017 - 12 - 19］.［2018 - 07 - 15］. http://www. gov. cn/zhengce/content/2017-12/19/content_5248564. htm.

［20］ 顾绘.产教深度融合：学理依凭、机制内涵与实施寻径［J］.中国职业技术教育,2017(33)：8—11.

香港职业教育改革发展的理念及实践[①]

付婉莹　罗尧成

摘要： 从学术资历架构、人才培养、师资队伍、教育教学理念等方面论述香港职业教育改革发展的主要特点，指出其对内地职业教育改革发展有如下启示：构建终身化的职业教育体系，建设"双师结构"的师资队伍，密切校企合作强化学生实践，实施以生为本的教育管理等。

关键词： 香港职业教育　香港职业训练局　特点　启示

作者简介： 付婉莹，上海出版印刷高等专科学校讲师，硕士，研究方向为高等职业教育管理。罗尧成，上海出版印刷高等专科学校规划与科研处处长，副研究员，博士，上海理工大学管理学院硕士生导师。研究方向：高等职业教育原理。

一、香港职业教育体系概况及典型实施机构

香港拥有先进、成熟的职业教育体系和雄厚、具有丰富实践经历

① **【基金项目】**：上海市高等教育学会课题"沪港两地印刷专业高等职业教育办学模式研究"（编号：ZCGJ65 - 12）主体性成果。中国教育国际交流协会高职国际化专项研究重点课题"上海高职院校中外合作办学现状调研及其质量保障对策研究"（际协研GZ2012 - 002）研究成果。论文受上海理工大学人文社会科学"攀登计划"项目资助。本文发表于《科技与出版》，2013年第5期。

的师资力量，以及国际通行的职业资格认证体系，从证书到博士的"七级阶梯"打通了职业教育、技能鉴定与高等教育的通道，其层级鲜明、紧贴行业、服务区域的办学特征享誉海内外，香港也是内地职业教育国际化最好的对接平台。

（一）香港职业教育体系概况

香港的职业教育体系主要由职前教育和在职培训两大部分构成。在职培训主要面向业界人士。职前教育是香港职业教育体系的主体，由低到高分预备、初级、中级和高级四个层次，招生范围从小学毕业到大学本科预科生，设置知识性、技能性、娱乐性、生活性等种类繁多的课程，香港职业教育具有涵盖面广、受益人数多、体现终身学习理念等特征。

负责职业教育和培训的机构有半官方的职业训练局、雇员再培训局、建造业协会及制衣业训练局，民办的有工联会联合训练中心、明爱训练机构、专业进修学院及各大学设置的专业进修中心等。职业教育效果的考核评价由职业训练局理事会执行，理事会下设 21 个专业训练委员会和 5 个跨行业的一般委员会。训练委员会为职业教育提供技术支持、训练场所、考核评价标准，是香港职业教育坚强的后盾，对香港职业教育起着至关重要的作用。每年设置什么专业、招生规模的确定，取决于 21 个训练委员会制定的行业培训和人力需求报告。

香港政府对职业教育投入力度较大，2011—2012 年度统计数据显示，香港教育经常开支为 545 亿港元，占政府经常开支的 22.5%，其中职业教育约占 20 亿港元。[1] 从 1999 年起推出的"展翅计划"，已为近 6 万名 15—19 岁大学以下程度的离校青年提供职前培训机会，提升就业竞争力。"青少年见习就业计划"是三年前推出的专为 24 岁以下青年提供 6—12 个月的在职培训，协助他们积累实际工作经验，丰富个人履历。截至 2012 年底，该计划已使 2.8 万名学员找到工作。[2] 近几年，由于职业教育培训力度增强，学历在大学以下程度的青年失业率已大幅下降。

(二)香港典型职业教育培训机构——职业训练局

在香港所有职业教育培训机构中,最大的专业性的机构是香港职业训练局(Vocational Training Council,简称 VTC),VTC 也是全港职业教育管理、支撑和保障的准政府机构。笔者于 2012 年赴香港开展了半年的访问学习与研究,期间走访了职业训练局并在其下属专业院校工作,亲身体验了香港的职业教育。

香港职业训练局是 1982 年为适应新兴行业对中等资历人才的需求而创立的,由香港各行业的专业人士及企业家组成,具有协调与管理职业教育与培训工作的职能,其辖下设 13 个直属机构,为不同背景和程度的学生及在职人士提供多元化课程,为各行各业培育人才,每年培训 26—27 万学生,其中包括全日制文凭、高级文凭以及几个月的短期培训和进修课程,目前 VTC 在香港的培训点达到 34 个。VTC 机构高度精简,管理人员少,兼职教师比例大,目前全职员工有5000—6000 人,兼职员工 2000—3000 人。[3] 为保证政府投入的经费具有较高的效率和效果,VTC 以成果评价下属各机构的绩效,其下属机构具有一定的经费使用自主权,尤其可以根据教学活动的变化,自主地聘用和解聘短期合同老师或专业人士。

香港职业训练局已构建强大的覆盖香港主要行业的业界网络,与各行业建立了非常密切的联系。VTC 通过协调不同的行业培训咨询委员会,进行专业定位与人力资源调查,制订并定期更新从业人员能力标准,在行业内大力推广资历架构。目前已组织 12 个行业完成了"能力标准"的制订,明确了从业人员应掌握基本技能,为职业培训机构设计课程提供了依据。由于行业的大力支持和参与,VTC 开设的课程具有鲜明的时效性和针对性,培养出的毕业生深受企业或雇主青睐,良好的培训成效以及优良的社会反馈也进一步提升了VTC 在国内外的影响力。

二、香港职业教育改革发展的主要特点

香港职业教育百余年来在服务区域经济社会发展中发挥了巨大作用,通过不断的改革探索,在境外产生了广泛影响。下面主要针对职业训练局实施职业教育的相关情况,从学术资历架构、人才培养、教学过程、教学理念等方面切入分析,探讨香港职业教育改革发展的主要特点。

(一)宽泛的专业设置及灵活的学术资历架构

香港特区教育局结合本港特点在 VTC 开设 7 个学科的职前专业教育培训课程,包括应用科学(如食品安全检测)、工商管理、幼儿教育及社会服务(如老人康复项目)、工程、设计、酒店服务及旅游学、资讯科技等,专业设置具有较大的宽度。香港的学术资格认可机制体现了职业教育体系的深度,这套机制架构由最基本的第一层(中三程度)至最高的博士学历共七层。学生可以凭兴趣选择专业,每个级别皆定有通用指标,学生取得相应级别的技能或学历、学位证书可直接升入下一级别学习,也可以工作一段时间后再继续学习,或者边工作边学习,学习方式灵活多样,促进终身学习,各级别及相应学历如表1所示:

表1　香港职业教育的学术资历架构表

级别	一级	二级	三级	四级	五级	六级	七级
毕业学历	基础文凭	证书	文凭	高级文凭 副学士	学士	深造证书 深造文凭硕士	博士

由表1可以看出,香港职业教育课程是多入学点,多结业点,学分制灵活。香港职业教育的学历衔接和升学途径明确:基础文凭—证书—高级文凭—深造文凭—博士"一条龙",开放、多阶进出,且各阶段的文凭均具延续性。[4]学生可选择2—5年内完成所需单元,无

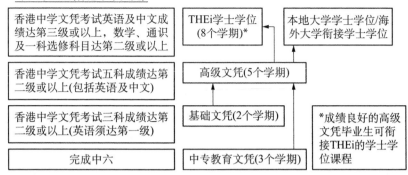

图 香港职业教育内部升学阶梯示意图(2012/13 学年)

论何种学习形式,只要达到一定标准,即可谋求相应的职业,其证书无区别。这种灵活的学制、因人而异的内部升学阶梯制度以及宽泛实用的学科设置,方便各种需要的学生就读,每年报考职业教育的学生非常踊跃。以 2012 年为例,参加会考的学生总数是 11.38 万人,超过 5 万名学生报考,而 VTC 最终录取名额只有 2 万人,这些学生获得高级文凭以后,有近 40%的学生还可以继续升读大学。[5]

(二)紧贴区域经济及技能导向的人才培养

香港职业教育兼具东西方教育的特点,职业教育的发展与区域行业经济发展需要紧密结合,注重实践能力培养,体现出一种技能导向的人才培养模式。

表 2 香港职业训练局学额的行业分布及培训层次情况*

学年 类别	1982	1992— 1993	2002— 2003	2007— 2008	2008— 2009	2009— 2010
职前及在职 学额总数(万人)	3.5	7	16	18	19	21
传统工业类	67%	47%	37%	21%	19%	18%
商业及服务业	33%	53%	63%	79%	81%	82%

续　表

学年 类别	1982	1992—1993	2002—2003	2007—2008	2008—2009	2009—2010
技工程度	52%	40%	35%	23%	24%	24%
技术员及以上程度	48%	60%	65%	77%	76%	76%

＊资料来源：香港职业训练局培训处。

　　由表2可以看出，香港职业教育密切结合区域经济发展特点，紧贴经济发展需要，不断改革创新。近几年随着传统工业的内迁，技工人员需求比例逐年减少，而随着商业及服务业大力发展，技术员及以上人员需求量相应提高。每年的招生及教学培养计划都会随着行业现状进行针对性调整，不同专业、不同层次学额比例也呈现出相应的发展态势。

　　每年六月是香港职业院校一年一度的毕业生作品展览高峰，学生从作品的构思设计到加工成品全部自主完成，其毕业设计历时一年到一年半，老师定期进行理论与实践双重指导。笔者访学期间，正逢香港知专设计学院毕业季，时装及形象设计专业的毕业生由专业时装模特展示他们的作品，最终优胜者的作品还将在有关部门的协助下商业化。产品及室内设计专业的学生在家居、珠宝及互动媒体展览设计中融入众多时尚元素，充分体现了香港时尚之都的魅力。各用人单位的招聘大多也是选择在毕业生作品展会上，参展毕业生在展台现场与用人单位洽谈，其作品就是最具说服力的简历。这种学生主导和技能导向的培养模式，学生带着任务学习每门课程，课堂出勤率高，授课与学习效果好。

（三）丰富行业实践的师资及工学结合的教学机制

　　VTC下属各院校招聘专业老师不要求必须具备教师资格证书，但一定要有行业工作经验。具备3年以上工作经验、本科及以上学历有资格聘任为讲师。5年以上工作经验、大专及以上学历即有资格聘任为实训教导员。在目前的师资队伍中，相当一部分老师入职前就已经是行业精英,入职后再由 VTC 的教学中心负责教学技巧的培训。[6]笔者在卓越培训中心工作期间了解到,相当一部分实训教导员已有 30 余年的行业工作经验。这样一支熟谙技术技能与行业需求的教师队伍及教学过程的实践化,切合职业教育教学的特点。

香港职业教育中文化课程比例不足 30%,而专业课、实践课程的比例却高达 50%以上。[7]专业教室环境创设力求与企业一致,强调理论与实践相结合,重视实际操作和临场突发事故处理的教学与训练,学生可边学边做,较好地模拟实战。笔者曾去中华厨艺学院参观学习,其教室即是对外营业的餐厅,运营全部由在校师生负责,实行会员制,目的是让顾客了解师生在服务的同时也是上课的过程。老师是大堂经理,领班、服务员、厨师等均由学生担任,餐厅的闭路电视时时展示厨房内所有菜品的制作过程,老师随时对学生进行业务指导。工学结合的培养模式,使学生毕业后无需实习即可直接上岗,这也是香港职业教育高质量的有效保障。

(四)全人发展的教育目标和以生为本的教学理念

香港的职业教育除了注重课程学习外,还把学生的全面发展、潜能的充分发挥与人格的完善作为教育追求的目标。全人发展课程涉及中专教育文凭、基础文凭和高级文凭。

表 3　香港职业训练局学生发展机构职能表*

学生发展活动	学长启导计划、朋辈辅导员、义工运动、历奇训练、关怀社会及环保活动
学生组织咨询服务	和富领袖网络、学生会、联院学生会、学会及属会、扶轮青年服务团
辅导服务	个人辅导、支持特殊学习需要、性向评估、心理测试
职业咨询服务	职业辅导、就业推进计划、行业实习支援、职业加油站、职业讲座、求职训练
学生支援服务	迎新活动、经济援助咨询、非本地学生支援、学生设施
体育活动	体育代表队、联院代表队、联院球类比赛、自选体育课程、香港青年奖励计划

＊资料来源:香港职业训练局培训处。

香港职业教育通过学生发展服务与课程的有机配合,培养学生的八大特质:团队精神、解难有道、沟通无碍、学习得宜、自家社之结合、事业形象与职业道德、表现自信、事业发展及工作态度。建立四大核心价值:发挥创意、积极参与、关心社会及道德伦理。采用互动、轻松、多元化的学习模式,协助学生确立清晰的升学与就业目标,培养健康的生活态度,加强环保及可持续发展意识,拓展生活体验和视野,提升有助于就业的各项技能,在实践中促进全人发展。

香港职业教育实行小班制教学,团队合作项目较多,学生与老师互动频繁。对老师的教学评价坚持以学生为主体,学生意见所占权重达到70%。与内地最大的一个不同是香港职业教育教师评职称没有发表论文的硬性指标,老师将有更多时间用于课程建设,这也是"以生为本"的一种体现。

三、香港职业教育改革发展对内地的启示

香港职业教育的成功离不开其先进的办学模式和与之配套的质量保障机制,其改革发展对于内地职业教育深化教学改革、实现健康持续发展具有重要借鉴价值。

(一)实现开放办学,构建终身化的职业教育体系

我国目前的职业教育体系仍体现出较为明显的封闭特征。职业教育的内涵本质、职业教育发展的国内外环境,以及职业教育适应经济发展的需要等,提出了职业教育终身化的诉求。我国未来职业教育体系的构建应从以下几方面着手:

第一,应该认真研究办学环境,有针对性地创新办学形式,围绕产业设置主干专业,实现专业链与产业链对接。完善课程体系,优化课程结构,提高办学水平。

第二,要在国家资格框架下建立相对独立的职业教育体系,构建

职教"直通车",实现中高职业教育之间的"跨界"。淡化学习者的条件限制,谋求学历证书与职业资格证书的等价。

第三,发展与普通教育体系相平行的高等职业教育体系,大力发展技术本科,逐步摆脱传统普通学术教育体系,开设职业教育专业硕士、博士学位,建立相对独立的高等职业教育体系,实现上下贯通的终身化。[8]

第四,在生源上,要改变目前职业教育只注重招收普通中学毕业生的状况,加大社会培训力度,为社会人员的终身化教育与学习提供相应条件。

(二) 引进培训并举,形成"双师结构"师资队伍

教师队伍是办学的根本,没有高素质的教师,就没有高质量的教育。以"能力本位、任务驱动、项目导向"为特点的高职教育教学模式对教师提出了更高的要求,教师实践能力的培养成为"双师结构"师资队伍建设的重中之重。走"结构性双师型"的师资队伍建设之路,采取理论型和实践型教师同时并存、竞相发展的师资队伍建设模式是我国高职院校师资队伍建设的策略选择。[9]针对当前的情况可同时从以下方面着手:

第一,直接从企业引进高职称的技术骨干到学校做专兼职教师。

第二,让无行业经验的教师到企业顶岗实践,了解行业现状。

第三,发挥行业协会在建设兼职教师库中的重要作用,为优秀兼职教师的遴选提供充足的师资来源。

这些举措能有效地保障把最先进的技术技能带到课堂,最终形成实践技能课程由具有高技能水平的行业经验教师讲授的机制,达到师资队伍整体结构得到有效优化的结果。

(三) 加强校企合作,提高课程的行业企业满意度

职业教育是从学校学习向企业工作的过渡准备,培养重点应侧重于学生职业素养和能力的提高,有效发挥行业企业对职业性人才

培养的引导作用,提高课程的行业企业满意度,应做到如下几点:

第一,关注人才培养的阶段性,前期以"学中做"为主,侧重基础性学习、基础性技能训练,掌握更宽广的职业生涯基础能力;后期以"做中学"为主,侧重专业性应用、职业性的工作训练。[10]

第二,借鉴香港的外评员制度,邀请行业企业专家参与学校管理工作,制订培养计划、课程设计、学时安排、毕业设计等多角度参与学生培养过程。

第三,实行"专业认证"制度,即成立专业性认证机构,对符合认证标准的专业给予资格证明,以确保专业教育质量符合专业协会或行业协会的要求。

第四,优化职业技能培训的资源配置,提供贴近企业需求的专业课程和人才培养项目,围绕企业发展和企业生产急需,实行"定向""订单""半工半读"式培养,为企业"量身定做"合格的技能型人才,实现校企之间的无缝对接。

(四) 强化服务意识,实践"以生为本"的教育理念

借鉴香港"学生发展处"服务学生、关注学生全面发展的理念做法,现阶段我国职业院校的人才培养应关注:

第一,改革以课堂为中心、教师为主体、知识传授为本位的封闭式传统教学模式,建立以学生为主体、教师主导、理论教学与实践教学相结合、知识传授与技能训练相统一的开放式立体教学模式。

第二,建立以学生为主的评价体系,实行小班化教学,运用工作坊,把企业情境引入课堂,在教学过程中,重视学生主动参与,实现课堂有效互动,激发学生积极思维,唤醒并释放学生真情实感,提升学生的创新创业能力。

第三,把学生"职业生涯的可持续发展"作为出发点,注重培养学生的多次就业能力(re-employability),积极开展全程的、个别化的生涯服务。[11]

第四,将职业院校的素质拓展活动、职业指导规划、就业指导等

活动常规化、制度化，开设课程的同时注重社会责任感教育、职业道德教育以及敬业操守教育，有效实现培养具备责任感和敬业精神的高素质技能型人才的职业教育目标。

参考文献

［1］［3］［5］［6］见香港职业训练局网站［EB/OL］. http://www. vtc. edu. hk.

［2］香港职业培训：成才真有"免费午餐"［EB/OL］. http://hb. qq. com/a/20130201/000785. htm.

［4］丁说. 借鉴香港职业教育经验，推动学校专业内涵建设［EB/OL］. http://www. hksdedu. com/show. asp? id＝58.

［7］应雅泳. 香港职教办学模式和质量保障机制及其启示［J］. 教育与职业，2007(35)：48—49.

［8］[11]汤霓、石伟平. 职业教育发展终身化趋势及其思考［J］. 教育发展研究，2010(13)：53—57.

［9］汪亚明、谢征. 结构性双师型：我国高职院校师资队伍建设之方略［J］. 中国高教研究，2011(10)：78—80.

［10］余祖光. 职业教育校企合作机制的研究［EB/OL］. 中国职业技术教育网：http://www. chinazy. org/models/nianhui08/detail. aspx? artid ＝ 1117&cateid＝40060.

版专教研公众号

所长寄语

大家好！上海出版印刷高等专科学校高等教育研究所今天首次推出官方公众号"版专教研"，本公众号将介绍国内外先进的教育教学理论研究成果与精彩观点，发布学校高教研究的最新进展与动向，从而深入推进我校的高等教育研究和教学改革，进一步提升我校人才培养工作的能力与水平。本公众号具有出版印刷高等教育的特色，其宗旨是务虚与务实兼备，以务实为先；理论与实践结合，以实践为上；宏观与微观互动，以微观为主。

上海出版印刷高等专科学校高等教育研究所，历经高教研究室（1988 年成立）、高等职业教育研究所（2008 年成立）等阶段，于 2016 年调整组建而成。在高等教育研究所调整组建以及其官方公众号"版专教研"推出之际，回顾学校高教研究组织机构的发展历程，我们将不忘初心，继往开来，为学校高教研究事业的发展做出新的贡献。

最后，诚挚感谢大家对高教研究所的关注和支持！

常务副校长、高等教育研究所所长滕跃民

2017 年 12 月 29 日

学校"德智技融会"的"课中课"人才培养模式初见成效

近年来,随着社会主义现代化事业的快速发展,高素质技术技能型人才的思想政治素养、人文素养和职业素养的德育教育问题也得到了社会各界的高度关注。思想政治教育、人文素养和职业素养教育是学校人才培养的重要组成部分,是学校内涵建设的关键环节。高质量的职业教育应该包含知识、技能和素养三个组成部分。

2013 年,学校常务副校长滕跃民在主持上海市教委的思政课改革试点项目"高职思政课融入专业实训课"后,会同学校思政教研室的教师,总结出了专业教育的"课中课"教育教学模式。该模式基于职业教育人才培养的目标,结合学校特质,充分利用行业优势,逐步形成以"德育"为主线、"工匠精神"为机制、"就业发展"为导向的模式。该模式将思政课内容引入学生实习实训课堂,通过提高职业技能的路径来提升职业素养,实现学生知识、技能和素养的三提高,充分体现了思政课与其他课程同向同行、相互协同的巨大效应。思政课教学结合学校人才培养的思路,不仅培养社会、行业和企业需要动手能力强的技能型人才,还重视培养高职业素养的热爱行业的高素质人才。"课中课"把抽象的思政课理论体现在具体的技能操作上,改变了学生对思政课的"定式"看法,使得学生有动力学习。思政课从"以教为主"的被动接受向"以学为主"的主动体验转型,实现了"课堂之外建课堂"。教师在教学相长中体验到职业价值,有利于解决长期以来部分教师存在的"工作满意度低、困惑低迷",又要"被动面对、无奈教学"的纠结问题。

"课中课"教学模式体现了技能课和素养课程的统一。学生在训练学习中同时体会职业规范、道德意识以及持之以恒的坚持精神。"课中课"模式实现了思政课教师与实训课教师共建 6S 管理系统。当 6S 项目循序渐进、持续不断地运行,人人依规而行,养成良好的工作习惯时,这就是素养。6S 的本质就是通过细节有效培养职业素养,这与德育实践模式不谋而合。思政课融入到专业实训课堂,不仅仅提升了思政课的教学效果,推进了高职思政课的教学改革,也提升了实训课的技能训练效果,实现了"双促进"效应,是"全员育人、全方位育人、全过程育人"的典型样板。职业院校中的实施使思政课的"舞台"变大,"戏"路变宽。专职教师、兼职教师、行业技师组成的"教师群",使思政课的教学"独角戏"变为众多角色共同参与的"同台演出"。

在课堂教学中,各专业发挥各自专业优势,积极探索,努力实现各种素养养成教育的有机融合,并涌现出了启发—体验—感悟法(课前的启发式教学、课中的体验式教学、课后的感悟式教学)以及"三精"教学法(课前"精"心设计,课中"精"选案例,课后"精"彩分享)等教学方法上的创新。一些教师通过有启发的案例精心设计教学,综合运用课堂讲解、案例引导、师生讨论、学生演讲、学生辩论、心理游戏等方式,形成课堂的若干"精彩一刻",增强课程的吸引力和感染力。

学校专业教师以古诗词为载体,将价值观、人生观的思想政治教育和国学等人文素养教育相结合,并融入到枯燥的专业课教学之中。这一教学探索的实践效果很好,受到了学生的欢迎。如果说知识和技能是一棵树的枝干,职业素养就是这棵树的树根。专业和技能教育主要负责修剪树枝,素养教育主要负责不断地浇水施肥,当三者完美地融合在一起,这棵树才能茁壮成长。

学校将思想政治素养教育和职业素养、人文素养教育作为后示范建设工程和落实教育部高等职业教育创新行动计划的重要组成部分。滕跃民主持召开了课程思政改革的推进会,统一了全校教师的思想,形成了共识,并对今后学校推进思想政治素养、职业素养和人文素养的主要举措和重点工作进行了布置。学校要求每位教师在教学时要注重发挥课程的育人功能,在授课过程中要将素养养成教育潜移默化地融入其中。当前,学校正紧锣密鼓地创建应用技术型本科院校,"宽口径、厚基础"的人才培养目标对思想政治素养、人文素养和职业素养提出了更高要求。相关专业在制定本科培养方案时应将人文素养和职业素养作为一个重要模块加以考虑。我校作为一所文化传媒类高等职业院校,应充分发挥人文素质教育和职业素养养成教育在优化办学环境、提升办学品牌、彰显办学特色、打造学校人文名片中的重要作用。今后,学校将建立以上海书展、印刷博物馆、思南读书会等为平台的学生三大素养培养基地,大力提升广大师生的文化自信,增强学校的文化软实力和核心竞争力,为学校的转型升级和跨越式发展奠定坚实的思想文化基础。

教务处、思政部

2018 年 1 月 10 日

校长陈斌与世界技能大赛组织主席西蒙·巴特利会谈

2017年11月10日，我校校长陈斌在广州与世界技能大赛组织主席西蒙·巴特利进行会谈。第46届世界技能大赛申办形象大使、第43届世界技能大赛银牌获得者、我校教师张淑萍，党委（校长）办公室、外事办相关人员参与会谈。

会上双方就上海成功申办第46届世界技能大赛的感受、世界技能大赛在中国的发展情况进行了讨论。西蒙先生介绍了历届世界技能大赛筹办的成功经验和做法，表达了对上海作为筹办城市的欣喜和信心。陈斌表示学校会继续做好第45届世界技能大赛的选拔集训工作，为2021年在上海举办的第46届世界技能大赛贡献力量。

2018年1月10日

上海出版印刷高等专科学校
努力打造"快乐教学"的高职版

长期以来,学校注重在人才培养中的"快乐教学"。近年来,我校借全国骨干校验收获优的东风,进一步加大了"快乐教学"的推进力度。我校多次召开"快乐教学"的推进会和总结会,研究和部署工作的深入开展,提高了"快乐教学"的系统性和有效性。我校在校园网上推出了"快乐教学"系列报道栏目(目前已有 38 篇报道),展示各系(部)开展"快乐教学"的案例,既促进了各系(部)"快乐教学"工作的相互交流,也鼓舞了全校各专业和课程的教师积极投身于"快乐教学"的士气。

一、快乐教学的特点

"快乐教学"具有开放性,具有"去冗长、去枯燥、去乏味,生动活泼和引人入胜"的特点,与心理学、教育学、信息学等学科密切相关。"快乐教学"重视情景化、游戏化、故事化、信息化的教学方式,倡导互动式、讨论式、探究式、案例式等教学方法。在快乐教学的愉快轻松的环境中,学生容易产生"无意注意",有利于其自觉主动地接受知识和掌握技能。"快乐教学"渗透在思政教育、职业技能教育、人文素养教育以及创新创业教育等方面。

二、实施快乐教学的意义

当前我们正处于高等教育大众化阶段,学生的生源质量和学习兴趣与以前精英教育时期有很大的不同,我们在学风教风建设和教学质量"最后一公里"等方面面临许多困难。通过不断的研究和实践,我们感到"快乐教学"是学校学风教风建设的突破口,是解决教学质量"最后一公里"问题的重要途径,是教师提高教学质量的关键选择。"快乐教学"不但是教师教学能力和水平的重要体现,更是教师师德和责任的充分彰显。在当前大力推进课程思政的改革实践中,"快乐教学"更是确保课程思政教学质量的有力举措。

三、快乐教学的实施路径

我校首先加强宣传,在教师中形成共识,激发老师开展"快乐教学"的责任感、积极性和主动性。在互联网时代,老师要借助于"互联网+"现代信息技术来开展"快乐教学"。因为各专业和课程的内容及形式不尽相同,在实施"快乐教学"的过程中应该有差异化的特色路径,案例化、情景化、探究式、互动式等各种形式的"快乐教学"应该像朵朵鲜花,盛开在学校的每个课堂中。在教师中要经常开展"快乐教学"的经验交流,从而不断提高教学水平。"快乐教学"不能脱离课堂教学的中心内容,不能为了快乐而快乐。我校还出台相关政策,鼓励广大教师积极投身于"快乐教学"的改革。

四、快乐教学的成效

尽管"快乐教学"原先是属基础教育范畴,但经过我校教师的积极努力和开拓创新,已经初步形成了"快乐教学"的高职版,在我校的人才培养工作中发挥了很好的作用,并逐渐成为我校教师的自觉行为。大家积极推进,相互学习,高潮迭起,各系部已形成了互相学习、良性竞争的态势。到目前为止,学校在校园网上发布了 36 篇快乐教学的系列报道,反映了"工文艺管"专业课程及基础课程的老师通过课堂互动、幽默风趣、循循善诱、故事叙述、案例探究、游戏闯关、情景模拟和现场教学等"快乐教学"方式方法,显著提升了课堂教学质量。

最近我校邀请外校的资深教育专家对 42 门校级专业教学资源库课程的建设进行评审,他们认为这些课程的体系完整、内容丰富,在教学理念、教学内容有较大提升。最使他们印象深刻的是近半数的课程在"快乐教学"方面采取了富有成效的措施,从而使人才培养工作有了比较明显的提升。

我校还积极鼓励老师借助戏剧剧本的表现方式,将教材内容改编成生动有趣的课程讲义,实现由课本到课堂剧本的华丽转身,努力构建"快乐教学"的范例。学校还将"快乐教学"的理念和措施运用于课程思政的改革之中,确保了课程思政的吸引力、感召力和影响力。

为了使"快乐教学"可持续发展,我校将在政策和机制上加大投入,积极为老师创造条件和搭建平台。学校将在教改项目申报、教学内涵建设、考核机制制定等方面深化对"快乐教学"的实施,并建立相应的研究中心,不断积累经验和形成成果,制定"快乐教学"的标准,努力成为上海乃至全国的教育教学改革新高地。

2018 年 1 月 19 日

我校获批现代传媒技术与艺术学院非独立法人中外合作办学机构

　　根据中华人民共和国教育部《关于核定上海出版印刷高等专科学校现代传媒技术与艺术学院许可证编号的复函》文件（教外司办学2017305号），我校申报的"上海出版印刷高等专科学校现代传媒技术与艺术学院"非独立法人中外合作办学机构正式获批，办学许可证编号为：GOV31FRA03DNR20170943N，目前许可在学院内开设的专业为广播影视节目制作和影视动画两个专业。该机构是由我校校长陈斌策划指导，副校长周国明、曾忠具体组织，经学校外事办牵头，协同影视艺术系、艺术设计系与法国国际音像学院（3IS）共建申报完成。项目申报的准备历时6个月，经过与外方十余次的合作协议洽谈和建设方案的交流讨论，经相关教师积极调研、撰写材料和校领导亲自带队参加评审汇报答辩，我校申报的合作办学机构最终获得上海市人民政府批准和国家教育部备案核定。

　　我校的中外合作办学机构将成为上海市第二所大专层次的合作办学机构，第一所为上海第二工业大学昆士兰学院。在国家对中外合作办学审批不断收紧、监管日益严格的形势下，我校机构获批，表明了国家和上海市对我校多年办学经验、办学成果的高度肯定和对我校走特色应用技术型发展道路的大力支持。该机构的建设将大力引进国际办学标准，对于推进我校专业建设、提升专业教学水平和人才培养效果以及促进上海市集聚国外优质教育资源，建立职业教育改革试验区具有十分重要的意义。

外事办公室、影视艺术系、艺术设计系供稿

组织宣传部

2018 年 1 月 19 日

我校课程思政改革又获新成果

2018 年 3 月 13 日下午，常务副校长滕跃民赴学校基础教学部、思政教研部与老师进行互动交流。他在总结学校前一阶段四门课的课程思政建设的基础上，就今后课程思政建设成果的实施和后续改革探索作了专题辅导。

滕跃民着重介绍了课程思政"同向同行、润物无声、潜移默化"的改革设计思路，即"寓道于教、寓德于教、寓教于乐"，"四种方式"（画龙点睛、专题嵌入、元素化合、隐性渗透），"五项负面清单"（不扯皮、不捆绑、不贴标签、不搞碎片化、不影响教学）。他还用"道法术器"来对课程思政的实施开展工作进行了高屋建瓴的形象概括。

滕校长最后指出，课程思政改革和建设的意义非常重要和深远，是高校人才培养中的主旋律，事关我们的国家长治久安，事关我们的事业后继有人。他深深体会到，课程思政是一个开放的课题、一首永恒的旋律、一项宏大的工程、一座高大的丰碑。希望全体老师积极投入，深入研究，勇创佳绩。

2018 年 4 月 2 日

世界技能组织主席西蒙·巴特利受聘我校名誉教授

3月2日，在学校图书馆五楼报告厅举行了世界技能组织主席西蒙·巴特利名誉教授的聘任仪式。上海市人社局副局长张岚、上海市教委副主任郭为禄、杨浦区副区长李雅平、人社部副处长张雷等领导受邀参加。我校全体校领导参加聘任仪式。聘任仪式由常务副校长滕跃民主持。

仪式上，校长陈斌为西蒙·巴特利颁发名誉教授聘书并佩戴学校校徽。西蒙·巴特利讲话，他希望能让更多的年轻人有接触技能的机会，他也表示将竭尽全力帮助年轻人实现技能梦想。

郭为禄、张岚分别发言。他们分别对西蒙·巴特利为世界技能大赛组织的发展和世界技能人才培养作出的贡献给予了高度评价，并且指出了此事对加强国际技能交流、推动技能运动事业的里程碑意义。

聘任仪式后，西蒙·巴特利为在场师生作了专题报告。他以《世界技能组织——以技能的力量，让世界更美好》为主题，介绍了世界技能组织、世界技能竞赛的标准规范以及如何更好地进行技能推广。

据悉，西蒙·巴特利担任高等院校名誉教授在全国尚属首次，在社会上、行业内外产生了积极广泛的影响，在学校的发展史上具有里程碑意义。今后，他将定期为学校师生进行关于"应用技术技能"领域的国际学术前沿专题的授课，为学校人才培养和世赛研究提供富有成效的智力支持和咨询服务，从而为学校今后的科学发展、跨越式发展、不断攀登新的高峰奠定扎实的基础。

2018 年 4 月 2 日

学校首次召开"双创"与毕业设计工作现场会

为进一步加强我校学生毕业设计和毕业实习工作,提高技术技能人才培养质量,增强学生创新精神和实践能力,更好服务产业转型升级需要,学校于3月14日下午在四季广场的校企合作创新实践育人基地首次召开了"双创"与毕业设计工作现场会。常务副校长滕跃民参加并主持了会议,参加会议的还有教务处、各系部负责人以及各专业带头人。

会前,与会人员一同参观了学校校企合作创新实践育人基地、汇创空间以及毕业设计展,实地了解我校校企合作及创新创业项目的最新进展,并饶有兴趣地体验了虚拟焊接实训系统等合作项目。

会上,滕跃民首先指出,这次的会议意义重要,它首次见证了学校教学对接科研、教学对接"双创"的教育教学改革的成功实践。他还分析了校企合作、"双创"工作、教学工作和科研工作四者之间的关系,提出了"教学对接科研,科研促进教学"的融合发展路径。他还要求有关部门定期做好该工作的检查和验收。随后,与会人员就教学如何有效地对接科研,教学如何更好地服务社会、服务于创新创业教育,如何实现传统教育模式的转型升级,结合实际结合项目开展毕业设计,打造双创育人与教学工作的融合等话题展开了热烈的讨论。通过研讨,大家一致认为,学校的发展应该充分利用好校企两方面的资源,借助园区这一平台引进更多的优质企业,让更多学生实实在在参与到实际项目中,实现课堂教学与实践教学的无缝衔接。

2018 年 4 月 25 日

海峡两岸暨香港、澳门协力世界技能大赛研讨会在我校举行

2018年3月29日，海峡两岸暨香港、澳门协力世界技能大赛研讨会在学校举行。上海市职业技能鉴定中心书记崔立强，中国印刷及设备器材工业协会理事长徐建国、理事长助理孙德意，团体工作委员会秘书长王占军，香港印刷业商会永远荣誉会长杨金溪，澳门印刷业商会会长周绍湘，台湾地区印刷暨机器材料工业同业公会会长朱勇、秘书长陈铭基，上海市印刷行业协会会长李新立，我校校长陈斌、常务副校长滕跃民，外事办公室、印刷实训中心、技术技能人才培训学院的相关负责人参加了研讨会。会议由滕跃民主持。

研讨会上，陈斌首先向来自香港、澳门、台湾的行业领导专家表示热烈的欢迎，并介绍了学校在提升印刷行业技能人才培养开展的各项工作。陈斌指出，希望借助世界技能大赛这个大平台，在世界范围弘扬中国悠久的印刷文化，鼓励更多的年轻人从事印刷行业工作，培养行业接班人。通过此次研讨会，建立海峡两岸暨香港、澳门印刷行业的交流平台，引领行业技能竞赛发展、提高印刷行业技能人才培养水平。

随后，香港印刷业商会永远荣誉会长杨金溪、澳门印刷业商会会长周绍湘、台湾地区印刷暨机器材料工业同业公会会长朱勇先后发言。他们表示陈斌的讲话意义深刻，要实现印刷强国的发展，离不开人才的培养。世界技能大赛印刷媒体技术项目是印刷行业技能人才

展示技能水平的最高舞台,他们准备选派优秀选手和专家积极参加第45届世界技能大赛,同心协力提升印刷人才队伍建设水平。李新立表示,希望借助此次研讨会的宝贵机会,建立海峡两岸暨香港、澳门的常态交流机制,加强交流沟通,共同谋划发展。

其后,徐建国作重要讲话。他强调,此次研讨会很成功,对世界技能大赛印刷媒体技术项目的推进具有重要意义。希望香港、澳门、台湾地区积极组织选手参加第45届世界技能大赛印刷媒体技术项目,加强海峡两岸暨香港、澳门选手、专家的交流沟通,通过参加世界技能大赛共同提升国内印刷行业的人才培养水平。

最后,崔立强代表上海市人力资源和社会保障局、上海市职业技能鉴定中心发言。他向中国印刷及设备器材工业协会、港澳台地区印刷协会、上海市印刷行业协会和上海出版印刷高等专科学校对世界技能大赛印刷媒体技术项目的大力支持表示感谢。崔立强介绍了中国在世界技能大赛中逐渐绽放光芒并闪耀世界技能舞台的历史性成就,并肯定了学校在助力上海申办第46届世界技能大赛和印刷媒体技术项目上取得的优异成绩。他表示,人力资源和社会保障局、上海市职业技能鉴定中心将积极筹划,多措并举,进一步加强支持印刷行业技能人才的培养发展。

此次研讨会的成功举办对传承毕昇精神和工匠精神,弘扬中华民族优秀传统,增强文化自信,促进全球印刷产业发展和技能水平的提升具有重要意义。

2018年4月25日

我校首次召开"快乐教学"成果展示会

为进一步提升教学质量,推进上海出版印刷高等专科学校"快乐教学"工作的健康发展,促进各系部间开展"快乐教学"的交流,学校于3月30日首次召开"快乐教学"成果展示会,常务副校长滕跃民出席并主持了会议,教务处及各系部负责人、专业带头人、教研室主任及部分骨干教师出席本次会议。

"快乐教学"的特点在于重视情景化、游戏化、故事化、信息化的教学方式,倡导互动式、讨论式、探究式、案例式等教学法。会上,肖颖、王李莹、王凯、聂静、吴鑫靖、杨静、张玉华、李灿、印莲华等教师围绕"快乐教学"教学方式及方法就相关课程进行了十余种案例的生动展示,他们提出了创新融入教学、引发情感共鸣、实现自我满足等理念,从而使"快乐教学"的内涵有了新的提升。展示会现场气氛热烈,精彩纷呈,大家收获满满,意犹未尽。

滕跃民就各系部的展示内容,在"四化四式"的基础上补充了"三化一式"即时效化、项目化、故事化及任务驱动式的教学方式方法,并就今后的相关工作提出了进一步要求。他指出,成果展示会在学校的发展历史上有重要的意义。"快乐教学"要向纵深发展,凸现科学性和持久性,要对课程进行分类,对艺术类课程提出更高的要求。同时要求要进一步将"快乐教学"的理念渗透到课程思政教育、双创教育和职业技能培养等方面。

近年来,学校广大教师秉承"以爱对待学生,用爱灌溉教育"的理念,以高度的责任感使命感,积极投身到"快乐教学"的探索实践中。他们结合大众化教育的形势和特点,潜心研究,精心设计,热心推进,使精彩案例频现,课堂充满快乐的氛围,该项工作成为学校教学改革的一道靓丽的风景线,得到了教委有关领导的肯定。

2018 年 5 月 7 日

上海出版印刷高等专科学校首次召开"课堂对接展会"教学研讨会

　　为促进产教深度融合,使展会更好地融入教学,上海出版印刷高等专科学校于4月3日首次召开"课堂对接展会"教学研讨会(简称"课展对接"),会议由常务副校长滕跃民主持,教务处负责人汪军、孟仁振及各系部领导及相关教师出席本次会议。

　　会上,滕跃民首先肯定了印刷包装工程系、出版与传播系在"课展对接"方面的教学改革探索,在上海印刷包装展和上海书展中,两系积极开展教学实践活动,取得了较好的效果。滕跃民指出上海作为一个国际大都市,有着众多能及时反映产业发展的新理念、新趋势、新技术、新工艺的高质量、大规模的展会,这些都是学校推进产教深度融合、提高教学质量的宝贵资源。他要求学校相关系部要积极利用展会资源,深层次参与展会,与时俱进地促进教学质量的不断提高。他还指出要积极科学地拓展展会资源,要深入了解每年与专业相关的展会信息,同时要将课程与展会结合起来,将知识点对接展会的各种资源,有计划地让学生带着问题去观展。他强调要请企业的专家在展会上为学生授课,真正达到了"课展对接"的效果。随后,与会教师就展会现场教学遇到的问题和有关的经验进行了交流。

　　"课展对接"的形式多样,可以分为课程型、集中型、分散型以及实习型。"课展对接"的教学模式益处良多,既可以让学生更好地更及时地了解行业最新变化和产业的发展水平,也能够促进教学内容的与时俱进,更有利于加强产教深度融合。今后,学校要继续不断推进"课展对接"改革深入持久地开展,使"课展对接"的教学模式成为我校的一大办学特色。

2018 年 5 月 17 日

世界技能组织主席、学校名誉教授西蒙·巴特利到上海出版印刷高等专科学校交流工作并为学校师生授课

6月14日,适逢2018中国技能大赛——第45届世界技能大赛全国选拔赛(上海赛区)开赛之际,世界技能组织主席、学校名誉教授西蒙·巴特利到上海出版印刷高等专科学校交流工作并为学校师生授课。

工作交流会上,校长陈斌、常务副校长滕跃民、副校长曾忠、副校长黎卫与西蒙·巴特利进行了热烈的交流。双方就名誉教授的具体工作任务进行了商议,学校希望西蒙·巴特利提供更多世界职业技能发展的前沿技术和信息,争取在人才培养和学科(专业)建设上取得更大成果,在提升学校办学水平和促进经济发展上迈上新的台阶。双方还在搭建世赛研究与人才培养的一体化平台,推动创新人才培养模式,提高人才培养质量工作上达成了一致。

当天下午,西蒙·巴特利为学校师生作了题为《技能创造未来》的讲座。讲座由常务副校长滕跃民主持,党委副书记顾凯、副校长曾忠出席。西蒙·巴特利阐述了"硬技能"和"软技能"并重的重要性及两者的区别,特别强调了包括"交际、自我激励、领导力、责任心、团队工作、排忧解难、决策力、压力和时间管理、适应性、谈判和解决问题"等在内的十项重要"软技能",为在座的师生在未来发展的规划上提供了很好的借鉴。

西蒙·巴特利于今年 3 月受聘学校名誉教授，并成为上海市第
100 位《外国高端人才确认函》获得者，他将定期为学校师生授课并
参与学校高技能人才培养政策、大赛竞赛标准与组织管理以及世界
技能人才培养标准等方面的研究。

2018 年 1 月 19 日

上海出版印刷高等专科学校首次召开"以赛促教切实提高大赛育人能力"会议

2018年6月20日下午3点,在上海出版印刷高等专科学校营口路校区图书馆3楼"教工之家"召开了"以赛促教推进会",各系(部)领导、教务处相关负责人参加会议,会议由常务副校长滕跃民主持。

会上,各系(部)领导介绍了各自历来参加的赛事情况、获奖情况,这些赛事有:世界技能大赛、美国印刷大奖赛(班尼奖)、"挑战杯"系列竞赛、数学建模竞赛、"蓝桥杯"软件开发大赛、"上图杯"先进成图技术大赛、"西门子杯"中国智能制造挑战赛、全国大学生机械创新设计大赛慧鱼组、"汇创青春"——上海大学生文化创意作品展示活动等,以及数学知识竞赛、商英杯(BEC)英汉翻译大赛等,并且就如何将大赛与教学结合,如何以赛促教、以赛促学展开了热烈的讨论。

最后,滕校长进行了总结,并提出了富有新意的观点。他指出:现在各种竞赛非常多,我们要精心选择,使之真正成为我们人才培养的资源宝库。以赛促教,核心是促进竞赛标准对接教学标准,改进培养方案;以赛促教,不但可以选拔一批优秀学生,更是大众化教育"有教无类""因材施教""快乐教学"的充分体现;以赛促教,因为竞赛标准随着技术的发展而与时俱进,老师必须不断地学习,从而促进了教师的能力提高;以赛促教,也促进了教学管理的不断完善,教务处和系部要依据计划性和规范性,预先根据赛事安排,优化落实排课方案,最大限度保证教学质量;以赛促教,教学是目的和根本,竞赛是手段和第二课堂,是第一课堂的延伸和补充。不能为赛而赛,不能忘了初心。取得优异成绩很重要,培养人才更重要。

2018 年 1 月 19 日

开拓高等教育大众化时代
人才培养的新途径
——上海出版印刷高等专科学校召开"素描、色彩、造型基础课程改革研讨会"

2018年6月28日下午，艺术设计系在营口路校区会议室召开了"素描、色彩造型基础课程改革研讨会"。该研讨会主要围绕艺术设计系"审视·重构——造型基础课程作品展"在教学改革方面的启发与影响而展开。常务副校长滕跃民、印刷包装工程系、印刷设备工程系、文化管理系和基础部负责人以及"审视·重构——造型基础课程作品展"的组织团队出席了研讨会，会议由艺术设计系主任钱为群主持。

作为"审视·重构——造型基础课程作品展"的主要负责人，赵志文教授首先做了题为《素描、色彩造型基础课程教学探索》的交流发言。他表示，在向学生教授基础课的过程中，更重要的是引导学生学会观察与发现、进而学会表达、懂得审美、改变思维方式，因此，要着眼于学生理性抽象思维的训练，让艺术类基础课成为具有设计意识或思维的绘画艺术课，本次的"审视·重构——造型基础课程作品展"也正是围绕该指导思想展开的。同时，关于本次作品展的画册出版，从作品拍摄、整理到中期印刷、后期布展，都是由老师们带领学生共同完成的，同学们参与了从构思到展出的全过程，这是对教学模式的新探索，也是将"第一课堂"与"第二课堂"相结合的桥梁。通过这次作品展，同学们增强了自信，收获了开心。随后，各系副主任也分别结合本系情况对赵志文的交流发言的内容进行了交流与探讨。

滕跃民指出，我国已经进入高等教育大众化和普及化的新时代，但我们的教学理念、方法和手段并没有适时进行调整和改革，从而在日常教学与管理方面出现了问题。"审视·重构——造型基础课程作品展"是艺术设计系基础课老师在新形势下自觉和积极开展教学改革的成果体现，其挑战自我的可贵精神、科学严密的顶层设计，以及成效明显的路径措施，对于我校"工文艺管"四大专业群深入开展教学改革都具有宝贵的推广和借鉴意义。赵志文团队对艺术基础课的改革之所以是一个成功的典型案例，其前提是老师具有有教无类、因势利导、因材施教的责任心和使命感，有高度更有情怀。"审视·重构——造型基础课程作品展"源于基础课，又超越基础课，使学生在临摹阶段就介入了设计，实现了跨界，学会了审美，展现了才华。学生因此获得了满足感和成就感，激发了学习兴趣和积极性，实实在在地做到了"快乐教学"，更是学生潜能的大发现。这个案例也是师生通过"教室＋工作室""课堂＋工场""理论＋实践"等教学模式掌握知识和技能的成功探索。

滕校长在最后总结中指出，每个学生都各有所长，老师要善于点拨，使学生认识到自己的优势，强化自信。同样，老师们的教学改革是一条龙，领导也要善于点睛，指出教师改革的意义和作用，善于发现和挖掘改革的亮点，热情支持和鼓励老师，激发老师中巨大的教学改革的积极性和创造性。只有这样才能形成教学改革势能，开拓出一条高等教育大众化背景下培养高质量人才的道路，实现党的十九大提出的"以人民为中心"的要求。当然，艺术基础课的改革是一个富有生命力的新生事物，难免存在一些微瑕，今后要加强与专业课的协同，使基础课和专业课形成一个有机的整体，早日长成参天大树。

2018 年 7 月 5 日

上海版专召开"未来教室"信息化教学推进会

　　7月6日上午，在影视艺术系新启用的融媒体多功能一体化教室，举行了"未来教室"信息化教学推进会，常务副校长滕跃民、教务处相关领导、各系分管教学的副主任及相关负责人出席了本次推进会。

　　推进会上，影视艺术系主任王正友介绍了该系开展信息化教学建设的措施和经验，并播放了"未来教室"的视频，给今后的"未来教室"信息化建设提供了很好的建设思路。

　　"未来教室"信息化建设基于移动互联网实现师生互动学习，在"未来教室"里，没有黑板、粉笔、教科书，取而代之的是一个超大触摸屏幕的电子白板，平板电脑取代了课本成了电子书包。真正的"未来教室"或者说基于移动互联模式下的未来教育，将实现教师与学生之间一对一个性化教学资源推送，重点在于课前和课后的拓展，当下比较流行的"翻转课堂"教育概念相对符合"未来教室"的教学模式，它将学习主动权交给学生。

　　滕跃民总结了学校信息化教学取得的成绩，并要求各系部结合自身的具体情况，因地制宜地积极开展"未来教室"信息化建设。他指出，当今社会的信息化技术日新月异、突飞猛进，信息化教学的硬件设备也日趋成熟和实用，二维动画、三维造型、AR/VR技术的可操作性不断增强，我们老师一定要乘势而上，掌握先进的技术方法和手段,发挥信息化教学的独特效能,不断改进课堂教学效果,践行快乐教学,努力提高教学质量,并使"未来教室"信息化教学在不久的将来成为我校的标准配置。我校的影视艺术系和文化管理系在这方面走在全校的前面,为大家树立了很好的榜样,各系部一定要虚心学习,迎头赶上。

融媒体多功能一体化教室在学校教务处、规划与科研处、后勤保卫处的大力支持下建成,"未来教室"配备了视频交互系统,可通过高清摄像头和话筒,对整个教学过程进行录像或直播,打破传统校园一间教室、一位教师的上课模式,通过现场视频同步传输开创了同一时间、不同空间的上课模式,实现了优质教育资源共享。

2018 年 9 月 12 日

上海版专首次召开
"人工智能＋X"专业建设研讨会

2018年9月14日下午,上海版专首次召开"人工智能＋X"专业建设研讨会。会议由常务副校长滕跃民主持。教务处、各系负责人以及相关专业带头人参加了此次会议。

会上,首先由滕跃民副校长结合我校应用技术型本科院校建设,解读了《高等学校人工智能创新行动计划》等文件精神。教育部将加强人工智能领域专业建设,推进"新工科"建设,形成"人工智能＋X"复合专业培养新模式,到2020年建设100个"人工智能＋X"复合特色专业;推动重要方向的教材和在线开放课程建设,到2020年编写50本具有国际一流水平的教材、建设50门人工智能领域国家级精品在线开放课程。这些政策和目标的出台对于我校创建应用技术型本科院校具有重要的引领意义,同时也对我校的专业建设提出了更高要求。

会议中,与会人员积极发言,集思广益。大家首先表达了能参加我校富有前瞻性的人工智能首次研讨会的喜悦感、荣誉感,畅谈了自己对人工智能的理解,介绍了目前专业建设中与人工智能相结合所取得的初步成效,并结合各自所在专业探讨了人工智能融入我校专业建设的实施路径和近期目标。同时,与会人员就加快引进人工智能领域的高层次人才,在课程体系中增设人工智能平台课以及人工智能发展对人才需求结构的影响等议题展开了深入的专题交流,并表示以实际行动迎接马上在上海的召开 2018 世界人工智能大会。

最后,滕跃民副校长作了总结发言。他充分肯定了此次会议所取得的成效。他认为,此次会议是我校专业建设历史上一次重要的会议,是我校专业建设转型升级进程中的一个非常重要的里程碑。他指出,就某种意义而言,人工智能是科学技术的最高峰,它是对所有科学技术如互联网、"云计算"、大数据等的完美整合,并将深刻影响着人类社会的发展进程。人工智能时代即将到来,我们不能退缩回避,也不能赶时髦,一哄而上。我们要系统设计,汇聚资源,分步实施。他表扬了全校所有专业都实现了"互联网＋X",相关专业之前在人工智能领域也取得了初步成效,特别是我校在全国新闻出版学校中首开先河的物联网专业,包装工程技术专业正式出版的《智能包装》教材,具有广泛影响的印刷机虚拟拆装系统,以及体现智能印刷的无人车间的教学内容。他强调,今后我们要进一步加大人工智能的教学力度,在有些领域甚至需要有颠覆性的变革。首先要在全校平台课、专业群平台课、专业课人工智能内容拓展重构等方面下功夫,要在模式识别技术、AI 软件的操作使用的教学中寻找突破口。人工智能在教学管理中也将发挥关键作用,使管理更加科学、实时、清晰。他还指出,人工智能科学和技术发展的一个重要标志是机器人将替代很多的人工岗位,从而对人的全面素质提出了更高要求,需要我们加强课程思政的改革,强化学生人文素养、综合能力和社会主义核心价值观的培养。最后他希望各系部一定要加快落实今天的会议精神,通过产教融合、校企合作,紧跟上产业转型升级的步伐,以人工智能改造传统专业、申办新专业,并筹办以校企合作为基础的"人工智能＋X"专业建设的线上线下沙龙,以只争朝夕的工作干劲续写我校专业建设的新篇章。

2018 年 9 月 17 日

上海版专召开
创新创业与毕业设计总结会

7月3日下午,上海版专创新创业与毕业设计总结会在营口路校区会议室举行。各系(部)及教务处相关负责人参加此次会议,常务副校长滕跃民出席并主持会议。

会上,各系(部)负责人分别对所在系(部)毕业设计的情况进行了总结并就毕业设计开展过程中遇到的问题进行了交流。近年来,我校毕业设计工作与创新创业、各类竞赛以及科研相互联动,注重学生的实践能力、创新精神的培养,积极落实以赛促教、科教联动等理念,鼓励低年级的学生参与到教师科研项目中,为未来发展打好基础。

教务处长汪军就毕业设计提出相关意见。他表示,毕业设计是对学生大学三年学习生活的总结,应充分应用三年所学知识,将所学融会贯通于作品中,每个系(部)应依据专业特色、指导老师及学生的实际情况开展毕业设计工作,可不拘泥于固定的形式,但要实现检验三年所学知识的目的。

滕跃民在总结发言中指出,毕业设计的目的在于制作一个涵盖三年所学知识的典型作品,是一次非常重要的综合训练,其目的在于总结回顾并切实应用所学知识。尽管国内有的高职学校,甚至本科院校取消了毕业设计,但我校始终重视这项工作的实施和开展。近年来,学校淡化毕业论文写作,强化毕业设计,不断提升毕业设计的质量。我校有"工文艺管"四大专业群,其毕业设计展现了出各自的特点,其中影视艺术系的毕业大戏和电影节的内容丰富多彩。今后各专业间应相互交流,在吸取其他专业优点的同时,结合自身专业特点不断改进、不断创新,提高毕业设计的质量。毕业设计要依托产教融合、校企合作,一定要与双创结合,要与科研服务结合,并积极开拓进取、积累经验、完善机制,这也是我校办学的传统和特色。在鼓励学生在毕业设计中参与教师的科研项目的同时,一定要落实毕业设计的教学要求,真正实现教科联动,切实提升学生的创新创业能力,努力为上海的"四个品牌"的打造培养合格人才。

2018 年 9 月 26 日

攻坚克难强管理
呕心沥血育人才

9月11日上午，上海出版印刷高等专科学校教务处组织召开进一步强化教学管理推进会，会议由常务副校长滕跃民主持。教务处及各系（部）相关负责人参加会议。

此次会议围绕如何进一步规范教学管理，严格执行各类教学管理制度和规范的主题开展。与会人员就当前高等教育大众化阶段出现的难题和解决办法进行了热烈的讨论。

近年来教学管理的新问题不断出现，大家一致认为，学校要以学籍管理工作为重点，深入分析学校教学管理的难题，寻找解题的良策。会上教务处负责人提出了新学期教学管理的新设想、新思路。

常务副校长滕跃民最后指出，我们要认真学习9月10日召开的全国教育大会的精神，牢记习近平总书记对广大教师的谆谆教诲，努力解决高等教育大众化阶段出现的教学管理难题。坚持以人民为中心、尊师爱生的指导思想，坚持以"仁爱之心"培养社会主义建设者和接班人、阻断贫困代际传递为目的。

对教师既要关心爱护，也要引导和教育，不断提升他们的使命感和责任心；对学生要强化理想信念和价值观教育，提升他们学习的积极性和主动性。

攻坚克难过程中，除了做好顶层设计，修订和完善规章制度，还必须把握好"空间"和"时间"。

所谓"空间"，就是多方协同和多管齐下，实施"学""教"联动，密切配合，并落实二级管理，做到职责分明，守土有责。

所谓"时间"，就是稳扎稳打，循序渐进，不盲动不冒进。还要画好路线图，细化过程管理，重视和确保第一课堂教学，实施教学管理预警机制（留级、退学），进一步强化以学籍管理为重点的教学管理，严把毕业出口关。

同时我们还要加强教学质量文化建设，继续深化富有版专特色的"课程思政""快乐教学""课比天大""启盈创新班"等教学改革，不断改善学风，提高教学质量，为社会主义现代化建设做出我们应有的贡献。

2018 年 10 月 31 日

上海出版印刷高等专科学校首次举办人工智能人才培养沙龙活动

11月7日下午,在上海出版印刷高等专科学校营口路校区舒适怡人的"教工之家"举办了人工智能人才培养沙龙活动。常务副校长滕跃民出席活动,教务处、各系部相关负责人、专业带头人参加了此次沙龙。

滕跃民首先介绍了我校近年来在人才培养过程中融入人工智能与互联网元素的做法和成效。他指出,学校在"人工智能＋教育"和"互联网＋教育"方面所取得的成绩得到了有关领导的高度肯定和社会各界的广泛关注。此次沙龙能帮助我们总结经验、发现不足,探讨下一步继续深化的实施路径。

教务处处长汪军结合近期的研究成果,介绍了德国和英国等西方国家的人工智能专业布局、人工智能等新技术如何与专业教育相结合的先进做法和相关高校的人工智能课程设置情况。联系我校专业特色,他指出,人工智能的基础是编程,在专业教学中应加大编程类课程的建设力度。经过讨论,与会人员一致建议,要更好地研究人工智能与专业教育的融合路径,以着力研究与人工智能职业教育相关的共性问题。

最后,滕跃民对本次沙龙进行了总结。他指出,前一段时间,我校在第二会议室首次召开了"人工智能＋X"专业建设研讨会,引起了师生很大的关注,"上海高职"公众号还进行了专门的报道,在社会上产生了广泛的影响。今天我们举办沙龙,目的是为了更好地汇集大家的智慧,进一步推进这方面的工作。人工智能的基础是编程,但要面向 Python 编程,还要面向数据挖掘、机器学习和深度学习。同时他强调,在人工智能时代,产业发展对人的文化素质培养树立了更高的标准,也对学校的价值观教育提出了更高的要求。今后,学校将加强研究和实践,根据制造业、文化产业的特点,不断完善我校的人工智能人才培养体系,并尽快成立人工智能教育研究中心。

2018 年 11 月 29 日

上海出版印刷高等专科学校首次召开"劳动育人"研讨会

11月21日下午,为了更好地落实劳动育人,上海出版印刷高等专科学校首次召开"劳动育人"研讨会,常务副校长滕跃民、教务处及各系部相关负责人参加了此次会议。

会上,大家结合习近平总书记在全国教育大会上的重要讲话,根据当下"00后"独生子女所处的社会环境和成长的特点,畅谈了劳动教育的必要性、重要性和不可替代性,并对如何将劳动教育与课程相结合进行了充分的研讨。与会人员一致认为,培养德智体美劳全面发展的社会主义建设者和接班人,是历史赋予我们教师的神圣使命,我们不但要传授知识和技能,更要弘扬劳动精神,教育引导学生崇尚劳动、尊重劳动,懂得劳动的价值。

滕跃民指出,高职教育主要培养生产、建设、管理、服务一线的高素质技术技能人才,是培养社会主义劳动者的主阵地,加强劳动教育显得尤为重要。根据马克思主义理论,在共产主义社会,劳动者是为社会自觉地开展不计报酬的劳动,人人都从事劳动。在社会主义革命和建设中,许多优秀分子、先进工作者的劳动,也具有共产主义劳动的性质,因为他们由衷地认为,劳动是幸福和光荣的,更是必须的。我们要培养学生成为社会主义的建设者和接班人,就一定要使学生通过劳动掌握技术技能,修炼良好品德,培养责任意识,自觉认识到劳动光荣、技能宝贵和创造伟大,摒弃不劳而获、贪图享受的腐朽观念。在劳动育人的实施过程中,我们既要充分肯定以往学校实训、竞赛和志愿者活动在学生成长中的重要作用,又要进一步强化和完善劳动在育人中的积极作用,重视实训、竞赛和志愿者活动的过程性考核,也要使学生通过对实验实训设备、工具、环境的维护和保养中获得学分,从而使我们的劳动育人真正落到实处。

2018 年 12 月 1 日

上海版专完成印刷媒体技术专业 ACCGC 认证现场评估工作

2018 年 10 月 16 日至 10 月 19 日，上海版专印刷包装工程系印刷媒体技术专业接受了 ACCGC 组织的现场评估。

ACCGC（The Accrediting Council for Collegiate Graphic Communications）是美国针对高校印刷专业进行教学评估的第三方机构。美国已有 16 所学校的印刷媒体相关专业通过该认证。2017 年 9 月，我校印刷包装工程系印刷媒体技术专业受邀成为我国印刷高等教育第一个接受 ACCGC 认证的印刷媒体类专业，同时这也是该机构第一次对美国地区以外的印刷媒体类专业进行专业评估。评估包括教学理念、教学目的、教学设施、实验室建设、教学资源、课程设置、师资情况、学生情况和毕业生就业状况等多个方面。

10 月 16 日上午 9 点，ACCGC 认证专家组现场评估启动会议于水丰路校区综合楼第二会议室举行。ACCGC 认证专家组四名专家、校长陈斌、常务副校长滕跃民、副校长周国明出席了会议。党委（校长）办公室、外事办公室、教务处、印刷包装工程系相关负责人及教师代表参加。会议由滕跃民主持。

会上，陈斌对 ACCGC 认证专家组的到来表示了热烈的欢迎并向专家组介绍了这几年我校取得的各项成绩。印刷包装工程系主任顾萍则对 ACCGC 认证的筹备工作做了简单介绍。她表示学校领导对此次认证工作非常重视，在经费、人员、后勤保障等方面给予了大力支持。同时系部成立 ACCGC 认证工作小组,积极准备,严格按照 ACCGC 认证相关工作要求对各项任务进行分解和落实。

ACCGC 认证工作组组长 Dr. Ervin A. Dennis 介绍了现场评估小组成员,并对我校的热情接待表示了感谢。Dr. Kenneth L. Macro 介绍了 ACCGC 委员会的基本情况。Ms. Judith B. Durham 作为行业代表介绍了她所供职的美国弗吉尼亚印刷协会对 ACCGC 组织的支持。最后认证工作组副组长 Dr. Daniel G. Wilson 介绍了 ACCGC 认证的内容及其具体流程。

会后,ACCGC 认证组的专家随即开始了紧锣密鼓的现场评估工作。他们分别与教务处、学生工作部(处)、招生办公室、图书馆、上海印刷博物馆、专业学术委员会、企业顾问委员会以及系部及专业的相关负责人进行了会晤,与专业教师、校友、学生进行了访谈,并参观了系部的实验室、世界技能大赛中国集训基地并现场观摩了选手的训练。同时 ACCGC 认证组的专家还对教学材料等进行了审核并旁听了专业课程。

10 月 19 日上午 8 点,ACCGC 认证专家组现场评估总结会在水丰路校区综合楼第二会议室举行。ACCGC 认证专家组四名专家、副校长周国明出席会议。党委(校长)办公室、教务处、印刷包装工程系相关负责人参加。

Dr. Ervin A. Dennis 首先介绍了现场评估之后的认证流程。他表示,在接下来的 4—6 周时间里,ACCGC 组织将提供一份现场评估报告,报告将对本次现场评估的情况进行客观、真实地描述,最终的认证结果将在 2019 年 10 月 ACCGC 组织的年会上由全体成员投票产生。

Dr. Daniel G. Wilson 代表 ACCGC 认证小组对这三天的评估工作进行了反馈。Daniel 提到,在过去的三天里,ACCGC 组织根据 14 个标准开展了评估工作,印刷媒体技术专业所取得的成果,是本次认证的核心。认证组认为,学校拥有的设施设备可以称为是国际典范,学校的校企合作水平很高,为学生的个人发展及职业规划都提供了很好的支持,希望学校不断扩展学生课程设置的广度,从而进一步增加学生在行业中的竞争机会。

周国明表示,ACCGC认证小组给出的意见深入、客观、准确。虽然我们很关心这次评估的结果,但我们更关心教学质量的稳步提升。专家提到的优势我们将继续保持,提到的建设性意见我们将不断改进。认证工作每年会持续推进,我们希望在接下来的一年里可以有更大的提升。周国明还表示,能够成为首个接受ACCGC海外评估的高等院校我们深感荣幸,同时也真诚地希望能够与ACCGC组织在未来有进一步的合作。

2018年12月3日

上海版专召开
文化 IP 人才培养研讨会

为探索文化传媒创新教学模式,打造文化 IP 产业人才培养的教育平台,11 月 20 日,上海版专召开了首次文化 IP 人才培养研讨会。常务副校长滕跃民、教务处及各系部相关负责人、专业带头人出席了此次会议。

艺术系教师靳晓晓从故宫 IP 文创案例入手,向大家展示了"互联网+"背景下的文创产业品牌的传播特色及营销模式,并就如何打造一个适合文化 IP 人才培养的模式提出了相关意见。她指出,各专业老师的联合指导、跨界思索,打破课程之间界限显得尤为重要。

影视系教师程士元从影视的视角剖析了文化 IP 产业的现状。他指出,由于资本的涌入和流量的追逐,近年来市场上几乎所有的热门剧都是 IP 剧。市场上对大 IP 的火热争夺,实际上也是对文化 IP 人才的争夺。学校要通过文化 IP 打通人才培养的壁垒,以科研项目带动相关专业教学的生态链。

与会人员纷纷就如何培养文化 IP 人才进行了热烈的讨论。大家一致认为学校召开此次文化 IP 人才培养研讨会,是非常及时和重要的举措,既为大家扫盲,也为今后各专业的建设和发展指明了方向。

最后,滕跃民副校长做了总结发言。他提到,鉴于文化 IP 激活了巨大的人才培养价值和广阔的应用前景,我们应当及时关注文化 IP 产业动态,在相关专业领域借鉴"文化 IP+"理念,积极探索人才培养模式。从资源到 IP 到平台，从专业教学到实践，多维构架，跨界共享。

文化 IP 是教科联动，课创（双创）结合、校企合作的一个重要载体，要关注、培育和孵化学生的好作品，形成专利，并打造成优秀的文创产品。

文化 IP 也是推进课程思政改革的有力抓手，它可以更好地促进学生对我们民族优秀传统的文化自信。

学校今后也将持续深入地为文化 IP 人才的培养提供更加合适的政策和环境。

2018 年 12 月 4 日

德智体美劳　健康很重要

　　蔡元培先生曾经说过，完全人格，首在体育。学生在赛场上奋力拼搏时，是对卓越和荣誉的追求；为此付出的艰苦训练，考验的是敬业精神和意志力；最后在公平竞争中收获尊重和友谊，完成自我实现和超越。体育还能在潜移默化中培育学生的良好习惯和优秀的体育精神。比如，长期锻炼能培养持之以恒和自律意识，集体类体育活动能培养团结合作精神和交流沟通的能力，直面输赢的结果能养成坦然开阔的心态等等。

　　学生通过参加体育活动，除了强身健体，一方面可以持续进行高效的学习，另一方面可以为更长时间地服务社会打下良好的身体基础。体育激励全世界青年人参与到运动当中，正是看中体育在促进人的全面发展上的重要作用。所以在教育者眼里，体育不仅能强身健体，还能增进感情、锻炼意志，是人格教育的最好方式。

　　2018年，学校认真落实习主席在全国教育大会上的指示，召开了两次体育教学工作会议，我校原党委书记刘道平、校长陈斌、常务副校长滕跃民以及系部、相关职能部门负责人出席会议。

　　刘道平书记和陈斌校长充分肯定了学校长期以来体育教学工作取得的成绩，并强调拥有健康的体魄是事业发展的基础。他们要求各系部领导要带头积极参加体育活动，带动老师和学生进行体育锻炼。要求用特色项目建设、体育社团发展、举办运动会来扩大育人影响，拓展育人渠道，并寄语大家，"每天锻炼一小时，健康工作五十年，幸福生活一辈子"。

滕跃民就学校体育教学工作实施进行了阐述。他指出,习主席在这次全国教育大会上强调了德智体美劳全面发展的重要意义,我们要认真学习和落实。我们学校的体育教学包括竞技教育、健康教育、快乐教育、人格教育等内容,但人格教育是根本,健康教育是核心,竞技教育是激励,其他都应是形式、方法和手段。我们体育教学的目的是让全体学生受益,全面提高他们的身心健康水平和道德水平。在多年的体育教学改革实践中,他主导构建了学校体育教学的常态化(健康化)、思政化(协同化)、快乐化(趣味化)、信息化的"七化"体系。为了更好地推进体育教学工作的开展,他要求大家继续努力实践,使"七化"体系不断成熟,真正成为高职高专体育教学领域的一种模式。最后他对体育教学的思政化(协同化)的实施作了进一步的指示。他说,体育教学思政化(协同化)就是体育教学的综合化,坚持"立德树人",要将体育与德育进行相互融合,培养学生的理想信念、体育精神、交流能力,促进学生的全面发展,使学生具备良好体质和健全人格。体育老师和辅导员要"同向同行",共同建立一种协同机制,高效开展工作,提升学校的学风建设水平和体育教学质量。这对于解决学校在体育教学改革、学生管理、人才培养方面存在的问题都有着十分重要的意义。

2019 年 1 月 7 日

全新领域的一项突破性成果

——记我校课程思政改革荣获一项国家级教学成果奖

课程思政是以"全员育人、全方位育人、全过程育人"为格局,把"立德树人"作为教育的根本任务,推动各类课程与思想政治理论课同向同行,形成协同效应的一种综合教育理念。它把培育和践行社会主义核心价值观有机融入整个教育体系,全面渗透到学校教育教学全过程,因此课程思政也是一个全新的教育教学领域。目前因为没有相对成熟的模式和标准,全国高等院校都在积极地探索和尝试,努力推进课程思政改革健康发展。

近日,教育部下发了《教育部关于批准 2018 年国家级教学成果奖获奖项目的决定》(教师〔2018〕21 号),并公布了获奖名单。我校教学成果《思政教育融入专业实训课的"课中课"同向同行模式创新与实践》获得国家教学成果二等奖。该成果奖的重要意义在于它是在课程思政这一全新教育教学领域实现了历史性的突破,初步构建了专业课程思政改革的模式和标准。

该成果具有鲜明的独特性,它聚焦课程育人、实践育人和文化育人等全新领域,在思政课老师协同专业实训老师培养学生职业技能和职业素养方面进行了成功的探索。创新性地将德育元素融入技能培养环节,使思政教育与专业实训目标互融,打通了显性技能培养和隐性素养培育相互促进的通道。在此基础上,该成果凝合并打造成了基于"寓道于教、寓德于教、寓教于乐",具有"画龙点睛式、专题嵌入式、元素化合式"初步实施标准的职业教育"同向同行"的上海版专范例,成为全国高校"课程思政"改革成功的先行者和探索者。

在此次教学成果奖申报过程中,团队成员发扬团结协作和艰苦奋斗的精神,克服了重重困难,最后终于取得了良好成绩。同时该成绩也是全校广大师生与教学管理工作者长期坚持理论与实践探索的结果,也说明了我校人才培养工作获得同行和专家的高度认同,标志着我校课程思政教育教学改革取得辉煌成果和显著成效,并为我校今后的人才培养和事业发展提供了重要支撑。

附:获奖团队信息

上海出版印刷高等专科学校 2018 年国家级教学成果奖获奖项目

成果名称	完成人	完成单位	获奖等级
思政教育融入专业实训课的"课中课"同行模式创新与实践	滕跃民、马前锋、汪军、张玉华、陈挺、孟仁振、王永秋、石利琴、薛克、苏怡茵、穆俊鹏、冯艺、吴娟、郭扬兴、张婷	上海出版印刷高等专科学校	国家级二等奖

2019 年 1 月 8 日

课程思政立潮头版专追梦
再起步（一）

上海版专滕副校长就"学校获 2018 年国家教学成果奖"答学生记者问(1)

上海出版印刷高等专科学校的课程思政成果获 2018 年国家教学成果二等奖,在这一全新领域实现了历史性的突破,得到了全国教育界许多同行的充分肯定,并在社会上产生了广泛的影响。版专的课程经验成为全国高职高专的知名品牌。为此,学生记者采访了学校的常务副校长、高教研究所所长滕跃民教授。

Q

学生记者

滕老师,您好,这次学校的课程思政项目获得了国家教学成果奖,是学校发展历史上的一件大事,在这个过程中,听说您始终亲力亲为,指挥员兼战斗员,是 2013 年市教委"课中课"项目、去年国家成果奖的第一负责人。

滕副校长

应该说这是大家共同努力的结果。当然因为这是一项前无古人的开拓性工作,遇到的困难也是非常多,从项目的研究到成果材料的撰写,还有最后的网站建设和材料展示,所投入的精力和时间都是巨大的,而且资源和人手不够。我唯一的办法就是靠前指挥,亲力亲为,既当指挥员又当战斗员,同时鼓舞大家的斗志,充分调动大家的积极性和创造性。

Q

学生记者

滕老师,听说成果中很多观点都是首创的,受到了全国很多中高职院校和本科院校的关注和学习,他们纷纷来学校进行交流取经,产生了非常广泛的积极影响。

滕副校长

确实如此,因为刚才我说了,我们开辟了崭新的研究领域,而且首创了相关的体系,比如在前期的"课中课"基础上,我在 2017 年首次提出了"三元三寓三式",2018 年补充为"三元三寓四式"的课程思政的模式,被许多学校认定为课程思政工作的操作标准,从而使这项工作进入了科学化、专业化的新阶段。

Q

学生记者

很多全国同行都认为上海版专的课程思政改革是全国高职高专的一面旗帜,那么"课中课""三元三寓四式"具有里程碑意义吗?

滕副校长

谢谢,但话不能说这么满,因为目前我们的课程思政工作还处在探索阶段,还没有成熟的理论体系,最多是课程思政的一个知名品牌。

Q

学生记者

好的。感谢滕校长抽出宝贵时间接受我们本期采访,期待下期访问。

2019 年 3 月 7 日

课程思政立潮头版专追梦
再起步（二）

上海版专滕副校长就"学校获 2018 年国家教学成果奖"答学生记者问（2）

在上期采访中我们了解到上海版专的"三元三寓四式"的课程思政模式，今天学生记者继续进行了采访。

Q

学生记者

滕老师，很高兴再次见到您。从上期采访中我们对学校的课程思政模式有更深一步的了解，听说全国同行对您提出的"五项负面清单"很感兴趣，认为是推进课程思政的有力抓手，您是怎么认为的？

滕副校长

好的，就方法论而言，我认为要干成一件事，除了正面的方法和手段，还需要负面清单。因为正面的方法和手段可以保证你干成事，负面清单可以保证你不干砸事，是一种不可或缺的宏观管理方法。课程思政是一项非常宏大的工程，不可能有万全之策，需要大家各显神通，同时又要保证大家不偏离正确的方向，因此我就提出了"五项负面清单"（刚开始是三项），主要就是不简单地贴标签，不硬性捆绑，不生搬硬套，等。

Q

学生记者

滕老师,除了学校的老师积极开展课程思政改革,上级领导是否也非常支持?

滕副校长

我们的课程思政之所以能取得初步成功,主要是上级领导积极支持和指导鼓励的结果。2014 年"课中课"项目验收时,当时的市教委副书记高德毅亲自来参加,并做了认真的指导。2017 年我在上海职教系统学习贯彻党的十九大精神专题辅导报告会上做课程思政的交流发言,受到了市教卫党委书记虞丽娟和教委副主任郭为禄的赞扬。我们学校的校领导多年来一直大力支持和推动课程思政的改革。

Q

学生记者

滕老师,我校这次取得了国家教学成果奖,标志着我校的课程思政改革走在全国的前列,您今后有什么打算和愿景吗?

滕副校长

这是我目前考虑最多的,因为获奖了,压力反而越大。莎士比亚有一句话:一切过往,皆为序章。成绩只能代表过去,要保持优势,唯一的办法就是加大力度、继续拼搏。我们获国家奖的过程就是不断进取和提升的过程,例如"三元三寓四式"就是前期"课中课"的升级版。如果谈愿景,那就是希望教育部能增设课程思政的评奖门类,因为课程思政中很重要的内容是非思政类课程开展润物无声思政教育,与思想政治的门类有很大的不同。我们的成果如果是在独立的课程思政门类中评审,可能会有更高的彰显度。有的外校老师对"课中课"的"两师授课"有不同看法。我告诉他们,"两师授课"是课程思政起步阶段的做法,效果也不错,有一定的历史意义,但我们不强求所有的课程思政都这样做,事实上现在一个老师授课的课程思政改革更为普遍,更有推广价值。最后谈谈打算,我们考虑在前面的基础上,广泛收集各种优秀的案例,大力挖掘"三元"的思政元素,并建立相应的数据库,让老师将其融入到专业教学中去,使我们课程思政改革实现"追梦再起步,再创新成就"。

Q

学生记者

好的。再次感谢滕副校长抽出时间接受访问,并对版专课程思政进行了详细的阐述与剖析。

2019 年 3 月 6 日

聚焦"最后一公里"谱写质量新篇章

近几年来,学校在教学改革中大力推进人才培养的"最后一公里"工程,并取得了良好的成效,引起社会上的诸多关注,学生记者为此采访了学校的常务副校长、高教研究所所长滕跃民教授。

Q

学生记者

滕老师,您好,学校在教学改革中,您非常重视和贯彻教学质量"最后一公里"工程,这是为什么呢?

滕副校长

一直以来,一谈到教学改革,大家都习惯于论道谈理念,制定比较宏观的措施,却没有聚焦到课堂教学,很多人才培养的措施不落地,也就是少了教学质量的"最后一公里"。为此,在我们骨干校建设通过验收后,我就提出了实施教学质量"最后一公里"工程,扎扎实实地提高课堂教学质量,努力使骨干校建设的成果真正落地。在大家的积极推进下,已经取得了比较明显的效果。

Q

学生记者

那么您认为更好地解决教学质量"最后一公里"问题的重要途径是什么呢?

滕副校长

教学质量"最后一公里"工程的核心和关键，就是打造提高课堂教学质量的"道法术器"。"道"就是理想信念、综合素养，是课程思政的要求；"法"就是要注重挖掘学生的兴趣点，因材施教地开展快乐教学；"术"就是在深入解析岗位所需知识和技能的基础上科学构建各专业的知识点与技能点体系；"器"就是指使用虚拟现实、增强现实技术或其他信息化教学手段。通过"道法术器"的有机结合才能更好地实现课堂教学质量的提高，这也是我们版专独有的教学特色。

Q

学生记者

您积极倡导和实施的"最后一公里"对学生的学习兴趣以及教学质量的提升有很大的作用，您这一理念的实施是基于学生的课程学习进行尝试的吗？

滕副校长

对的，现在科学技术发展日新月异，课程学习的难度也在不断提升，而且很多专业的枯燥内容容易引起学生对学习的抵触心理，而我们"最后一公里"方案的实施有利于激发学生的学习积极性，提升学生兴趣，激发他们的好奇心和创新性，从而减轻学生的学习压力和负担，从根本上提高了我们的教学质量。

Q

学生记者

在"最后一公里"的实施过程中，在传达这种理念的时候您是通过什么方式让老师们更好地理解并运用这一方式的？

滕副校长

最初我提出这个理念的时候，大家有畏难情绪，认为工作开展的难度很大，所以工作处在停顿状态。经过不断的宣传、大力推进及尝试探索，学生的学习热情有了比较显著的提升，并有了获得感和满足感,这也提升和增强了我们老师的信心,教学方式有了更大改善。

Q

学生记者

这段时间以来,您认为"最后一公里"教学在您看来是否都得到有效实施呢?

滕副校长

我们学校的教师都比较优秀,他们在专业课中融入思政教育,实现学生的政治素养、职业素养和知识技能的三提高。其次,我们学校也形成了"快乐教学"的高职版,并逐步成为了我们学校老师的自觉行为,老师们课堂上的幽默风趣和生动活泼的教学方式得到了学生欢迎。再就是学校老师依托自身在数字出版领域的特色优势,在"知识点"与"技能点"体系构建中,运用内容的碎片化及内容的重构技术,并探索新专业体系的自动构建。最后就是充分利用信息化技术开展教学,例如在虚拟现实技术建立起来的虚拟实训基地,使学生全身心在虚拟环境中扮演一个角色,投入到学习环境中去,大大促进了学生的技能的提升。去年全国教育大会的胜利召开,使我们推进"最后一公里"工程有了新的更强的动力,我们有信心有能力把"道法术器"运用不断推向"金课"的高度。

Q

学生记者

好的,我们非常感谢滕校长接受我们的本期采访,期待下次访问。

滕副校长

谢谢你们,我们下次再见。

2019 年 3 月 23 日

媒体关注·上观新闻

大一新生作品也能办展？从"照抄"到"创作",这所学校探索艺术教学改革

摘要: 近日,在上海出版印刷高等专科学校举办的"审视·重构"艺术设计作品展上,学生们一幅幅"脑洞大开"的作品体现了设计思维,而不只是"照抄"实物。

如果用"线"为主题来作画,你会画出什么样的素描作品?是黑白两色的波浪线、明暗关系与现实相反的一卷胶带,还是组成各种图案的"X"形线?近日,在上海出版印刷高等专科学校举办的"审视·重构"艺术设计作品展上,就能看到学生们一幅幅"脑洞大开"的作

品。和传统应试对着静物临摹的绘画作品不同,这些作品都体现了学生的设计思维,而不只是"照抄"实物。

在一年级学生徐芹的 6 幅作品中,大大小小的"X"占据了每幅画面。在观众眼中,这些图案也因每个人的理解被赋予了不同的意义。在说起绘画理念时徐芹写道:画完这些画,我对素描有了全新的认识,不再局限于具体实物,而是学习用艺术的方式看待素描,拓宽了自己的思维与眼界。

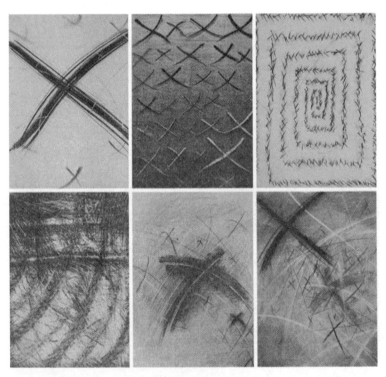

徐芹作品

据了解,和常见的毕业设计作品展不同,"审视·重构"艺术设计作品展上的每幅作品,几乎都来自于学校艺术设计系的大一新生。这些作品来自于"素描造型实训"和"色彩造型实训"两门基础课程,是学校艺术课程教学改革探索的初步成果。

"每个新生进入专业学习后，首要任务就是要纠正在美术专业高考训练时养成的思维定式。"艺术设计系教师赵志文告诉记者。美术专业高考时，学生们都按照审美和绘画的"套路"进行训练。在"照抄"式的绘画过程中，却丢失了独立思考的能力，无法主观地用画笔表达景物。

"在这样的学习模式下，学生在学校和工作中就会有所脱节。"赵志文指出。来到上海出版印刷高等专科学校前，他曾在上海教育出版社工作。在出版社内，他也看到不少学生从学校毕业后，很难顺利地独自完成书籍封面、内文、海报等的设计，几乎没有自己的审美判断和设计思维。

为了指导学生由高考前的美术应试思维向艺术设计思维转变，学校进行了一系列教学改革探索。在大一新生的素描与色彩造型训练这两门基础课程中，学校首先"试水"。任课教师注重加强学生对现实生活感悟的"审视"，并引导学生进行人文与审美修养。在教学和实践中，他们也加强对学生的"眼睛"观察能力、形象"记忆"能力、动手"实践"能力，设计"思维"能力的训练。

在此次展出中，教师就让学生发挥出天马行空的想象力，寻找自己感兴趣的内容进行创作。作品都成系列展出，这也是课程的探索之一，"系列作品需要学生在创作前进行思考，倒逼他们训练创作思维。"赵志文告诉记者。在展览中，他就明显地感觉到，学生开始有意识地用设计思维创作，为今后的专业课学习打下了良好的基础。

展览现场，记者还看到了几把特殊的椅子，这也是基础课的一部分吗？教师陶轶介绍，这些作品来自大二学生的家居设计课。椅子的设计是室内设计的开端，让学生在三周内，历经草图设计、流程安排并完成一个 1∶1 的椅子模型，对他们而言是不小的挑战。在一把旧木料做成的椅子上记者看到，支撑椅子的三块木板中，有一块故意截短并留下了毛边。"这就是艺术和非艺术的区别，学生将大一学到的审美和判断，有意识地体现在大二的实际运用课程中。"赵志文说。据了解，今后学校也将继续对艺术设计基础课程教学进行探索，将基础课中教授的思维方式和审美趣味与专业课进行衔接，并为学生的就业打下基础。

特殊的椅子，木板被故意留下了毛边

据了解，上海高校实践育人创新创业基地联盟"汇创空间"也为作品展提供了展示平台，2018年度"汇创空间"将开展包括高校师生作品展、创意市集、人才培养与产业发展对话等二十余场活动，通过展示、对话、实践活动等展现形式，继续对艺术设计基础课程的教学进行反思与探索。

作者：裘雯涵

发表时间：2018-04-21

探索艺术教学改革,这所上海高校成为全球印刷界"奥斯卡"国内最大赢家

摘要:近日,由美国印刷工业协会主办、被誉为全球印刷界"奥斯卡"的美国印刷大奖班尼奖揭晓赛果。上海出版印刷高等专科学校选送的 14 件参赛作品均获得金奖。

华丽的《敦煌飞天》书册、古朴的《八仙过海》卷轴、若隐若现仿造皮影效果的书籍、3D 打印的蛇形自行车鞍座……近日,由美国印刷工业协会主办、被誉为全球印刷界"奥斯卡"的美国印刷大奖班尼奖揭晓赛果,上海出版印刷高等专科学校选送的 14 件参赛作品均获得

金奖,学校也成为单届获得金奖最多的中国高校。这些参赛作品每一件都精雕细琢,充满创意,将先进印刷工艺与中华优秀传统文化进行融合。印刷界"奥斯卡"金奖的取得,也是学校艺术教学改革探索的一项成果,向世界展示了上海高校学生的印刷技术水平和艺术设计能力。

【向外国评委传递"中国印象"】

"这次能够拿到金奖,我还挺意外的,可能是我将传统工艺用现代风格的方式来表达,这个设计理念得到了评委的认可。"在此次班尼奖获得金奖的艺术设计系大二学生张勇强这样告诉记者。他的作品名为"中国印象",整个作品包括两册线装书和三本便签本,以篆刻印章为主题,用图文结合的形式向读者展示中国明清时代的印章文化。

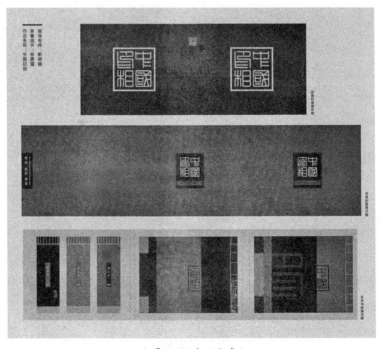

张勇强的《中国印象》

　　这项金奖作品最早其实只是一项纸质媒体课的课堂作业。上海出版印刷高等专科学校艺术设计系老师靳晓晓告诉记者，这项作业让学生们自己发散思维，他们可以选择做艺术书籍、月历、小型包装品等。张勇强的作品"中国印象"对她来说，也是一个惊喜，他将烫印、上光等现代印刷工艺与中国传统书籍的线装形式、翻阅方式和裁切方式相结合，还特意选用了特种纸，在保证打印效果的同时，保留了线装书古朴的特质。

　　设计稿历经好几个版本的修改后，张勇强还面临着没有印刷厂肯印的困境："印刷规模太小了，成本又太高，我跑了四五家印刷厂才成功。"张勇强说。在印刷时，反反复复的细节修改也让他"崩溃"。用机器直接错层裁切时，总会出现一毫米的误差，他只能手工裁切，一点点对齐。另外，在印染过程中，纸质对折可能会磨损图片，他也为此修改了好几次设计稿，好在最后完成的效果让他的努力没有白费。

清明上河图节气日历

据靳晓晓介绍，除了"中国印象"之外，此次得奖作品各有亮点，比如一项名为"皮影"的作品，就在书籍封面上采用 PVC 多层印刷，把半透明的 PVC 层层叠加在一起，呈现出若隐若现的皮影形象，书籍内页也采用立体书的形式呈现。还有学生设计了"清明上河图"节气日历，将整幅图拆分，展开即可还原。"这些创意都来自学生，他们不约而同地选择将传统元素融入现代技术，让老外评审眼前一亮。"靳晓晓说。

【艺术教学改革要因材施教】

"大一上素描课时，老师就告诉我们不要拘泥于固有的印象，鼓励我们在个人风格上走得更远。"张勇强告诉记者。据了解，他曾经和同学一起，参加过学校为他们特别举办的造型基础课程作品展。

造型基础课程作品展

从作品拍摄、整理，到中期印刷、后期布展，都是由老师们带领学生共同完成，同学们参与了从构思到展出的全过程。这是对教学模式的新探索，也是将"第一课堂"与"第二课堂"相结合的桥梁。

近日，在学校举行的素描、色彩造型基础课程改革研讨会上，作品展负责人赵志文教授表示，在向学生教授基础课的过程中，更重要的是引导学生学会观察与发现，进而学会表达，懂得审美。赵志文告诉记者，每个新生在美术专业高考时，都经历了"套路化"的训练。进入专业学习后，首要任务就是要纠正他们养成的思维定式。

在艺术设计系中，有些学生专业课不错，但文化课较弱；有些学生功课很好，但专业审美稍微弱一些。如何真正做到因材施教？靳晓晓告诉记者，他们会建议成绩优秀的学生通过专升本，进一步提升自己。对于一些专业突出的"怪才"，则要引导他们强化技能，发挥亮点。前几年，她的一位学生就特别喜欢摄影。在教师们的鼓励下，这名学生虽然文化课底子不好，但也凭借自己的才能成为了一名有前途的自由摄影师。

上海出版印刷高等专科学校常务副校长滕跃民指出，国内已经进入高等教育大众化和普及化的新时代，但教学理念、方法和手段并没有适时进行调整和改革。在他看来，对艺术基础课改革成功的前提，是老师具有有教无类、因势利导、因材施教的责任心和使命感，真正激发学生的学习兴趣和积极性，做到"快乐教学"。因此，教学改革也要激发教师的积极性和创造性，未来还要将基础课和专业课形成一个有机的整体，让学校的艺术教学改革早日长成"参天大树"。

作者：裘雯涵

发表时间：2018 - 07 - 23

广州、郑州、南京等地学校纷纷来"取经"，上海这所高校的"课中课"有什么不一样

摘要："课中课"模式创新性地将思政课融入实训课之中，打通了显性的专业技能培养和隐性的素养培育相互促进的通道。

近日，上海出版印刷高等专科学校的几位教授来到广西职业技术学院，向那里的 200 多位专业带头人、骨干教师传授了来自上海的课程思政改革经验，解答了不少当地学校在思政改革中的困惑。

事实上，除了广西职业技术学院，广州、郑州、南京不少职业院校都借鉴了上海版专的"课中课"模式，进行实践应用，包括上海理工大学、上海工程技术大学在内的多所上海院校也来这里"取经"。上海版专常务副校长滕跃民告诉记者，"课中课"模式创新性地将思政课融入实训课之中，打通了显性的专业技能培养和隐性的素养培育相互促进的通道。不少学校推广这一模式后，解决了高职学校思政教

育"配方"陈旧、"工艺"粗糙、"包装"不时尚的难题。去年年底，该教学成果还获得了国家教学成果二等奖。

【"工匠精神"从手机游戏讲起】

让学生在动手操作中体验和感受思政要点，"课中课"模式具体如何实行？"目前，我们采取一堂课、两个老师的模式。"上海版专思政教研部副主任张玉华说。为了将思想道德修养与法律基础课的内容融入实训课之中，他每个月都会去实践基地"报到"，在车间中和实训课老师给学生进行"三段式"教学。

实训课的前五分钟，是张玉华对学生的启发教育时间，他会用视频、案例教学、图片讲解等形式，对学生进行社会主义核心价值体系教育。在一堂讲"工匠精神"的课堂上，他就以胡适的《差不多先生传》开场，"你身上是不是也有'差不多先生'的影子？工匠精神是否就是对'差不多先生'的有力回应？"这样一来，学生的兴趣就被调动起来了。

思政课老师进行"三段式"教学

课前"热身"结束，张玉华就会将学生还给实训课老师，让印刷系学生进行调墨、印刷、刻板等实训练习。不过，他也不会闲着，而是在一旁进行观察，点对点地让学生体验思政课要点。

他还记得，有一堂课上，一位学生没有认真学习，反而是躲在一旁玩手机游戏。这堂课正好讲的是"工匠精神"，张玉华就问这名学生，"你具备工匠精神吗？"得到学生否定的答复后，他没有放弃，反问道："你打游戏的时候不就很专注认真，不断提升技艺吗？"这个类比把学生给说乐了。张玉华接着说，其实从网游中，也可以提炼出工匠精神，但是网游满足的是自我需求，而实训课上学习的技艺却能产生社会价值，高下立判。这番话让学生若有所思。

课程最后，张玉华和实训老师对于学生的表现进行了总结，也让部分学生分享了思政课要点对提高技能的作用。不少学生都认为，相对原本的"说教式"教学，从身边的小事和专业内容来切入，他们反而更听得进去，明白了这些思政要点对于培养技能、提高职业素养的意义。

【在"课中课"上习得职业素养、职业精神】

为了让学生更容易接受"课中课"，上海版专老师将思政微要点和职业微素养、技能微行为对接，变学生被动学习为在体验中主动探索，使其学习兴趣得以充分激发，从而提高了思政课教学效果，达到了实训教学的目的。比如，"实事求是"的理论要点，对应的技能行为是"会就会，不会就不会，若不会继续操作学习"，培养的职业素养为"正直、诚实、勇敢"。这样，学生就能直观地感受到思政理论要点与实训之间对应的逻辑。

自从 2013 年"课中课"模式在学校试点实行以来，学校不少学生都受到了触动和启发。2012 级印刷技术专业学生张淑萍现在已经留校成为了一位实训课老师。她在第 43 届世界技能大赛印刷媒体技术项目上获得了银奖,还参与了上海申办第 46 届世赛的相关工作,以最好的状态向全世界展示来自中国的自信与魅力。记者了解到,她也是学校实行"课中课"以后的第一批受益者。

老师给学生上实训课

张淑萍回忆,她曾经在"课中课"上受到一位思政课老师的启发,这项启发也成为了世界技能大赛比赛中的"加分点"。当时思政课老师举了个日本 6S 管理系统的例子,告诉她们在实训完毕之后要把废弃材料分门别类地放好,这是最基本的职业素养。这堂课给张淑萍留下了很深的印象。在赛场上,她也牢牢记住了"职业素养"这一点,将比赛时的废弃材料全部收好。没想到,这个习惯让评委赞不绝口,也助她获得了银牌。现在,张淑萍在实训课上也会强调这一点,她的职业素养和职业精神影响着以后的学生。

【思政课融入专业课，并非"扯两张皮"】

为何学校要推广实行"课中课"模式？上海版专思政教研部主任马前锋告诉记者，过去，高职院校的思政课面临着学生迟到旷课现象严重、上课不认真听讲、补考量大面广的问题。老师上课也存在着"抽象多，具体少；理论多，现实少；观念性多，实用性少"等教学效果难题。

马前锋在课上为学生进行实习指导

同时，不少职业院校都很重视培养职业技能的实训课，但实训课和专业课的老师却没有融入思政元素的概念，教学模式单一，往往只注重学生的技能培训，这也导致部分学生参加技能比赛时，参赛综合能力不足。马前锋说，为提升上课"抬头率"、增强获得感，需要针对当代职业教育转型的背景，坚持技能教育和素养教育并重，贴近学生，改革教学方式。

目前，"课中课"模式已经获得了学校师生的认同，在此基础上初步打造成了"画龙点睛式、专题嵌入式、元素化合式"等课程思政改革实施标准。但专业老师在积极投入的同时,有时对如何获得更好的改革效果有一定的困惑。对此,滕跃民表示,学校在思政课改革的设计思路中特意强调了"五项负面清单",即"不扯皮、不捆绑、不贴标签、不搞碎片化、不影响正常教学",这让大家打消了顾虑,也受到了不少职业学校校长的赞许。

在当年市教委"课中课"项目的主持人滕跃民看来,专业课的课程思政的改革不仅能对学生进行潜移默化的价值观教育,解决学风问题;也能促进教风的改善,因为老师首先要为人师表;还能通过运用辩证法来化解课程中的难点和重点,因此可以说是一举三得。

接下来,滕跃民打算进一步打造"课中课"的升级版,培育更多有温度、有高度的专业课。学校中93%的课程都是专业课,如何更好地让专业课老师发挥作用? 在他看来,除了落实快乐教学和信息化教学,思政课老师可以对思政道德、人文素养、职业操守的知识点作进一步的挖掘,并建立数据库,再让专业课老师进行有机的融合,"这样也能够让'课中课'变得更为科学化、专业化"。

作者:裘雯涵

发表时间:2019-01-31

图书在版编目(CIP)数据

新时代出版印刷高等职业教育教学研究与实践/滕跃民主编.—上海:上海三联书店,2019.5
ISBN 978-7-5426-6693-2

Ⅰ.①新… Ⅱ.①滕… Ⅲ.①出版工作-教学研究-高等职业教育-文集②印刷工业-教学研究-高等职业教育-文集
Ⅳ.①G23-4②TS8-4

中国版本图书馆 CIP 数据核字(2019)第 089821 号

新时代出版印刷高等职业教育教学研究与实践

主　　编 / 滕跃民

副 主 编 / 汪　军　孟仁振　吴　娟

责任编辑 / 殷亚平
装帧设计 / 一本好书
监　　制 / 姚　军
责任校对 / 张大伟

出版发行 / 上海三联书店
　　　　　(200030)中国上海市漕溪北路 331 号 A 座 6 楼
邮购电话 / 021-22895540
印　　刷 / 上海惠敦印务科技有限公司

版　　次 / 2019 年 5 月第 1 版
印　　次 / 2019 年 5 月第 1 次印刷
开　　本 / 640×960　1/16
字　　数 / 350 千字
印　　张 / 22
书　　号 / ISBN 978-7-5426-6693-2/G·1528
定　　价 / 68.00 元

敬启读者,如发现本书有印装质量问题,请与印刷厂联系 021-63779028